国家社科基金
GUOJIA SHEKE JIJIN HOUQI ZIZHU XIANGMU
后期资助项目

汉剧坤伶群体研究

（1923—1949）

余冬林　著

WUHAN UNIVERSITY PRESS
武汉大学出版社

图书在版编目(CIP)数据

汉剧坤伶群体研究:1923—1949/余冬林著.—武汉:武汉大学出版社,2024.7
国家社科基金后期资助项目
ISBN 978-7-307-24377-4

Ⅰ.汉… Ⅱ.余… Ⅲ.汉剧—女性—戏剧演员—人物研究—中国—1923-1949 Ⅳ.K825.78

中国国家版本馆 CIP 数据核字(2024)第 080148 号

责任编辑:聂勇军   责任校对:汪欣怡   版式设计:韩闻锦

出版发行:**武汉大学出版社** (430072 武昌 珞珈山)
  (电子邮箱:cbs22@whu.edu.cn 网址:www.wdp.com.cn)
印刷:武汉邮科印务有限公司
开本:720×1000 1/16 印张:16.25 字数:289 千字 插页:1
版次:2024 年 7 月第 1 版 2024 年 7 月第 1 次印刷
ISBN 978-7-307-24377-4 定价:68.00 元

国家社科基金后期资助项目 （19FYSB006）

国家社科基金后期资助项目
出版说明

后期资助项目是国家社科基金设立的一类重要项目，旨在鼓励广大社科研究者潜心治学，支持基础研究多出优秀成果。它是经过严格评审，从接近完成的科研成果中遴选立项的。为扩大后期资助项目的影响，更好地推动学术发展，促进成果转化，全国哲学社会科学工作办公室按照"统一设计、统一标识、统一版式、形成系列"的总体要求，组织出版国家社科基金后期资助项目成果。

全国哲学社会科学工作办公室

前　言

　　滥觞于明朝万历年间的汉剧，在中国戏剧史上具有十分重要的地位。当前，汉剧坤伶研究取得了一定的成绩，但总体而言尚处于资料整理和事实描述的起步阶段。由于研究对象和研究方法的单一，现有的研究往往难以充分展现坤伶群体在特定时空下的社会境遇、生活状况以及舞台表现等。迄今为止，尚未出现对汉剧坤伶群体进行较为深入的全景式研究的专题论著。

　　有鉴于此，本书以 1923—1949 年有关报刊为主要文本，力图将汉剧坤伶群体置于幽夐复杂的历史现场，运用社会学、心理学、文化学以及历史学等诸学科理论进行全景式的考察，从而较为细致而鲜活地彰显她们与汉剧场域内外各种力量的博弈过程，并由此揭示她们整体性命运的改变历程以及女性意识的嬗变过程。

　　自 1861 年开埠以来，汉口逐渐形成"商强工弱"格局，日益壮大的市民阶层，以及城市发展和文化娱乐业的繁荣，为汉剧兴盛创造了有利的社会条件。20 世纪的前 30 年，汉剧在汉口剧场独领风骚。不过，自从 1931 年武汉发生大水灾后，汉剧走上了衰落轨道。

　　汉剧坤伶崛起于汉剧兴盛的 20 世纪 20 年代后期，其整体性的命运与汉剧的兴衰有着十分密切的关系。汉剧坤伶也演绎着与汉剧兴衰大体相似的发展轨迹。自晚清以来的妇女解放运动、国民大革命以及社会经济结构的变动等构成了汉剧坤伶崛起的宏大文化背景。在汉剧场域之内，汉剧坤伶经历了与保守势力的艰难博弈，打破了对她们身体的空间圈限，最终获得合法登台的资格。后又在"重色轻艺"的评价机制、狎优与狎妓相交织的社会风气等的影响下，坤伶逐步由汉剧场域的边缘走向中心，并导致了男伶一统天下到"阴盛阳衰"格局的转换。在汉剧场域之外，处于社会组织结构底端的弱势群体汉剧坤伶，负载着难以扭转的负面的"社会刻板印象"，遭受着社会黑恶势力的凌辱、动机不良的捧角者"重色轻艺"式的畸形追捧以及官府和媒体居高临下的规训等。虽然有过反规训等行为，但是她们的自卑感和习得的男性眼光依然较为深重。值得庆幸的是，1923—1949 年的汉口，频繁的水灾和兵燹给汉剧坤伶带来了摆脱负面"社会刻板印象"的契机。她们大多积极参与公益义演、敌后抗日宣传活动，获得了较为正面的社会评价，从而在一定程度上重塑了自我身份。

自 20 世纪 30 年代初以来，坤伶在汉剧场域中的地位日益重要。她们在十个行当中分布并不均匀，主要集中于四旦、八贴等行当。她们不拘程式大胆创新，不仅打破了男伶独霸汉剧舞台的局面，突破了剧种与角色行当的壁垒，而且开创了汉剧旦行和贴行表演的新局面。与男伶相较，汉剧坤伶的演艺生涯较为短暂，同处于汉剧场域中的坤伶之间有互助也有竞争。她们的收入因行当、技艺和容貌等的差异而较为悬殊。她们的婚姻大多不尽如人意，多为富商小妾或嫁给同行。在消极性心理补偿的作用下，许多坤伶染上了"赌博""吸毒"等恶习。从舞台表现来看，汉剧坤伶大体可分为以艺立身和以色媚俗两种类型。要成为名伶，她们既需要自身具备技艺、容貌等方面相应的条件，更需要社会资本的奥援并遵循特定的运作程序。

纵观 1923—1949 年汉剧和汉剧坤伶的发展，不难发现以下几个特点：一是汉剧和汉剧坤伶的兴衰大体同步。二是坤伶在汉剧场域内的地位日益提升，并在与男伶博弈中占据优势地位。当然，这既有她们所获得的社会资本的助力，又得益于当时的社会风气。三是坤伶在汉剧场域内外地位的变迁并不同步。坤伶在汉剧场域外地位的提升相对较晚，大约是在抗战胜利后。

需要指出的是，由于妇女解放运动在民族解放与国家独立的宏大时代政治语境中处于次要地位，这一时期根深蒂固的男权思想以及对女性的性别压迫并没有得到彻底的改变。同时，由于"个体性向下递增"的效应，处于弱势地位的汉剧坤伶必然要遭受比其他社会群体更多的凌辱与规训。1923—1949 年，以身体为对象的微观权力渗透到汉剧坤伶日常生活的方方面面。她们往往不知不觉地接受和内化规训者的价值判断，并在自我规训中竭力迎合浸染着男权色彩的审美趣味。虽然自全面抗战以来汉剧坤伶在自我身份认同上有一些可喜的进展，但是她们的主体意识依然未得以真正确立和普及。新中国成立后，由于社会性别秩序和传统伦理纲常等构成的沉重枷锁被一举摧毁，汉剧女艺人的社会地位发生了前所未有的根本性转变，其主体意识也在参与国家文化建设的过程中逐渐确立和发展起来。

目　　录

绪　　论

　　中国戏剧是中华文化的重要组成部分，它以高超精湛的舞台艺术，承载并彰显着中华民族的精神信仰和价值追求。中国戏剧源远流长，自成体系，特色鲜明，与古希腊戏剧、古印度梵剧并称为世界三大古老的戏剧。就时间而言，中国戏剧大致起源于春秋时期的"优孟衣冠"，成熟于11—12世纪的宋金时期；就形式而言，渊源于"无乐而唱的谣，进而发展成曲合乐的歌，再发展则有曲、有白，正式成为可以串演的戏剧"①。"古代希腊、德国，或日本，剧皆起于巫舞。中国戏剧，实亦滥觞于一种宗教的仪式及人情之自然，逐次发达。"② 它产生于民间节日庆典与宗教祭典，"蕴孕于百戏的诸般技艺"③，在拟态与象征性的表演中逐渐走向成熟。当然，虽然与西方戏剧直接诞生于祭祀活动不同，④ 但是中国戏剧也经历了由"娱神"到"娱人"的过程。

　　作为湖北地方剧种的汉剧，有着深厚的文化底蕴，其传承"宋金元杂剧、明代的昆曲、弋阳腔"等，是"古代戏曲的全面继承者和发扬者"⑤，是戏曲声腔系统中皮黄腔系的先行者和构建主力，在中国戏剧史上具有重要的地位。明清之际，它肇兴于荆襄地区，一度风行于湖北境内的长江、汉水流域，传播至江西、湖南、广东、福建等 10 余个省区。汉剧蕴含着浓郁的荆楚文化特色，尤其是汉派文化的商业性、创造性、开放性以及多样性的精神特质，"深深沁透到汉剧艺术的每个毛细血管"⑥。汉剧历史悠久，剧目丰富，行当齐全，声腔优美，名家荟萃，催生或影响了粤剧、湘剧以及川剧等众多地方戏曲剧种，并在声腔、剧目和表演等方面

---

① 草木：《汉剧·平剧及其他》，《物调旬刊》1948 年第 50 期，第 21 页。

② ［日］辻听花：《菊谱翻新调：百年前日本人眼中的中国戏曲》，浙江古籍出版社 2011 年版，第 1 页。

③ 周宁：《想象与权力：戏剧意识形态研究》，厦门大学出版社 2003 年版，第 45 页。

④ 廖奔、刘彦君：《中国戏曲发展史》（第 1 卷），山西教育出版社 2000 年版，第 3 页。

⑤ 郑传寅：《汉剧的形成、贡献与困境》，《长江文艺评论》2021 年第 3 期，第 106 页。

⑥ 陈志勇：《汉剧与汉派文化》，江苏人民出版社 2020 年版，第 5 页。

为京剧的诞生奠定了较为坚实的基础。

汉剧坤伶崛起于汉剧兴盛之际，其整体性的命运与汉剧的兴衰有着十分密切的关系。近年来，虽然被列为国家级非物质文化遗产，但是西方文化的侵蚀、泛娱乐化文化思潮的影响以及人们的生存方式和审美情趣的变迁等在不同程度上给汉剧的传承与发展带来挑战。在此形势下，较为全面地考察汉剧坤伶群体，总结汉剧发展史上的经验教训，对于传承与发展汉剧及其他剧种、克服文化虚无主义以及维护中华民族文化主权都具有较为重要的现实意义。同时，为厘清汉剧坤伶群体置身于其间的文化生态，有必要对汉剧的变迁及其与楚剧的关系进行较为细致而系统的梳理。

第一节　汉剧的变迁

汉剧先后历经清末的同光年间（1862—1908）、20 世纪初至 30 年代以及 20 世纪 50—60 年代三个繁盛期，至今已有 400 多年的历史。现在可考的剧目高达近 500 出（号称"八百出"），大都取材于历史故事和民间传说，其中历史故事的剧目以两汉、三国、唐、两宋题材为主，尤以三国、两宋为重。汉剧的声腔以西皮、二黄为主，并在地方剧种中开创"皮黄声腔"合奏之先河，在"昆、弋、梆、黄"四大声腔体系中独领风骚。汉剧主要有剧本形式的"案头剧"和舞台表演形式的"场上剧"两种存在方式。"场上剧"早于"案头剧"，两者各具特色，但共存于汉剧一体之中。[①]

汉剧是"皮黄声腔"体系中的主要剧种，曾有"楚调""汉戏"以及"汉调"等多种不同的称谓。"汉剧"之称谓最早见于 1912 年扬铎的《汉剧丛谈》。在数百年的发展过程中，汉剧主要经历了以下三种形态："湖广调"与"平板"，"楚调"与"二流"，"西皮"与"二黄"。总体而言，汉剧的兴起与发展受到其自身的艺术发展规律、政治生态、社会状况、文化传统以及商业市场等诸多因素的影响。它先后经历了"楚调""汉调"以及"汉剧"时期。在这三个历史时期，汉剧的发展各有其特点。需要指出的是，此处的"汉剧"时期，为避免论述过于庞杂，时间仅限于 1912—1949 年。

---

① 杨童舒：《汉剧与民间文化》，华中师范大学 2014 年硕士学位论文，第 3 页。

一、"楚调"时期

汉剧的前身可追溯到明朝万历年间（1573—1620）的"楚调"。"楚调"又有"楚腔""楚曲"之名。万历三十八年（1610），王骥德在《曲律·论腔调第十》中论述不同地域腔调时，就提及"楚调"①。万历四十三年（1615），公安派文学家袁中道在湖北沙市宴饮观剧后，在其日记中这样写道："时优伶二部间作，一为吴歈，一为楚调。吴演《幽闺》，楚演《金钗》。"② 由此可见，在明朝万历年间，湖北的"楚调"腔种已基本形成。

在清朝的典籍文献中，"楚调"之名更是屡见不鲜。清康熙六年（1667），吴伟业的《致冒襄书》中有"选新声而歌楚调"之语。"楚腔"则见于清乾隆四十五年（1780）的《乾隆上谕》："再查昆腔之外，有石牌腔、秦腔、弋阳腔、楚腔等项，江、广、闽、浙、四川、云、贵等省，皆所盛行。"③ 可见，楚腔已流播于华东、西南地区。另据刊行于乾隆五十年（1785）的《燕兰小谱》可知，楚腔在京师已颇有影响。"楚曲"之名，则见于晚清汉口三元堂等刊印的《新镌楚曲十种》一书中。

明末清初，"诞生于湖北沙市雅正绵邈的楚调，经由文人雅士向周边传播，以兼容并蓄的姿态，不断与昆腔、秦腔以及其他声腔融合，逐步演化为一种个性鲜明的地方声腔"④。清乾隆五十五年（1790），"湖北'楚调'演员米应先、王洪贵以及李六等搭徽班演出"⑤。从杨静亭的《都门纪略》中，我们不难窥见：在王洪贵等演唱的《取成都》《击鼓骂曹》等四出"楚调"剧目中，既有"西皮"又有"二黄"。皮黄合流的时间大约在清乾嘉年间（1736—1820），而合流的地点可能在汉口或襄阳一带。汉口自明中叶以来，商贸发展迅速，至乾嘉年间已是商贾辐辏文化繁盛之地。襄阳则为当时水陆交通枢纽，会馆林立，演出频仍。因此，此两地都具有皮黄合流的客观条件。合流于荆楚之地的皮黄腔，将"西皮"的高亢和"二黄"的柔和融为一体，以中州韵、湖广音作为表演语言，最终演化为成熟的汉剧。

---

① 王骥德：《曲律·论腔调第十》，载《中国古典戏曲论著集成》（四），中国戏剧出版社1959年版，第114页。

② 袁中道：《珂雪斋集》，钱伯城点校，上海古籍出版社1989年版，第1348页。

③ 中国第一历史档案馆编：《清代档案史料·纂修四库全书档案》（下），上海古籍出版社1997年版，第1398页。

④ 陈志勇：《汉剧与汉派文化》，江苏人民出版社2020年版，第19页。

⑤ 赵先政：《汉剧传承发展与保护研究》，上海戏剧学院2008年博士学位论文，第4页。

二、"汉调"时期

自清乾嘉年间"皮黄合奏"后至辛亥革命前的汉剧被称为"汉调"。汉调最初分"西皮""二黄"两种声腔。"西皮"大约形成于明万历年间，"二黄"大约起于明朝末年。在湖北众多艺人的不断努力下，"西皮"和"二黄"逐渐融合为"皮黄声腔"。这种融合在道光年间叶调元所创作的竹枝词中就已有所体现："曲中反调最凄凉，急是西皮缓二黄。"[1] 在嘉庆末年，出现在汉口的汉调已拥有 10 余个戏班，兼有"正调"和"反调"，既唱"西皮"又唱"二黄"。"皮黄声腔的出现，促进了东西南北戏曲声腔的大交流、大融合，改变了清代以来戏曲生态及其文化版图。"[2]

清嘉庆八年（1803），来自湖北汉口的和春班进京。"西皮"与"二黄"联袂合奏，使得汉调一时有独霸京师剧坛之势。搭徽班进京的汉调演员米应先在"春台班"挑大梁并主持 20 余年。经过米应先等艺人的长期努力，京城戏曲演出的中心由"旦、小（生）"向"三生"转向，"皮黄声腔"的地位由此日益提升。由于以"汉调"伶人为主体的徽班演出频繁，造成了"京师尚楚调"的局面。在此情形下，"汉调"、徽剧日益相互融合渗透，最终促成了京剧的诞生。在春台班的带领下，京城的诸大徽班先后建立起以"汉调"为主的演出体制。

太平天国运动时期，兵燹绵延 14 年，武汉的"汉调"艺人和戏班被迫转移到荆沙一带。咸丰年间，刘菊辉在湖北钟祥县石牌镇创办汉调科班，培养了李四喜（李彩云之师）、刘三保、傅友才（傅心一之父）、陈启才（小翠喜之父）、胡玉喜等一批汉剧名伶。石牌科班后于同治初年散班。汉口开埠后，汉调艺人逐渐汇聚汉口，创办科班培养人才。咸丰同治年间，为重振汉调班社，以钱业公所会长为首的汉调票友先后创办了天、双科班，聘请名伶李大达、范三元等执教，招收学员 100 余人，培养了任天泉、姚天惠、汪天中、陶天桂、胡双喜、程双全等汉剧之翘楚。光绪五年（1879），粮业公所负责人在汉口大火路开办"喜"字科班，招收学员 60 余人，著名者有邓双喜、陶四喜、陈旺喜、罗金喜等。[3] 光绪十年（1884），科班停办。此外，还有光绪二十五年（1899）在孝感周巷区举

---

① 沙月：《清叶氏汉口竹枝词解读》，崇文书局 2012 年版，第 347 页。
② 郑传寅：《汉剧的形成、贡献与困境》，《长江文艺评论》2021 年第 3 期，第 106 页。
③ 邓家琪等：《汉剧志》，中国戏剧出版社 1993 年版，第 191 页。

办的"寿"字科班等。①

在这一时期，由于地域与方言的差异，汉剧在湖北传承的过程中逐渐有了派别之分野，出现"汉河派""府河派""襄河派"以及"荆河派"等（表0-1）。其中，汉河派肇兴于嘉道年间，因地处"九省通衢"，流传最广，艺术成就最高，成为汉剧的主流派别。它分为以汉口为中心的上路，以黄冈、大冶为中心的下路。需要指出的是，"自从太平天国运动以来，因兵燹频仍四大河派的艺人辗转流离搭班公演，因此河派之间在艺术上并不存在隔阂"②。光绪、宣统年间，在近代汉口都市化的过程中，广阔的演出市场、丰厚的酬金产生强大的"虹吸效应"，荆河、襄河、府河以及汉河派的下路等各派名伶纷纷涌向汉口搭班演出，从而形成了"四派归汉"的壮观景象。毋庸置疑，"四派归汉"为20世纪前30年汉剧发展黄金时期的到来奠定了坚实的人才基础。与此同时，传统的士、农、工、商"四民"社会结构开始瓦解，大批外来客商、工人、手工业者及其家属的到来为汉剧发展提供了深厚的群众基础。

表 0-1　　汉剧"四大河派"演出中心、著名班社和艺人表③

流派名称	演出中心	辐射范围	著名班社	著名艺人
府河派	安陆	随州、枣阳以南、黄陂、孝感以北以及应城、应山、红安等	桂林班、和升班、凤鸣班、恒协班	陈丁己、曹金、邓光光等
襄河派	襄阳	光化、谷城、南漳、钟祥等以及河南南阳、汉中地区等	洪兴班、太和班	姚花儿、柯金榜、杨花子、王洪轩、江珠子等
荆河派	沙市	宜都、枝江、宜昌、公安、荆门、监利等地	同乐班、太和班等	胡双喜、李四喜、余洪奎、唐长林、何采凤
汉河派	武汉	鄂东、鄂东南各县，皖西南、赣西北部分地区	祥发部、联陞部、福兴部	詹志达、袁宏泰、卢敢生、范三元、胡德玉、余德安、罗天喜等

① 《中国戏曲志》编辑委员会：《中国戏曲志·湖北卷》，文化艺术出版社1993年版，第382页。
② 朱伟明、陈志勇、孙向峰：《汉剧史论稿》，人民出版社2016年版，第343页。
③ 刘小中：《湖北文史资料·汉剧史料专辑》，湖北省政协文史资料委员会1998年版，第96～98页。

清朝末年，汉剧和京剧之间的交流较为活跃频繁。汉剧艺人如谭志道父子、吴鸿喜、蔡桂喜等进京演出；京剧艺人也频频应邀到汉口演出，如1898年邱玉成、张胜奎在醉乐茶园参加合班演出。① 翌年，徽班名伶刘茂林等创办了"丹桂茶园"，此为汉口"茶园"之首例。1901年，汉口著名茶商程广泰与韦紫封等创办天一茶园。商业性茶园的诞生，改变了汉剧戏班流动演出的基本模式，为各种表演程式的最终定型提供了外部条件。此时，京剧还不为汉口观众所习惯，单独演出号召力不大，为了吸引观众，一些戏院、茶园特意安排汉剧与京剧同台演出，于是开创京汉合演之先河，京剧由此得以首次进入专业剧场。② 京剧首次来武汉演出《拾黄金》，也曾摹仿余洪元的《乔府求计》中的几句唱腔。③ 同台合演后，京剧与汉剧之间的交流更加密切，如汪笑侬学习汉剧的《刀劈三关》，余洪元则借鉴京剧的《哭祖庙》。

1902年，刘天保药店的老板刘子陶创办满春茶园。满春茶园是首唱汉剧的茶园，第一次演出的阵容极为整齐，余洪元、蔡炳南、余洪奎、吴宗保、李彩云、汪天中、赛黄陂等名伶齐聚一堂。此外，贤乐茶园、新舞台以及荣华茶园等亦演出汉剧。④

总体来看，自1861年汉口开埠至辛亥革命前后，"汉调"以其强大的吸引力和精湛的舞台艺术保持着上升态势，并逐渐向民间基层扩展渗透，如谷城、钟祥、枝江以及阳新等地的乡村兴起了"挂衣"、"玩菊"（戏曲称为菊部）活动。所谓"挂衣"，也称"演古"，就是穿着戏衣的彩排或公演。所谓"玩菊"，也称"围鼓"，就是坐着清唱的。这些民间活动在一定程度上扩大了汉剧的影响与传播。

三、"汉剧"时期

"汉剧"之名，首见于扬铎1912年的《汉剧丛谈》，是用来指称辛亥革命后以汉口为中心流播四方的"楚调"。需要指出的是，"汉剧并非单纯的限于艺术，而是含有强烈民族意识的作品。在满清入关以后，明朝的遗老一方面密组帮会图谋反清复明；一方面为了使汉人不改数典忘祖起

---

① 姜如花：《武汉平剧的缘起与现在》，《戏世界》1935年第1卷第1期。
② 扬铎：《汉剧在武汉六十年》，中国档案出版社2001年版，第17页。
③ 刘志斌：《"汉剧大王"余洪元》，《戏剧之家》2000年第1期，第19页。
④ 扬铎：《汉剧在武汉六十年》，中国档案出版社2001年版，第18页。

见，便在戏剧上费了不少心血，来作民族革命的宣传工作，而且是潜移默化的工作"①。

民国初期，汉剧较引人注目的重要事件有：汉剧科班的创办；汉剧公会的创立；以余洪元为首的汉剧班社赴沪和进京演出。1915 年，陈国新、张鉴堂等在汉口"满春茶园"先后创办了小"天"字科班，以及"春""长""顺"字科班，培养了包括吴天保、周天栋、陈春芳以及王长顺等在内的 200 多名汉剧艺人。在此影响下，湖北省境内各地也纷纷开办汉剧科班，其中较著名的有 1917 年孝感的"桂"字科、1918 年大冶的"双"字科等。

自戊戌变法至民国初年，戏曲改良运动在全国范围内普遍开展，这一运动是中国近代文化转型的重要组成部分。成立于民国年间的汉剧公会，既是汉剧行业组织"老郎庙"的延续，又是这场改良运动的直接产物。②1916 年，傅心一等倡议成立汉剧公会。傅心一是汉剧艺人傅友才之子，幼承家学，习三生，8 岁登台演出，拿手戏有《打鼓骂曹》《四郎探母》《南阳关》以及《荥阳城》等，被沙市票友界赠艺名"小玉堂"③。后登台满春茶园，轰动了武汉三镇。他为人正直，人脉众多，倒嗓后依然为推动汉剧的发展四处奔走，受到伶界同仁的尊重和爱戴。④ 1919 年，汉剧公会开始筹备，基本人员构架得以建立。1921 年，汉剧公会正式创立。同年 9 月 26 日，教育部批文曰："据呈已悉，查戏剧一道有关风化，果能力求改善于社会教育不无补助。该具呈人能见及此，组织公会以改良剧曲为职志，用意殊堪嘉，尚所请立案之处，应予照准，仍仰呈候该省教育厅核办可也。"⑤ 当时，入会登记者已超过千人。盛时，登记会员高达 7000 人，⑥ 汉口常演汉剧的戏院多达 11 处。汉剧公会的历届负责人见表 0-2。

① 草木：《汉剧·平剧及其他》，《物调旬刊》1948 年第 50 期，第 22 页。
② 柯琦：《戏曲改良运动中汉剧公会的运营与困境》，《文化遗产》2016 年第 3 期，第 36 页。
③ 刘小中：《湖北文史资料·汉剧史料专辑》，湖北省政协文史资料委员会 1998 年版，第 298 页。
④ 龙衣：《傅心一主持汉剧公会》，《戏世界》1935 年 7 月 9 日第 2 版。
⑤ 《批傅玉堂等组织汉剧公会检呈简章细则准予备案》（第 57 号），《教育公报》第 8 卷第 10 期，1921 年 9 月 26 日。
⑥ 邓家琪等：《汉剧志》，中国戏剧出版社 1993 年版，第 8 页。

表 0-2　　　　　　　　　　　汉剧公会历届负责人①

	任期	主要负责人
1	1921—1926	会长：余洪元，副会长：陈杏林（1924 年卸任）、陈国新（1924 年当选），干事长：傅心一
2	1926—1936	会长：吴天保
3	1936—1938	会长：傅心一，副会长：周天栋、吴天保
4	1946—1948	理事长：唐庸三
5	1948—1951	理事长：吴天保

　　汉剧公会成立后，在建立行业规范、维护艺人的合法权利以及提高艺人的社会地位等方面发挥了积极作用。如寒冬岁末之际，汉剧公会收容贫困无依之伶人。② 汉剧公会积极组织慰老会，"缘老伶工年事已去，粉墨生涯自难胜任，家事稍裕者，固能以延岁月，而家若悬罄者，其将何以度其暮年耶"③。此外，汉剧公会维护艺人的合法权益，积极营救遭到无端抓捕或迫害的艺人。1948 年，汉剧宣传第一队在团风附近演唱会戏，当地政府以时局不靖禁止演唱为由将班中 17 名艺人加以抓捕羁押，因汉剧公会积极交涉而得以释放。④

　　1916 年，应上海陈文卿之邀，余洪元、刘炳南以及李彩云等汉剧名伶组班赴上海在法租界同乐茶园演出。1921 年 9 月 21 日，余洪元受黎元洪总统电召，率汉剧艺人进京赈灾义演。这两次外埠演出扩大了汉剧的影响，并为其确定"京剧的开山鼻祖"这一艺术身份奠定了基础。

　　20 世纪 20 年代，汉剧领域最令人瞩目的就是汉剧坤伶的崛起和余洪元组班第二次赴沪演出等。1923 年汉剧第一个坤伶叶慧珊在沙市最乐戏园登台演出。1925 年，汉剧坤伶开始在汉口崛起，黄大毛、花牡丹等纷纷在租界的戏园粉墨登场。1926 年 10 月，北伐军进入武汉，各行各业实行男女平等，汉剧坤伶冲破重重阻挠登记入会，从此以合法的身份活跃在荆楚大地的汉剧舞台上。1928 年，汉剧训幼女学社（新化科班）在汉口创办，培养了陈伯华、代一鸣等著名坤伶。1929 年 12 月，以余洪元为首

---

① 柯琦：《戏曲改良运动中汉剧公会的运营与困境》，《文化遗产》2016 年第 3 期，第 40页。

② 茹心：《扶危济困异曲同工》，《戏世界》1936 年 12 月 25 日第 3 版。

③ 啸渔：《汉剧公会发起组织慰老会》，《戏世界》1935 年 8 月 19 日第 2 版。

④ 《汉剧一队黄冈遭禁演，全体艺员业已返汉》，《罗宾汉报》1948 年 5 月 27 日第 2 版。

的福兴班受邀前往上海演出。这次演出受到人们的关注和称赞，"台下看客亦自能平心静气谛听无哗矣。……牡丹花与大和尚演来丝丝入扣，身段、眼神、表情，无不佳妙，珠联璧合四字恰足赠之"①。在演出期间，汉剧名角余洪元、周天栋等与京剧名家高庆奎、周信芳等进行了艺术交流。此外，1929 年 12 月，傅心一率领以汉剧坤伶为主体的大汉戏班前往四川演出，参与的坤伶有花牡丹、七龄童、花芙蓉、云仙子、吴惠英、筱飞侠、陈素秋等 30 余人。②

　　20 世纪三四十年代，汉剧值得关注的事件有抗敌流动宣传队的组建、汉字科班的创办以及汉剧公会的恢复。1937 年"七七"事变后，汉剧艺人积极参加劳军公演和募捐义演，有的艺人如沈新民、王顺琴等参军抗日。1938 年 8 月，汉剧组建了 10 个"汉剧抗敌流动宣传队"，辗转四川、湖南、豫西等地区开展抗日救国宣传。1942 年，傅心一等在四川北碚开办"汉"字科班，培养了曾汉章、熊汉毅等一批汉剧坤伶。毋庸置疑，"汉"字科班在汉剧人才的赓续上具有重要意义。抗战期间，汉剧艺人死亡人数有两三百人。抗战胜利后，汉剧公会得以恢复。但是，湖北全省登记入会的人数大大减少，由此前的 7000 多人锐减到 1000 多人。③ 1947 年后，"由于湖北经济形势恶化，天门、黄石、襄樊等地汉剧班社纷纷解散"④，只有汉口、宜昌的 6 个班社在苦苦支撑，艺人也仅仅 300 余名。汉剧的衰落已成为无可挽回的事实。

第二节　1949 年前汉剧与楚剧的关系

　　民国时期，汉剧的兴衰与楚剧有着千丝万缕的联系。汉剧与楚剧都是兴起于湖北的地方戏剧。汉剧历史悠久、影响深远，楚剧则是近百年来湖北地区最为活跃的地方戏。它们在同一时空之中生存发展，互相竞争互相影响，呈现出完全不同的艺术风貌。

　　在一些汉剧艺人与汉剧戏迷的心目中，汉剧的艺术身份非同一般，

① 徐慕云：《京汉剧各有所长》，《小日报》1929 年 12 月 20 日第 2 版。
② 刘小中：《湖北文史资料·汉剧史料专辑》，湖北省政协文史资料委员会 1998 年版，第 304 页。
③ 傅才武：《近代化进程中的汉口文化娱乐业（1861—1949）》，华中师范大学 2004 年博士学位论文，第 63 页。
④ 梁桂莲：《论民国时期的湖北汉剧》，《社会科学动态》2017 年第 8 期，第 102 页。

"汉剧决不是地方戏剧，实在是京剧的开山鼻祖"①。对于这一艺术身份的确认，成为汉剧艺人的执着追求。余洪元率领汉剧艺人于1916年、1921年和1929年三次前往全国戏剧中心上海、北京展演汉剧，就充分体现了这一执着追求。汉剧的这三次组班演出，对扩大其在全国的影响、奠定皮黄大剧种的地位发挥了重要作用。②

与汉剧相比，楚剧艺术身份的确认更为艰辛与曲折。楚剧以前被称作黄孝花鼓戏，因其大约从道光年间开始长期在黄陂、孝感及其周边地区演出。"楚戏为盛行湖北之一种小戏，俗称花鼓戏，溯其历史，亦有百余年矣。场面颇简陋，如南方之秧歌戏然。所演各戏，有孟母三迁，终身大事，陈世美，张朝宗，农家乐等，妇女多爱听之。"③ 1900年前后，其开始在汉口与阳逻之间的"望江"和"贤乐"等乡镇茶园登台演出。1902年正式进入汉口，最初在德租界的"清正茶园"演出，后逐渐在汉口一带流行。当时，分布在英、法、俄、日等国租界唱楚剧的茶园共计17家，如美观茶园、玉壶春茶园以及怡红茶园等。④

辛亥革命后，演出楚剧的茶园纷纷转变为戏院，如共和升平楼（1912年）、天仙戏院（1914年由玉壶春茶园转变而来）、天声戏院（1915年）。这三家戏院在楚剧场域中形成三足鼎立之势。在激烈的竞争中，楚剧不仅进行了布景、音乐、剧目以及化妆等方面的改革，而且涌现出江秋屏、李百川、沈云陔、王若愚、陶古鹏等著名名伶，由此迎来了第一个辉煌时期。⑤

与汉剧剧目多以公堂大戏取胜不同，楚剧内容更贴近普通市民的日常生活，观众在相当长的时间内是"草鞋帮"——底层平民。不仅如此，楚剧（黄孝花鼓戏）在相当长的时间内，被官方视为"淫邪"之物，遭到明令禁止或发文取缔。1926年，湖北剧学总会成立。黄孝花鼓戏艺人申请建立自己的工会组织，当时总会将黄孝花鼓戏划入"花业"（妓女行业），批准成立"花业公会"，这使得艺人们难以接受。后经傅心一提议，将其命名为"楚剧"。"楚剧"名称的确定，既达到了"正名"的效果，又为其蓬勃发展创造了有利条件。1927年初，楚剧正式进入"血花世界"（后改名民众乐园）公演，"草台小戏"的形象自此得以扭转。

---

①　《申报》，1929年12月13日第8版。
②　朱伟明、陈志勇、孙向峰：《汉剧史论稿》，人民出版社2016年版，第432页。
③　白文：《古今剧话之一：汉剧与楚戏》，《幸福世界》1948年第2卷第7期，第116页。
④　余文祥：《楚剧进城一百年》，中国档案出版社2001年版，第3页。
⑤　余文祥：《楚剧进城一百年》，中国档案出版社2001年版，第5页。

1923—1949 年，汉剧与楚剧的关系颇为微妙。早在 1926 年湖北剧学总会成立之时，楚剧成为总会的团体成员，就曾招致一些保守的汉剧艺人的反对，认为发展楚剧会有兴楚灭汉之虞。虽然这一观点很快被当时的湖北剧学总会负责人否定，但是此后"楚汉之争"在荆楚大地上一再真实地上演。值得关注的是，此后的岁月中汉剧和楚剧在当地戏剧场域中的力量对比格局逐渐发生了根本性的改变，这不能不说是地方戏曲发展史上耐人寻味的文化现象。

20 世纪 20—30 年代，是汉剧在荆楚大地一枝独秀独领风骚的辉煌时期。20 年后，曾有人在报纸上撰文回忆"汉强楚弱"的面貌，当时汉剧独霸剧坛，剧院众多，人才济济，名角荟萃，而楚剧几无立足之地。①

在当时武汉的戏剧场域中，因文化资本、社会资本匮乏等原因，楚剧处于明显的劣势地位，不仅演出空间受到挤压，而且在政府的打压下演员们也随时面临着牢狱之灾。同时，在社会舆论场域中，一些报刊媒体也不遗余力地对楚剧声讨挞伐。1929 年 4 月，汉口市政府社会、公安两局还封闭 5 处楚剧演出场所，搜捕在法租界继续演出的 72 名楚剧演员，其中包括李百川、陶古鹏、王若愚等著名演员。②

在汉口市政府、社会局和教育局组织下，楚剧组织者分别于 1929 年 11 月、1931 年 5 月和 1934 年 12 月先后开办了三期楚剧培训班，共计培训演员 367 人。③ 这些演员"毕业后陆续恢复演出"④。于是，一度陷入困境的楚剧得以重现生机。不过，直到 1933 年，《壮报》依然刊文呼吁取缔楚剧，其理由有二：一是楚剧所用的台词有许多和花鼓戏一样淫邪不堪。二是楚剧演员大多放荡不羁招蜂惹蝶勾引青年妇女，败坏社会风俗。一些投机商人，为了招揽顾客，在竞争中获得优势，用"留声机"播放楚剧，在他们的门前很快就聚集了一大批听众。"试想，留声机，仅可传声，竟具有如此之魔力，至舞台上之淫伶，加以勾诱妇女之丑态，魔力之大，更可想见，所以我觉得楚剧，也当分别取缔为是。"⑤ 同年 9 月，某报又刊登《花鼓有取缔之必要》："花鼓戏之淫邪，固已尽人皆知，然而却偏能风行于武汉。以前汉戏园，如长乐、满春等，皆以次第改演，营业

---

① 英：《不堪回首话当年汉剧全盛时代》，《罗宾汉报》1948 年 3 月 19 日第 2 版。
② 余文祥：《楚剧进城一百年》，中国档案出版社 2001 年版，第 24 页。
③ 余文祥：《楚剧进城一百年》，中国档案出版社 2001 年版，第 29 页。
④ 《中国戏曲志》编辑委员会：《中国戏曲志·湖北卷》，文化艺术出版社 1993 年版，第 84 页。
⑤ 侦探：《楚剧也有取缔之必要》，《壮报》1933 年 10 月 5 日第 3 版。

之佳，足使京汉剧望尘莫及。究其所演之剧，则无非邪淫之道，盖不如此，不足以招徕顾客。"① 在这些媒体看来，楚剧台词剧本、舞台表演等宣扬的无非是"邪淫之道"，但戏院老板为投机牟利以此招揽观众，观众为满足低级趣味而趋之若鹜，这样就会导致社会风气的日益败坏。

由于汉剧、楚剧在同一时空中生存和竞争，因此它们之间的摩擦不可避免。一天，一些汉剧艺人辱骂楚剧老艺人为"水腕子伢""踩横板子的伢们"。楚剧艺人不甘受辱，于是邀请戏园里的洪帮兄弟们向汉剧下战书准备一决雌雄。汉剧方面也不甘示弱，召集了"天春长顺"四科的全武行准备决斗。傅心一听说此事后，大为震怒。第二天，他来到中山公园，看见楚剧、汉剧两方几十人已摆开阵式，准备大打出手。他走上前去高声怒斥。在他义正辞严的训斥下，汉剧和楚剧两班人马惭愧不已，低头散去。②

1935 年，《罗宾汉报》较为具体而生动地披露并比较了汉剧与楚剧两者的状况。自 1931 年以来颓势日显的汉剧，最近因实施复兴计划，似乎萌生了一些生机。③ 尽管楚剧因动作表情近于淫秽经常遭到官府的查禁，但是相较于"萎靡不堪"的汉剧，则具有一种似乎不可抑制的野性和活力。不过，楚剧要想真正有出路，是需要一定的前提条件的，这就是受过训练的艺人洗心革面改过自新。随着老伶人的息演或去世，汉剧人才青黄不接的态势令人担忧。1937 年，汉剧颓势更加明显。评论者"危舟"指出："汉剧之不振，由于为楚剧之勃兴，楚剧（俗称花鼓戏）鄙俚不堪，为知识之人弗道，然腔调单简，词句通俗，一般妇孺者流，及贩夫走卒，咸趋之若鹜，汉剧无形中遂渐受其排挤矣。"④

1937—1938 年，与楚剧、京剧和话剧等其他剧种相较，汉剧的颓势已较为显著了。"平剧四家至五家（汉口大舞台、新市场大舞台、天声、凌霄京班、维多利纪念堂亦时有平剧假用），楚剧则多至八家（满春、美成、新市场、凌霄、东园、天仙、宁汉、云仙），汉剧亦保有两三处基地（长乐、新市场等处）。武昌有楚剧、汉剧各一间，不计及在内。话剧活动，尤其一日千里。"⑤

---

① 亘直：《花鼓有取缔之必要》，《壮报》1933 年 9 月 24 日第 1 版。
② 刘小中：《湖北文史资料·汉剧史料专辑》，湖北省政协文史资料委员会 1998 年版，第305 页。
③ 国宾：《谈汉剧与楚剧的比较》，《罗宾汉报》1935 年 2 月 6 日第 1 版。
④ 危舟：《汉剧近况》，《十日戏剧》第 1 卷第 5 期（1937 年 3 月 29 日出版）。
⑤ 林素：《没有戏剧的汉口》，《武汉日报》1947 年 2 月 2 日第 10 版。

在敌伪统治武汉时期，虽然经济萧条、演员大量流失，但是黄金、永乐、新市场（民众乐园）、旧法租界的大舞台以及天声和天仙等戏院依然还在营业。可见，当时汉口的戏剧并未一蹶不振。1947 年，由于经济日益凋敝，汉剧和楚剧都遭遇到狂风暴雨般的打击。"汉戏两家，一家根基未固，一家还是依附在游戏场中亦复非当年规模，尤其是煊赫一时的楚剧，十五年来，它可以说是无往不利，可是到了去年，也居然有某楚剧少壮于一堂的美成戏院宣告停业了。"①

不过，在戏剧业整体不景气的情势下，楚剧依然在楚汉相争的格局中占据优势地位，甚至有评论者担心汉剧将来可能遭遇如昆曲一般的命运。"不幸在若干年后，人材相继死亡，遭受平剧、楚剧之正面攻击，以致一蹶不振，人材有减无增，兼之汉剧本身无团结，如同一盘散沙，时至今日仅美成与新市场二处撑持大局，连武昌之地盘均已丧失；一班演员舍本求末专走乡班，苟延残喘。此时领导者若不努力图救危亡，则在若干年后，则（同样）与徽调昆曲同样没落，我不禁为汉剧前途悲叹。"②

汉剧衰颓的原因，不外以下原因：不重视剧本、剧作家，不愿接受批评；艺人收入悬殊，团体内部涣散；负责人多不顾大局，汲汲于谋取私利，内外处置失当等。③ 对于汉剧内部一盘散沙、负责人自私自利、置团体利益于不顾现象，1947 年 12 月 26 日的《罗宾汉报》对此亦有具体的披露。当时，汉剧地盘仅有美成、新市场两处。隆冬之际，四处奔走跑乡班以养家糊口的收入微薄的汉剧艺人纷纷返回武汉。许多人生活艰难，汉剧公会名存实亡，负责人多不管不顾，令人寒心。如果不力行改革，汉剧走上昆曲徽调的老路就为时不远了。

> 理事长唐庸三远走仙桃镇，而不理事；吴天保声明谢绝歌坛；周天栋、徐继声等，亦无何办法表示；其他小演员，本身问题尚难解决。对于建造会址，改造汉剧，创设科班，都是纸上谈兵而已，人说汉剧是一盘散沙，一点也不错，此时若不力谋改进，则将来与昆曲徽调，同样没落矣。④

---

① 　林素：《没有戏剧的汉口》，《武汉日报》1947 年 2 月 2 日第 10 版。
② 　英：《不堪回首话当年汉剧全盛时代》，《罗宾汉报》1948 年 3 月 19 日第 2 版。
③ 　戴琢璋：《楚汉剧兴衰今昔感 大汉原音将成广陵潮散》，《罗宾汉报》1946 年 11 月 15 日第 2 版。
④ 　《汉剧乡班纷纷返汉江》，《罗宾汉报》1947 年 12 月 26 日第 2 版。

除上述因素外，创新精神的日渐丧失也是不容忽视的。汉剧暮气沉沉，抱残守缺，对内部不合理的陈规陋习置若罔闻，对剧本等也不肯与时俱进。相较而言，一种农村小戏（楚剧前身）在较短时间内如此勃兴，甚至占据了许多原本专演汉剧的剧场，汉剧艺术大师陈伯华认为，"这大概就在于它们的新"①。

此外，汉剧和楚剧艺人对待录制唱片的态度亦颇耐人寻味。汉剧老艺人态度保守倨傲，要价甚高甚至拒绝录制，以致在一定程度上影响了汉剧的广泛传播。1933年，徐小林来到武汉收集录制唱片。在杏花楼大摆宴席宴请武汉闻人以及汉剧、楚剧艺人。余洪元一打要价5000元，吴天保半打索要2000元，经过多次洽谈但依然未果。钱文奎录制两出，得到200元。李彩云则无论多少都不肯录制。其实，当时汉剧在北京得到有识之士的称道，但是由于未录制唱片故流传也不广。楚剧艺人态度友善，价位低廉，仅需200元录制唱片就有三四打之多，②"后百代公司、高亭公司陆续发行李百川、章炳炎、沈云陔、陶古鹏、张桂芳、高月楼等名演员灌制的唱片"③。

对汉剧和楚剧艺人在录制唱片上的差异，时人亦有所关注和批评："再如灌留声片，楚剧稍有名的角色，无不应有尽有，汉剧则不然，均守保留的陋习，认艺术为不能轻舍易弃之宝，仅有余伶等数人灌过数片，也不过是凤毛麟角，少得可怜罢了。"④

同源于荆楚大地的汉剧和楚剧，尽管相互竞争激烈，但也会彼此合作同台演出，虽然这种情况并不多见。1930年，在重庆一园戏院，汉剧与楚剧的名伶在日场、夜场相继上台，《新雁门关》《四郎探母》轮番上演，观众踊跃，盛况空前。抗战胜利后，在宜昌也曾有过楚汉合演。汉剧名伶刘玉楼回忆道："抗日战争后的宜昌，汉剧刚刚恢复活动不久，角色也不齐。恰好楚剧名艺人黄楚材、冯雅兰等也正在宜昌，便相约楚、汉配演，成为一时佳话。"⑤

对于汉剧之衰落，一些有识之士站在弘扬民族文化的高度，大声呼吁社会各界施以援手以保存省粹，热切期望汉剧名角与同人幡然醒悟和衷共

---

①　陈伯华、邓家琪、黄靖：《陈伯华舞台艺术》，上海文艺出版社1988年版，第31页。

②　耿人情：《徐小林与戏剧》，《戏世界》1933年11月21日。

③　余文祥：《楚剧进城一百年》，中国档案出版社2001年版，第34页。

④　朱塈：《为挽救汉剧的厄运供给几点意见》，《武汉日报》1946年12月15日第10版。

⑤　中国人民政治协商会议宜昌市文史资料研究委员会：《宜昌市文史资料》（第2辑）1984年版第4期，第108页。

济力挽危局。"汉剧虽为湖北地方戏，但'汉'字非仅指汉口而言，盖暗含有代表汉代衣冠发扬民族之深意在。……希望社会贤达，有力诸公暨爱好汉剧者，群起予以同情之援救，保存吾鄂之省粹，使汉剧得以永久存在……如汉代衣冠之永久存在耳。果尔，仍需本身之努力，亦盼汉剧诸大名角，立即惕然悔悟，革除一切陋习，全体和衷共济，挽此危局，勿使祖业沦亡，作汉剧后世之罪人，则汉剧前途幸甚，亦不负笔者之厚望矣。"①其力图振兴汉剧的殷殷之情溢于言表。

第三节　汉剧坤伶研究之回顾

1912年，"汉剧"这一名称首现于扬铎撰写的《汉剧丛谈》中。自此，流行于荆楚大地的"楚调"被正式定名为"汉剧"并沿用不废。当前，对汉剧的研究，主要是从汉剧源流历史、音乐形态、舞台艺术等方面加以展开。

关于1923—1949年的汉剧坤伶的研究，主要集中于别纪小传和专题研究两方面。其一，别纪小传方面。汉剧第一个坤伶七龄童（叶慧珊）是在1923年登台演出的，因此成书于1912年扬铎的《汉剧丛谈》自然没有提及坤伶。《罗宾汉报》（1948）刊有73名汉剧坤伶的别纪小传。扬宗珙（1984）②对坤伶红艳琴、陈伯华、红艳芳、万盏灯、童金钟等有简要评述。刘小中、郭贤栋的《汉剧史研究》（1987），以《汉剧女艺人的兴起》为题，专门记述了民国时期汉剧坤伶兴起的背景、汉剧内部的冲突以及前后三批汉剧坤伶的行当和姓名等，并较为详细地介绍了第一、二批中的20余名坤伶的生平、师承以及技艺水平等。该书的《汉剧艺人抗日活动鳞爪录》部分记录了张美英、新牡丹、云仙子等的抗日宣传活动并列出了在抗战期间死亡的部分坤伶名单。黄靖和夏光明的《汉剧小戏考》（1991）撰有陈伯华、刘金屏以及万盏灯等8名汉剧坤伶的小传。③邓家琪的《汉剧志》（1993）介绍了涉及汉剧坤伶的新化科班、汉字科班，并撰述了黄大毛、叶慧珊的生平和技艺等。刘小中的《汉剧史料专辑》（1998）含有陈伯华、七龄童以及黄大毛等的小传。扬铎的《汉剧在武汉

---

① 戴琢璋：《楚汉剧兴衰今昔感 大汉原音将成广陵潮散》，《罗宾汉报》1946年11月15日第2版。

② 扬宗珙：《漫话汉剧行当、流派及人物》，《武汉文史资料》1984年第3辑。

③ 黄靖、夏光明：《汉剧小戏考》，上海文艺出版社1991年版，第157~168页。

六十年》（2001）以近 20 页的篇幅简要介绍陈伯华、七龄童、万盏灯以及红艳琴等 90 名左右的汉剧坤伶。胡非玄（2010）①、梁桂莲（2017）②等对民国时期汉剧坤伶兴起以及汉剧内部"阴盛阳衰"的现象进行了探讨。任晓飞（2013）③ 对包括汉剧坤伶在内的汉剧艺人的演艺生涯和生活状态进行了较为深入的研究。程芸、胡非玄（2014）④ 对坤伶陈伯华的艺术生涯和成就作了较为详细的阐述。郑维维的《社会史视角下的汉剧（1912—1949）》（2016）⑤ 专门开辟一节《汉剧女艺人》阐述女艺人兴起的背景、登台、人数、演出情况、社会评价等。魏一峰（2018）以汉口的《罗宾汉报》《戏世界》为主要文本，同时参阅《汉口导报》等报刊文献，对汉剧坤伶登台的历史脉络进行了较为深入的梳理。⑥

　　其二，专题研究方面。当前，关于民国时期汉剧坤伶的专题个案研究主要集中于陈伯华等。相关研究主要专著和文集如下：彩麟的《陈伯华唱腔艺术》（1982）⑦ 以较多的谱例介绍了陈派唱腔的风格特色及其创腔、用嗓等方面的艺术经验。邓家琪、黄靖的《陈伯华舞台艺术》（1988）⑧ 将"陈派"艺术特色归结为雅、真、细、新、明。邓家琪和刘庆林的《汉剧牡丹陈伯华》（1985）⑨、陈伯华和黄靖的《陈伯华回忆录》（1998）⑩ 以及孟保安的《汉剧大师陈伯华评传》（2012）⑪ 生动而深刻地再现了陈伯华跌宕起伏的艺术生涯。　《陈伯华舞台生活六十周年纪念文集》（1988）⑫，《陈伯华表演艺术文集》（2001）⑬ 收录了陈伯华的自撰文章和相关报刊文选以及舞台艺术 60 周年、70 周年研讨会部分论文。相关专题论文主要有：马素芬的硕士论文《汉剧艺术大师陈伯华研究》（2013）⑭，

---

① 胡非玄：《近代汉口狎优之风及其对汉剧发展的影响》，《中国戏曲学院学报》2010 年第 2 期。
② 梁桂莲：《论民国时期的湖北汉剧》，《社会科学动态》2017 年第 8 期。
③ 任晓飞：《民国时期汉口戏曲艺人群体探微》，《武汉文博》2013 年第 2 期。
④ 程芸、胡非玄：《荆楚戏剧》，武汉出版社 2014 年版。
⑤ 郑维维：《社会史视角下的汉剧（1912—1949）》，人民出版社 2016 年版。
⑥ 魏一峰：《民国时期汉剧坤伶登台与舞台新变——以汉口〈罗宾汉报〉〈戏世界〉为中心的考察》，《戏曲研究》2018 年第 106 辑，第 308~323 页。
⑦ 彩麟：《陈伯华唱腔艺术》，中国戏剧出版社 1982 年版。
⑧ 陈伯华、邓家琪、黄靖：《陈伯华舞台艺术》，上海文艺出版社 1988 年版。
⑨ 邓家琪、刘庆林：《汉剧牡丹陈伯华》，中国戏剧出版社 1985 年版。
⑩ 陈伯华、黄靖：《陈伯华回忆录》，《武汉文史资料》1998 年第 4 辑。
⑪ 孟保安：《汉剧大师陈伯华评传》，武汉出版社 2012 年版。
⑫ 《陈伯华舞台生活六十周年纪念文集》，武汉市艺术研究所 1988 年版。
⑬ 黄靖：《陈伯华表演艺术文集》，中国戏剧出版社 2001 年版。
⑭ 马素芬：《汉剧艺术大师陈伯华研究》，湖北大学 2013 年硕士学位论文。

从从艺环境、艺术特征、艺术贡献、艺术影响四个方面对陈伯华进行了较为全面的研究，揭示了"陈派"艺术得以形成的原因等。左婕的《汉剧陈派声腔及其演变研究》（2016）① 对陈派声腔的形成、艺术特征、继承与发展以及保护与传承等方面进行了研究。此外，还有黄靖的《梅兰芳和陈伯华——兼谈陈伯华的美学追求》（1995）② 和《论陈伯华表演艺术流派的形成》（1998）③、陈先祥的《陈伯华的艺术人生》（2000）④、方月仿的《陈伯华：与世纪同行的汉剧大师》（2012）⑤ 以及李松、冯紫璇的《1950 年代陈伯华与汉剧〈宇宙锋〉的艺术革新》（2021）⑥ 等从陈伯华的艺术生涯、美学追求和艺术流派形成等方面进行了探讨。对其他汉剧坤伶研究，只有寥寥数篇，如陶然的《汉剧坤伶刘玉楼》（2003）⑦ 记叙了刘玉楼的生平、演艺生涯和艺术成就；胡克庆的《汉剧名老艺人万盏灯》（2009）⑧ 论及万盏灯的生平、演技和人品等。

此外，周慧玲（2000）⑨、张远（2010）⑩、董虹（2012）⑪、代虹（2012）⑫、厉震林（2015）⑬ 等从性别文化研究视野对北京、天津和上海等地民国坤伶进行了研究，徐剑雄（2012）⑭、侯杰和秦方（2014）⑮、姜进（2015）⑯、程为坤（2015）⑰ 从社会文化史视野对民国坤伶进行了研

① 左婕：《汉剧陈派声腔及其演变研究》，华中师范大学 2016 年硕士学位论文。
② 黄靖：《梅兰芳和陈伯华——兼论陈伯华的美学追求》，《中国戏剧》1995 年第 10 期。
③ 黄靖：《论陈伯华表演艺术流派的形成》，《戏曲艺术》1998 年第 2 期。
④ 陈先祥：《陈伯华的艺术人生》，《戏剧之家》2000 年第 1 期。
⑤ 方月仿：《陈伯华：与世纪同行的汉剧大师》，《湖北文史》2012 年第 1 期。
⑥ 李松、冯紫璇：《1950 年代陈伯华与汉剧〈宇宙锋〉的艺术革新》，《湖北社会科学》2021 年第 2 期。
⑦ 陶然：《汉剧坤伶刘玉楼》，《武汉文史资料》2003 年第 2 期。
⑧ 胡克庆：《汉剧名老艺人万盏灯》，《中国演员》2009 年第 3 期。
⑨ 周慧玲：《女演员、写实主义、"新女性"论述——晚清至五四时期中国现代剧场中的性别表演》，《戏剧艺术》2000 年第 1 期。
⑩ 张远：《近代平津沪的城市京剧女演员》，山西教育出版社 2010 年版。
⑪ 董虹：《城市、戏曲与性别：近代京津地区女伶群体研究》，南开大学 2012 年博士学位论文。
⑫ 代虹：《近代上海沪剧女艺人研究》，上海师范大学 2012 年硕士学位论文。
⑬ 厉震林：《中国伶人性别文化研究》，文化艺术出版社 2015 年版。
⑭ 徐剑雄：《京剧与上海都市社会（1867—1949）》，上海三联书店 2012 年版。
⑮ 侯杰、秦方：《旧中国三教九流 艺人妓女嫖客》，时代华文书局 2014 年版。
⑯ 姜进：《诗与政治——20 世纪上海公共文化中的女子越剧》，社会科学文献出版社 2015 年版。
⑰ 程为坤：《劳作中的女人——20 世纪初北京的城市空间和底层女性的日常生活》，生活·读书·新知三联书店 2015 年版。

究。在对上述两种研究视野反思的基础上，柏奕旻（2017）[①] 提出了对"坤伶登台"的研究应引入"艺术社会学"的研究视野。何祚欢等（2018）[②] 从口述史的角度对这一时期汉剧坤伶陈伯华、刘金屏、刘金凤以及万盏灯等的舞台艺术有所论述。诚然，这些探索对民国时期汉剧坤伶的研究有着方法论上的启示意义。

总体而言，当前汉剧坤伶研究取得了一定的成绩，如相关的资料收集整理较为充分、对陈伯华的研究较为深入，但是也存在以下问题：一是研究成果分布不均衡，冷热差别明显，如对陈伯华的研究较多，对其他坤伶如万盏灯、严玉声、刘金屏以及张美英等的研究明显不足。二是研究视角和研究方法较为单一，由此导致相关研究多为事实描述或资料整理加以简要评述。三是个案研究较多，总体观照不足，不能充分展现汉剧坤伶群体在特定时空下的艰难处境、生存状况以及与其他社会力量的博弈过程等。

汉剧是皮黄声腔系统中的一个重要地方剧种，20 世纪以来先后经历了两个兴盛时期（20 世纪初至 30 年代，20 世纪 50—60 年代），培养了一大批名家名角，创作了许多脍炙人口的优秀剧目，为中国戏曲的发展做出了重要的贡献。20 世纪 80 年代以来，院团、演员、剧目以及演出的骤减使得汉剧传承和发展日益艰难。尽管 2006 年被列为国家级非物质文化遗产，但是已成为濒危剧种的汉剧的生存和发展仍不容乐观。在此形势之下，对 1923—1949 年汉剧坤伶群体及其与汉剧兴衰关系等问题进行探讨显然是有必要的。本书研究时间以 1923—1949 年为限，原因在于：1923年是第一个汉剧坤伶叶慧珊登上舞台的时间，1949 年是汉剧坤伶群体的身份和地位发生历史性转变的时间。

具体而言，汉剧坤伶群体研究具有以下意义：

1. 对汉剧坤伶群体（1923—1949）的研究，既在一定程度上弥补了现有坤伶群体研究之不足，又能够全景式展现当时坤伶群体与汉剧、各种社会力量之间的关系，从而有效地克服此前研究所带来的视域局限，继而在此基础上对坤伶群体和汉剧的历史命运进行较为深入的探讨。

2. 对汉剧坤伶群体（1923—1949）的研究，将在一定程度上拓宽汉剧的研究视野并带动相关研究的进一步深入。本书注重诸学科理论之间的交相渗透，布迪厄的社会实践理论、社会性别理论、心理学、历史学等多

① 柏奕旻：《近年海内外"坤伶登台"研究热的反思——兼论"艺术社会学"视野下深化理解的契机》，《美育学刊》2017 年第 4 期。
② 何祚欢：《汉剧舞台艺术口述史》，武汉出版社 2018 年版。

学科理论的综合运用，也能在一定程度上为汉剧相关领域的研究提供新的范式和分析构架。

3. 对汉剧坤伶群体（1923—1949）的研究，将较为清晰地揭示出坤伶群体的成败和汉剧兴衰的内在规律，对于当前汉剧表演艺术的创新、人才队伍的培养以及保护措施的落实等具有较为重要的现实意义。此外，对于其他非物质文化遗产的传承和发展也有一定的历史借鉴和参考作用；对于克服文化虚无主义、弘扬优秀传统文化以及坚定文化自信也有一定的积极意义。

第一章　汉剧坤伶之崛起

晚清以来，中国戏曲艺人内部生态结构发生了显著性变化，这就是作为职业女性演员的坤伶群体逐渐形成并大规模地登上舞台。在这一过程中，与京剧、湘剧等其他剧种相比，遭受百般阻挠的汉剧坤伶登台可谓姗姗来迟。不过，在汉剧走向衰落男伶人才青黄不接之际，崛起的坤伶群体迅速改变了汉剧场域中原有的两性的力量对比格局并逐渐占据了上风。这种"阴盛阳衰"的局面给汉剧的发展与坤伶的整体性命运带来了深刻的影响。

第一节　坤伶崛起的背景

汉剧坤伶是在较为特殊的时空背景下崛起的。戊戌变法以来，妇女解放运动如火如荼地开展起来。随着近代经济结构和社会风气的变迁，以及媒体的推波助澜，都市女性自我意识逐渐觉醒，不再将自己囿于闺阁等有限的空间之中，她们纷纷走出家门，或负笈求学，或休闲娱乐，或自谋职业。与此同时，汉口的日益都市化及其"商强工弱"的格局，为汉剧的兴盛提供了良好的外部条件。汉剧在民国初期的繁盛又在相当程度上刺激了坤伶的产生。

一、清末民初的妇女解放运动

在中国，随着父系氏族社会的出现，基于父系家长制所确立的社会性别秩序逐渐形成并日益强化。这种以男尊女卑为主要特征的性别秩序因儒家思想的论证加持而日益强化，在家国同构的社会体制中逐渐稳固。长期以来，中国女性无论是身体还是心理都不得不屈从于这种性别秩序。通过缠足、"三从四德"等对女性的身体、心理进行控制和规训，就是这种性别秩序的外在表现。

鸦片战争后，男女平等思想逐渐传入中国，开始冲击着男尊女卑、"三纲五常"等封建伦理观念。在西学东渐的影响下，一些城市如上海等出现了妇女解放运动。戊戌维新时期，康有为、梁启超以及谭嗣同等维新志士意识到妇女问题的重要性，毅然将妇女解放和挽救民族危亡结合起来，从而揭开了妇女运动的序幕。在这一时期，女性解放运动主要聚焦于不缠足运动和兴办女学运动。不缠足运动使得中国妇女摆脱了生理上的桎梏，女学的兴起则使得她们眼界大开精神世界焕然一新。质言之，缠足是针对女性身体的空间控制技术。不缠足运动有助于破除对女性生存空间的圈限，放足后的女性可以走出闺房，走进学堂、茶馆、公园、工厂、戏院等公共场所，逐渐实现社会角色的转换，并由此撬动传统伦理规范对女性身体严密控制的一角。① 在维新志士的努力下，女学如雨后春笋般在各地纷纷设立。一些具有维新思想的妇女甚至创办中国女学会和《女学报》。② "1907 年 3 月，清政府颁布《学部奏定女子小学堂章程》和《学部奏定女子师范学堂章程》"③，正式将女子教育纳入国家教育体系。这意味着女子教育获得了合法的地位。④

辛亥革命前，虽然一些爱国女学培养了秋瑾等一大批女革命志士，但是相较于中国妇女的总体而言毕竟仍属少数。当时，广大中下层女性尚未获得接受新式女学教育的机会；开办的大多数女学仍将培养贤妻良母作为教育目标，"武汉地区的女子教育始于教会开办的女子中学，官办女子教育则始于 1902 年"⑤。

辛亥革命后，政府将妇女教育视为亟待解决的重要问题。一些先知先觉的女性也纷纷行动起来，争取自身的教育、就业以及政治等权利。在此情形下，女子教育得到了进一步发展，有些学校如孔德学校女生人数甚至超过了男生。1916 年，全国接受中等教育的女子达 8000 人，接受初等教育的女子达 16 万人。⑥ 清末民初，湖北女子教育也有了较大的发展，创

---

① 谢纳：《空间生产与文化表征》，辽宁大学 2008 年博士学位论文，第 143 页。
② 中华全国妇女联合会：《中国妇女运动史·新民主主义时期》，春秋出版社 1989 年版，第 25 页。
③ 范牡丹：《教会女校与近代女子职业教育的产生及影响》，《黑龙江高教研究》2008 年第 9 期，第 125 页。
④ 中华全国妇女联合会：《中国妇女运动史·新民主主义时期》，春秋出版社 1989 年版，第 35 页。
⑤ 田一颖、刘利民、李忠华：《竹枝词视域下的清末民初武汉社会风尚》，《兰台世界》2013 年第 3 期，第 70 页。
⑥ 中华全国妇女联合会：《中国妇女运动史·新民主主义时期》，春秋出版社 1989 年版，第 39 页。

办的女子学堂有 20 多所，先后有近千人接受教育，主要集中于武汉、荆州两地。① 1874—1915 年，武汉三镇先后开办了教会女子中学 4 所，官立女子小学堂 7 所，官立女子师范学堂、职业学堂各 1 所，私立女子中学 1 所。②

五四时期，在时代思潮的影响下，男女两性在人格、政治以及经济上的平等颇受时人关注。1919 年长沙新娘赵五贞自杀于花轿，引发了国人声讨封建礼教的怒潮。毛泽东、蔡元培以及鲁迅等纷纷呼吁婚姻自由，反对包办婚姻。与此同时，妇女团体纷纷成立并积极开展争取权利的活动。"社交公开""婚姻自由"的呼声此起彼伏不绝于耳。这一时期，对宗法纲常的无情挞伐，大大促进了都市妇女的解放运动和社会风习的变迁。

清末以来，自给自足的自然经济逐渐解体，商品经济日益活跃，西方商品和文化如潮水般地涌入中国，引发了女性思想观念的变迁。戊戌变法以来，尤其是辛亥革命后，武汉历届地方政府均大力推行禁缠足等改良社会风俗的举措并取得了较为明显的成效。中国女性逐渐从"香闺绣榻"中走出来。1895 年，湖北缫丝局已雇用了七八十名女工。③ 其他一些行业也有女性进入，如"产科医士女郎中，也坐包车马路冲"④。随着部分都市女性自谋职业经济独立，近代职业女性群体应运而生。在社会交往方面，武汉女性也开始逾越封建礼教规范，表现出罕见的开放性，"大方全不避生人，茗碗烟筒笑语亲"⑤，甚至在热闹场所中的豪放程度丝毫不逊于男性。有时，她们呼朋结伴登楼赏景、品茗听戏以及踏青郊游，⑥ 甚至有些女性还抛头露面在公共场合演讲，"每逢演说强先筹，呖呖莺声一串喉。博得人人争拍掌，女儿最好出风头"⑦。显然，这些活动逐渐突破了传统伦理规范对女性身体的空间圈限。

与此同时，政府通过法律、政策的手段来移风易俗，以及控制舆论导向，有力地促进了女性意识的觉醒，如当时颁布法律禁止重婚并提倡婚姻自由，提倡女性建立劳动服务组织等。当然，一般而言，争取妇女权利的

① 罗福惠：《湖北通史·晚清》，华中师范大学出版社 1999 年版，第 621 页。
② 徐明庭：《武汉竹枝词》，湖北人民出版社 1999 年版，第 240~241 页。
③ 罗福惠：《湖北通史·晚清》，华中师范大学出版社 1999 年版，第 520 页。
④ 田一颖、刘利民、李忠华：《竹枝词视域下的清末民初武汉社会风尚》，《兰台世界》2013 年第 3 期，第 70 页。
⑤ 徐明庭：《武汉竹枝词》，湖北人民出版社 1999 年版，第 71~72 页。
⑥ 江浦等：《汉口丛谈校释》，湖北人民出版社 1999 年版，第 136 页。
⑦ 徐明庭：《武汉竹枝词》，湖北人民出版社 1999 年版，第 300 页。

努力只有在政府介入并将其转化为法律、政策等才能收到真正的成效。①
毋庸置疑，政府机关在引导社会风习上具有其他社会团体难以比拟的优
势，它的干预"在一定程度上和一定范围内为妇女谋求自身解放提供了
制度保障"②。

近代媒体在推动都市女性解放方面也是功不可没的。都市女性通过阅
读报刊、观看电影等方式获取外界信息，这些资讯在潜移默化中促进她们
思想观念的嬗变。一些媒体也不遗余力地推介西方生活方式，"表现出强
烈的女性诉求和女性认同，为都市妇女解放提供了广阔的平台，有力地促
进了日常生活的变革和女性意识的觉醒"③。

自 1861 年开埠以来，汉口的传媒业加速向近代化演进。20 世纪初以
来，1919—1923 年四年间创办报纸就高达 135 种。④ 激烈竞争的压力使得
不少报刊竭力迎合市民的文化需求，登载大量有关戏曲活动的信息和文
章，如《汉口中西报》《汉口大汉报》等。在此氛围下，娱乐性报纸如
《花报》《自由花》也应运而生。近代媒体的努力为武汉女性娱乐观念的
形成及其自身解放提供了较为良好的舆论环境，而五四运动以后的社会变
革，则在更广阔的背景下推动了都市女性自我意识的觉醒以及对周围环境
的认知和思考。

鸦片战争以前，女性局限于"相夫教子、操持家务"的家庭活动中，
生存空间狭小局促。同时，社会通过炮制柔顺、贞洁等标签来实现对女性
的规训和维护性别秩序，"约束女性身体进而控制女性精神的伦理规范，
经由权力机制的推崇张扬，逐渐内化为女性自我压迫的法则"⑤。

不过，尽管自鸦片战争以来女性解放运动成为中国时代主题的组成部
分，并取得了一定的成效，但是就其实质而言这种女性解放并非根源于本
体之自觉，"从某种程度上而言不过是民族解放潮流中'附带'革命的结
果"⑥。也就是说，在宏大的时代政治语境中，根深蒂固的男权思想以及
对女性的性别压迫并没有引起人们足够的重视。

---

① 杜芳琴、王政：《中国历史中的妇女与性别》，天津人民出版社 2004 年版，第 501 页。
② 康民强：《民国女子日常生活与女性意识研究——以都市女性为主体》，广西师范大学 2008 年硕士学位论文，第 7 页。
③ 康民强：《民国女子日常生活与女性意识研究——以都市女性为主体》，广西师范大学 2008 年硕士学位论文，第 8 页。
④ 傅才武：《近代化进程中的汉口文化娱乐业（1861—1949）》，湖北教育出版社 2005 年版，第 92~93 页。
⑤ 谢纳：《空间生产与文化表征》，辽宁大学 2008 年博士学位论文，第 142 页。
⑥ 范红霞：《基于性别视角的媒体暴力研究》，浙江大学 2013 年博士学位论文，第 88 页。

二、汉口的都市化与汉剧的兴盛

汉口的兴盛肇始于明成化二年（1466）的汉水改道。明朝中后期，随着中国资本主义萌芽产生与发展，具有得天独厚的地理位置的汉口依靠港口转运贸易而崛起，因而形成了不同于传统政治文化中心武昌、汉阳的文化品格。"明代中后期，来自北方的西秦腔和来自江右的青阳腔、昆腔均传入汉口。"① 它们的传入及本土化为具有湖北特色的皮黄腔的形成奠定了基础。

汉口的都市化得益于 1861 年的正式开埠和张之洞的"督鄂"。《天津条约》签订后，英、德、俄、法、日等国先后在汉口开辟租界。其后，又有 12 个国家的厂商相继涌入，汉口的经济规模日益扩大。同时，外国轮船公司先后开辟了沪汉航线、长江航线以及直达日本神户、大阪的航线。清末日本驻汉口总领事水野幸吉曾说，汉口年对外贸易额高达一亿三千万两，"夙超天津，近凌广东，今也位于清国要港之二，将进而摩上海之垒，使观察者艳称为东方芝加哥"②。经济富庶的汉口，为汉剧的形成与发展提供了有利条件，"湖北地区所具有的地理、经济条件，为皮黄腔的形成和兴起提供了极为有利的保证"③。嘉道年间（1796—1850），汉剧已趋于成熟，行当角色体制也日益规范。18 世纪末 19 世纪初，西方的赛马、电影、绘画、音乐以及舞蹈等不同于传统戏曲的娱乐方式也传入汉口。

自 1889 年开始的张之洞"督鄂"，无疑成为汉口城市发展史的分水岭。1889 年后，汉口对外贸易迅猛增长。1904 年，间接贸易进出口已突破 1 亿两大关，"汉口商务在光绪三十一二年间（1905—1906），其茂盛较之京沪犹驾而上之"④。这样，汉口就将曾并称为"天下四大镇"的河南朱仙镇、江西景德镇、广东佛山镇远抛其后。诚如《续汉口丛谈》所言，汉口镇"今则自上海外，无与伦比，其他三镇不可同年语矣"⑤。与此同时，汉口与北京、上海等的经济联系日益广泛，娱乐市场的联系和

---

① 傅才武：《近代化进程中的汉口文化娱乐业（1861—1949）》，湖北教育出版社 2005 年版，第 6 页。

② ［日］水野幸吉著、刘鸿枢等译：《汉口——中央支那事情》，上海昌明公司 1908 年版，第 1 页。

③ 周贻白：《中国戏曲史长编》，人民文学出版社 1960 年版。

④ 冯天瑜：《武汉近代（辛亥革命前）经济史料》，武汉地方志编纂委员会办公室 1981 年版，第 247 页。

⑤ 王葆心著、陈志平等点注：《续汉口丛谈》，湖北教育出版社 2002 年版，第 5 页。

艺术交流也更加密切，如 1898 年汉口的醉乐茶园就有徽调、河北梆子和京剧的合班演出；1902 年夏月恒率领 70 多人的京剧戏班来汉口演出。

随着商品经济的繁荣和都市化的发展，汉口的城市人口也急剧上升。《汉阳县志》称，光绪十四年（1888）保甲册记载，汉口有 26685 户，18 万 908 口；民国初年，包括本地和外来流动人口，汉口人数已经达到 80 万。① 1927 年初，武汉人口已近百万。需要指出的是，武汉人口结构已发生了显著的变化：军、政、警、法的人数大幅度减少，工商城市的典型职业如商贸、实业工人、小商小贩、各类服务业的从业人数则大增；土著居民为数不多，流动人口占据相当数量，城区人口大多由邻近的县乡如黄陂、新洲、汉川等地迁徙而来，而大量从事商贸、工业和手工业者，则多来自安徽、江西、浙江、广东、福建、四川、湖南、山西等省区。人口"五方杂处，客旅居多"的结构特征，与"此地从来无土著，九分商贾一分民"的职业结构特征互为表里。② 这一时期，武汉的人口和经济都达到了相当规模，从而为汉剧走向繁荣奠定了经济条件和观众基础。

自 1861 年开埠以来，工商业的迅猛发展推动汉口从名镇到都市的蝶变。③ 随着汉口的城市化，汉剧的发展格局开始发生裂变。由于拥有广阔的演出市场，早在光绪、宣统年间，荆河、襄河、府河以及汉河派的下路等流派艺人蜂拥而至搭班演出，形成了"四派归汉"的壮观景象。开埠以来，汉剧整体行业逐步向汉口集中。这一趋势主要体现在三个方面：一是以汉口为中心辐射周边的演出格局的形成。此前，"由三个半老郎庙分割而成的相对独立的演出区域不复存在"④。二是急剧上升的城市人口提供了人才基础和消费群体；汉口水陆交通枢纽的优势使其容易获得更多的演出机会。三是在兵荒马乱的年代，"汉口租界成为较为理想的演出场所，吸引了大批优秀艺人"⑤。迨至 20 世纪 20 年代，各大河派的名伶几

---

① 王葆心著、陈志平等点注：《续汉口丛谈》，湖北教育出版社 2002 年版，第 28～29 页。
② 涂文学：《武汉通史·中华民国卷（上）》，武汉出版社 2006 年版，第 62～65 页。
③ 汤黎：《人口、空间与汉口的城市发展（1460—1930）》，中国社会科学出版社 2010 年版，第 246 页。
④ 梁桂莲：《论民国时期的湖北汉剧》，《社会科学动态》2017 年第 8 期，第 102 页。
⑤ 柯琦：《戏曲改良运动中汉剧公会的运营与困境》，《文化遗产》2016 年第 3 期，第 36～38 页。

乎都不约而同地汇聚于此，就连唐三、蔡德贵、郑润等知名鼓手琴师也闻风而动前往汉口。① 繁华的汉口为各派艺人提供了广阔的艺术市场和公共文化空间。在这些因素的交互作用下，汉剧艺术的都市化进程逐渐展开，并开启了向专业戏班的关键性嬗变。

与此同时，汉剧剧场的形制也发生了明显的变迁。近代汉剧的深刻变革，很大程度源于戏曲演出场所由草台、庙台、会馆戏台演变为商业性戏园剧场。"中国古代剧场经历了一个由流动型（原始性撂地为场）——广场型（露台、舞亭、乐楼、戏棚、山棚）——厅堂型（宴乐、堂会）——剧场型（乐棚、勾栏、戏园）四种基本形制。"② "汉剧从专为酬神祝寿的庙堂、会馆、酒楼、广场步入了剧场。到了辛亥革命前后，武汉三镇常演汉剧的剧场就有 11 家之多，其有汉剧独霸武汉三镇剧坛之势。"③ 民国初年，传统的茶园受到了冷落，新式戏院的数量明显增加，1912—1920 年，汉口的大戏院或大舞台有 15 座。④ 20 世纪二三十年代，"武汉的戏院、茶园、游艺场不少于 25 家，其中演汉剧的就有 20 家"，如"天一茶园、新市场、长乐戏园、怡园、老圃游戏场、美成大戏园、天仙大舞台等"⑤。同时，汉剧班社活跃在湖北全省几乎所有的乡野村镇，专业演员有 7000 余人。此外，"菊社"和"票社"在武汉、沙市等汉剧繁盛之地亦屡见不鲜。

民国初期，汉剧内部出现的主要变化有：一是成立汉剧公会。在傅心一奔走联络之下，汉剧艺人们同心协力集资重建了在辛亥革命时期被焚毁的汉口楚班公所。1920 年，在楚班公所正式创立汉剧公会。它奉行"提高人格、改良习惯"之宗旨，有力地推动了汉剧的发展。二是创办汉剧科班。这一时期，汉剧十分繁盛，艺人却青黄不接。于是，汉剧权威傅心一邀约戏院老板、商界人士商议培养人才。最后，在陈国新的主持下，自1915 年始，先后创办了"天""春""长"科班，历时 11 年，培养了 200 多名艺人，其中如吴天保、陈春芳以及王长顺等都成长为汉剧名角。此

①　朱伟明、陈志勇、孙向峰：《汉剧史论稿》，人民出版社 2016 年版，第 311 页。
②　傅才武：《近代化进程中的汉口文化娱乐业（1861—1949）》，湖北教育出版社 2005 年版，第 35 页。
③　邓家琪、刘庆林：《汉剧牡丹陈伯华》，中国戏剧出版社 1985 年版，第 34 页。
④　武汉地方志编纂委员会：《武汉市志·文化志》，武汉大学出版社 1998 年版，第 190~191 页。
⑤　郭贤栋：《湖北汉剧艺人与近代革命运动》，《武汉文史资料》2006 年第 11 期，第 22 页。

外，1917年孝感的"桂"字科、1918年大冶的"双"字科以及1922年汉口的"顺"字科等科班在培养人才方面亦颇有成绩。

在近代中国的文化版图上，武汉处于较开化进步的东南文化与较封闭保守的西北文化相交汇的"锋面"上。作为"九省通衢"的武汉又实为古今中外各种文化风云际会之场域。在这一过程中，随着现代政治体制的建立，经济机构、社会结构日益多元化，作为城市文化深层结构的社会价值体系也发生了相应的变化，封建伦理体系、宗法等级原则、重义轻利的价值取向受到工业文明的无情冲击，"取而代之的是以自由、平等为圭臬的理性主义和普遍主义的社会价值体系"①。汉口正式开埠及其都市化，西方异质文化的进入，传统的封闭型、超稳定态的文化格局逐渐被打破，开放带来了前所未有的全方位的影响。

作为地方剧种的汉剧，"既与一定历史时期人们的观念和社会心态相关，又要遵循文化发生、发展和嬗变的基本规律"②。同时，它必然要适应区域经济的发展与经济结构的变动。汉口的崛起，使得整个江汉地区形成了以汉口为中心的辐射型经济文化网络。汉剧及其他文化娱乐样式，或者向汉口集中，或者开始了衰落的进程，最终过渡到以汉口为中心的"辐辏式发展格局"③。质言之，自开埠以来，由于人文空间的重塑、经济结构的变迁以及社会结构和观念的嬗变，汉口的文化生态发生了前所未有的变化，这种变化使得包括汉剧在内的整个汉口文化娱乐业发生了深刻的变革并逐步实现由传统向近代的转型。

第二节　汉剧坤伶之培养与登台

早在同光年间（1862—1908），已有坤伶加入的海派京剧来到汉口与汉剧进行艺术交流。这一时期，"髦儿戏班在戏曲市场的出现，并逐渐站

---

① 涂文学：《武汉通史·中华民国卷（上）》，武汉出版社2006年版，第62页。
② 傅才武：《近代化进程中的汉口文化娱乐业（1862—1949）》，湖北教育出版社2005年版，第18页。
③ 傅才武：《近代化进程中的汉口文化娱乐业（1861—1949）》，湖北教育出版社2005年版，第55页。

稳脚跟，朝着职业化演剧方向发展"①。汉口的第一家髦儿戏园群仙茶园于光绪二十五年（1899）左右开设，后易名"怡园"。

辛亥革命后，由坤伶组成的上海"髦儿戏"（小京班）来武汉演出，"一笑登台宛转歌，却疑月府舞嫦娥。自从盗得霓裳曲，儿女都知奏大锣"②，受到广大观众的欢迎和追捧。髦儿戏班曾先后在怡园、老圃游艺场以及新市场演出。其中，以青衣大王姚玉英为首的姚家班曾在汉口红极一时；薛家班的薛兆莲、薛玉英以及薛玉霞也在武汉享有盛名；毛家班的毛剑培、毛韵珂和毛韵秋男女合演父女同台，轰动了武汉剧坛。在汉口演出的海派京班中，许多坤角家喻户晓闻名遐迩。③ 此外，湖南的湘剧坤班也对汉剧的原有秩序产生了较大的影响。1921 年前后，成立于长沙的九如、福禄等湘剧坤班先后来到湖北境内，如九如坤班在沙市的演出大受欢迎，它还曾在沙市招收坤伶。④ 从髦儿戏到九如坤班，坤伶们精湛的表演艺术，以及戏院和观众的热烈追捧，对汉剧场域中伶人的思想观念带来了冲击和洗礼。

其实，元明时期，坤伶曾经活跃在戏曲舞台上。迨至清朝，朝廷禁止女子唱戏，因此舞台上为清一色的男伶。在此背景下，汉剧自诞生以来，舞台上的女性角色均由男演员扮演，甚至连女性上台也成了班社的禁忌，"若有女子上了后台，马上打碗压邪镇台，把女人赶下台……众人齐吼：'滚走！'……否则，戏班子就会走败运，不是散班就是死人"⑤。汉剧对女性上台的禁忌最为严格。即使其他剧种坤伶先后登上了舞台，汉剧坤伶也未曾露面。质言之，将女性登台视为禁忌，是社会性别观念在作祟。所谓社会性别，是指"以文化为基础，由语言、交流、符号和教育等文化因素构成的判断一个人性别的社会标准"⑥。在社会性别观念的基础上，人们建立起男尊女卑的社会性别秩序以及性别权力结构。因此，汉剧坤伶

---

① 曾鹭欣：《晚清民国时期髦儿戏班研究》，上海戏剧学院 2020 年硕士学位论文，第 43 页。
② 罗汉：《髦儿戏班》，载徐明庭辑校《武汉竹枝词》，湖北人民出版社 1999 年版，第 234～235 页。
③ 刘小中：《湖北文史资料·汉剧史料专辑》，湖北省政协文史资料委员会 1998 年版，第 277 页。
④ 魏一峰：《民国时期汉剧坤伶登台与舞台新变——以汉口〈罗宾汉报〉〈戏世界〉为中心的考察》，《戏曲研究》2018 年第 106 辑，第 312 页。
⑤ 刘小中、郭贤栋：《汉剧史研究》，武汉市艺术研究所 1987 年版，第 304 页。
⑥ 范红霞：《基于性别视角的媒介暴力研究》，浙江大学 2013 年博士学位论文，第 95 页。

的登台显然会对这种社会性别秩序构成挑战。

自京剧的髦儿戏与湘剧的九如坤班来湖北后，以汉剧名伶余洪元为首的守旧派与以傅心一为首的改革派，围绕坤伶登台的问题，展开了针锋相对的"斗争"。1917 年夏，余洪元组织了汇聚男伶名角的近百人的大戏班，大张旗鼓地入驻怡园以图驱赶坤伶，但未能如愿，髦儿戏在汉口的演出场所反而增至 4 家。[①] 京剧坤伶名角辈出，深受荆楚观众和戏迷的喜爱。余洪元等枉费心机，不仅未挤走髦儿戏，反而促进了汉剧坤伶的兴起。在上海髦儿戏、九如坤班等的影响下，武汉、沙市、宜昌一带的许多女子转而学习汉剧并用于唱堂会，颇受人们的欢迎；汉口的黄家、李家等开始收养大批出身贫寒的女童学习汉剧。

1923 年，汉剧第一个坤伶叶慧珊登上了舞台。叶慧珊，艺名"七龄童"，1916 年出身于贫苦家庭，幼年父母双亡，被汉口的张连生收为孙女。5 岁时，她拜熊茂清为师学习京剧。有着较为丰富的艺术经历的张连生认为，女性学好汉剧可在舞台上脱颖而出。于是，叶慧珊转而拜汉剧三生演员吴炳元为师。7 岁时，她女扮男装在沙市最乐戏园成功登台并很快走红。后辗转至宜昌，也颇受好评。余洪元、朱洪寿等闻讯后，从两个方面采取了抵制措施，既不准坤伶们在汉口（租界除外）的戏院登台演出，又禁止汉剧艺人向女性传授汉剧技艺。[②] 正当此时，傅心一不顾阻挠力破陈规陋习，毅然前往宜昌收七龄童为徒，以此激励其他名伶招收女徒培养坤伶。

1924 年，傅心一将叶慧珊从宜昌带到汉口。不久，叶慧珊在法租界的天声舞台演出并大获成功。此后，风气渐开，武汉八大家（多是妓院身份）的坤伶纷纷登台。这些坤伶的养母大多有着较为丰富的戏曲经历和人脉资源。虽然汉剧公会禁止向女童传授技艺，但是她们能够利用关系延聘名师。如汉口黄家的黄大毛，聪明伶俐妩媚动人，先拜汉剧名师张月红学习八贴，后黄家又不惜重金聘请京剧老师刘新国为她传授《虹霓关》《铁弓缘》等武旦戏。此后，"又参师李彩云习四旦，学《祭江》《斩窦娥》等戏。尤以《打花鼓》[③]《活捉三郎》得董瑶阶真传，又有名丑李春森与其合演，遂风

---

① 邓家琪等：《汉剧志》，中国戏剧出版社 1993 年版，第 9 页。
② 邓家琪等：《汉剧志》，中国戏剧出版社 1993 年版，第 9 页。
③ 《打花鼓》为五丑、八贴教学必授剧目。名丑汪天中、李春森、吕平旺、李天中等，八贴赛黄陂、天鹅旦、牡丹花、万盏灯等均擅长此剧。

靡一时"①。由此可知，黄大毛之所以能够顺利跻身于第一批坤伶中的"三鼎甲"，与其在黄家的大力支持下多方拜师有着密切的关系。

当时，冒险给第一批坤伶传授技艺的教师主要有吴炳元、张月红、黄双喜、赵小长、冷天仙以及王长顺等。在傅心一的激励和影响下，他们大胆地突破了陈规陋习和汉剧公会的束缚精心培育这批最早的坤伶。② 第一批坤伶们勤学苦练，最终大多学有所成。她们活跃在武汉、沙市和宜昌的舞台上，成为当时汉剧场域中的一道亮丽的风景。第一批汉剧主要坤伶的基本情况见表1-1。

表1-1　　　　　　　　第一批汉剧主要坤伶的基本情况③

出身	艺名（姓名）	脚色行当	备注
黄家	黄大毛	文武花旦	
	黄小毛	三生，后改老生	
	黄三毛	小生	
	白小保	二净	黄大毛的姨娘
花家（李家）	花牡丹	文武花旦	
	花芙蓉	花旦	
	花和尚	五丑	
	花兰芳	花旦	原名罗惠兰（罗慧兰）
彭家	大鸿宝	老生	
	筱鸿宝	三生	
	红宝莲	青衣	
杨家	杨小琴	青衣	
	杨小艳	花旦	
	杨小红	三生	

---

① 《中国戏曲志》编辑委员会：《中国戏曲志·湖北卷》，文化艺术出版社1993年版，第568页。

② 刘小中、郭贤栋：《汉剧史研究》，武汉市艺术研究所1987年版，第305页。

③ 根据刘小中、郭贤栋的《汉剧史研究》（武汉市艺术研究所1987年版）第305~306页内容编制。

出身	艺名（姓名）	脚色行当	备注
胡家	红艳琴	老生	
	红艳芳	花旦	
	花天保	三生	
刘家	筱筱侠	老生	
	筱宝侠	花旦	
	筱飞侠	五丑	
吴家	吴惠侠	小生	
	吴惠艳	花旦	
	吴惠英	三生	
韩家	韩宝琴	老生	
	韩宝艳	花旦	

武汉其他各家培养的知名坤伶有：陈素秋（花旦）、云仙子（青衣）、盖鑫培（老生）、刘玉楼（老生）、小洪亮（三生）、红牡丹（花旦）等。此外，沙市、宜昌有：伍如意（老生）、东方亮（三生）、洪小楼（三生）、楚韵楼（三生）、邬艳卿（青衣）、邬艳芳（三生）、筱凤琴（花旦）、筱飞燕（丑角）等。上述 39 名坤伶中，花旦最多，共计 12 人，占比 30.77%；三生 9 人，占比 23.08%；老生 8 人，占比 20.51%；青衣 4 人，占比 10.26%；五丑 3 人，占比 7.69%；小生 2 人，占比 5.13%；二净 1 人，占比 2.56%。可见，第一批坤伶多集中在八贴（花旦）、三生和一末（老生）、四旦（青衣）等行当，五丑、小生以及二净等行当人数相对较少，六外、九夫以及十杂等行当的坤伶尚未出现。由此可见，第一批坤伶的行当不全，有些行当人数较少，因此难以单独组成女性汉剧班社。显然，这与余洪元、朱洪寿等以及汉剧公会对汉剧坤伶的抵制和围堵有着较大的关系。当然，即使能够登台，她们的演出场所也受到了很大的限制。

不久，第二批、第三批汉剧坤伶也陆续被培养出来，她们人数更多，影响更大，给略显颓势的汉剧带来了欣欣向荣的景象。第二批和第三批汉剧主要坤伶基本情况见表 1-2。

表 1-2　　　　　　　　　第二、三批汉剧主要坤伶基本情况①

行当	第二批艺名（姓名）	第三批艺名（姓名）	备注
一末	刘少华、余小岩、汪剑培、张美琴、林韵生、刘振声、陈桂轩、华小川、玲菊森、严麒麟、新化羽（陈么）、新化文（杨叔岩）、新化昌（13 人）	朝明侠、王文彬、傅叔岩、周慧春、彭惠琴、小云亮、周小保、刘艳玲、曾汉章、胡汉泉、孙汉俊（11 人）	1. 第二批坤伶产生时间自大革命时期至 1930 年，人数为 400 余人；第三批从 1931 年到 1949 年，人数为 100 余人。 2. 1928 年新化科班培养的坤伶艺名中有"新化"二字；1942 年"汉"字科班培养的坤伶艺名中间字为"汉"字。
二净	新化义（桃子）（1 人）		
三生	七岁红（胡梦兰）、严玉声、九龄童、八岁红、吴大毛、夏琼芳、新化觉（童金钟）、新化古（代一鸣）、新化鹤（陈旺）、新化洪（筱洪亮）、新化群（11 人）	江金钟、陈楚凤、幼岁红、鸿鸣声、田长庆、黄振芳、何巧巧、明玉屏、五岁红、小云惠、刘小培、陈大毛、吴小东、杨义樵、何小楼、刘小东、曹大毛、陶凤林、熊汉毅、舒汉文、龚汉群（21 人）	
四旦	冷凤仙、群仙凤、万仙霞、玲仙玉、刘振仙、谭碧云、黄美玉、李绍云、黑牡丹、张玉娥、新化凤（高凤兰）、新化仙（夏中侠）、新化姣（陈富贵）、新化义（兰凤秋）（14 人）	陈双喜、彭雪琴、万小灯、彭白艳、红云霓、胡玉凤、刘小娥、小彩云、杨鸣仙、李艳琴、何美蓉、程少秋、方彩云、小云花、刘彩云、祝珍珠、周素琴、碧翠玉、新艳云、王汉英、傅汉芳、傅汉蝉（22 人）	
五丑	新化蝶（张奇怪）（1 人）	刘滑稽、周素哈、小别林（3 人）	
六外	新化龙（黄化龙）、新化芝（石人芝）（2 人）	李惠卿、冯少南、刘艳培、张艳培（4 人）	

① 根据刘小中、郭贤栋的《汉剧史研究》（武汉市艺术研究所 1987 年版）第 314~316 页等内容编制。

续表

行当	第二批艺名（姓名）	第三批艺名（姓名）	备注
七小	陶云龙、张云龙、华云飞、周云鹏、筱俊侠、周菊林、新化莲（向俊龙）、新化彪（8人）	马斌华、彭宝飞、冯少云、小玲珑、樊春林、袁少朋、李少林、文金玉、高洪喜、徐碧林（10人）	1. 第二批坤伶产生时间自大革命时期至1930年，人数为400余人；第三批从1931年到1949年，人数为100余人。 2. 1928年新化科班培养的坤伶艺名中有"新化"二字；1942年"汉"字科班培养的坤伶艺名中间字为"汉"字。
八贴	张美英、万盏灯、华仙娥、刘金凤、雪艳云、云蝴蝶、新牡丹、白牡丹、花艳秋、花艳云、张艳秋、徐美玲、筱金艳、刘金屏、白牡丹、新化钗（陈伯华）、新化兰（凤凰旦）（17人）	刘金娥、鲁春艳、小飞燕、陈梅芳、胡春艳、红艳蝉、小小牡丹花、花云凤、花凤珠、红云裳、张梅艳、红蝴蝶、谭凤艳、郑丽娟、吴艳秋、邓云艳、邓凤艳、云宝艳、夏兰芬、王艳艳、万凤萍、花碧兰、小红侠、涂巧云、涂白云、王汉群、陈汉慧、陶汉生（28人）	
九夫		王子林、张汉佬（2人）	
十杂		一声雷（宋洪生），后改三生（1人）	

由表1-2可知，第二批坤伶中九夫、十杂两行无人，二净、五丑各1人，六外也仅2人。坤伶主要集中于八贴、四旦、一末和三生等。八贴人数最多达17人，占比25.37%；四旦14人，占比20.90%；一末13人，占比19.40%；三生11人，占比16.42%；七小8人，占比11.94%。第三批坤伶二净无人，十杂1人，九夫2人，五丑3人，六外4人。坤伶依然主要集中于八贴、四旦、三生和一末等行当。八贴人数最多达28人，占比27.45%；四旦22人，占比21.57%；三生21人，占比20.59%；一末11人，占比10.78%。与第二批坤伶相较，第三批坤伶中三生的人数和比例有较大的上升，一末人数和比例有所下降。

总体而言，三批坤伶主要集中于八贴、四旦、三生和一末等行当；人数最少的是十杂，几乎无人；其次为二净、九夫；五丑、六外人数相对较少。当时的坤伶主要是通过师徒形式与"坐科"（科班）形式来培养。师徒形式的规矩没有科班那样严格，学艺期间家长也要承担一部分生活费用。

师傅往往兼收男女学徒，如出身于"春"字科班的陶春保不仅有尹金鹏等男学徒，也有严麒麟、玲菊森等女学徒。当然，女学徒来源不一，有的出身于贫寒之家，有的则是妓院或鸨母等的"养女"。①　需要说明的是，"第二、三批坤伶，除1928年的新化科班和1942年的汉字科班外，其他坤伶都是按照当家角儿来培养，所以贴补行当较少，而且行当不全"②。

第三节　民国初期汉剧名伶及其行动策略

"场域"（field）是当代著名学者皮埃尔·布迪厄（Pierre Bourdieu，1930—2002）进行社会分析的基本单元。在社会实践领域，存在着以下三个密切相关的问题：行动者在哪里实践，用什么实践以及如何实践。布迪厄从关系分析范式出发，创造性地用"场域"（field）、"资本"（capital）和"惯习"（habitus）三个核心术语及其联系来回答上述问题。他指出，一个分化了的社会，并不是浑然合一的整体，而是由许多相对独立的小世界组成。这些小世界遵循着各自的运行逻辑。它们就是各种客观关系的空间，也就是场域。不同场域的游戏规则也是不同的。在场域中，处于不同位置的行动者运用自身所拥有的资本凭借各自的惯习进行着各种各样的斗争。行动者所拥有的资本的类型和总量决定其在场域中的位置。而位置有主宰与屈从之分。惯习是行动者长期实践经验的内化，"成为行动者的社会行为、生存方式、生活模式、行为策略等行动和精神的强有力的生成机制"③。至此，我们不难明白，"场域"就是行动者的实践空间，"资本"就是行动者的实践工具，而"惯习"就是行动者的实践逻辑。当然，这种逻辑并不具有严格的规律性，是含混模糊不易确定的。

场域既是一种力量的场域，又是一种斗争的场域。它时时刻刻充斥着力量关系的对比以及由此导致的紧张状态。在这种对珍贵资源的支配权的争夺中，怀着不同目的的行动者纷至沓来，他们在此不期而遇并进行激烈的斗争。当然，他们在场域中的位置在很大程度上决定了各自所采取的策略。新进入者大多采取继承性策略千方百计地拓展自身资本，处于被支配

---

① 沙市市政协文史资料委员会：《梨园忆旧（一）》，《沙市文史资料（第7辑）》1991年版，第196页。
② 郑维维：《社会史视角下的汉剧（1912—1949）》，人民出版社2016年版，第200页。
③ 宫留记：《布迪厄的社会实践理论》，南京师范大学2007年博士学位论文，第2页。

地位的则一般采取颠覆性策略以试图改变原有的力量格局，而居于支配地位的行动者则往往采取保守性的策略竭力维系现状，①正如在汉剧场域中余洪元、朱洪寿等所做的那样。可见，因在场域中位置的差异，行动者在策略上相应地有着保守性、继承性和颠覆性之分野。

1900—1923 年，汉口商旅辐辏，人口繁盛，文化娱乐业繁荣兴旺。在大批商帮、会馆的支持下，汉剧迎来了它的黄金发展时期。1923 年前，汉剧坤伶尚未出现，舞台上男伶一统天下，女性角色亦由男伶扮演。根据汉剧戏班的规则，这些男伶被视作女性，言行举止必须同真正的女性一样，如在日常生活中不能赤身露体，其他伶人也不能暗中偷窥。"若有触犯，轻则体罚，重则开公堂。"②当时汉剧班社林立，仅大型班社就有 20多个，分布在汉口大大小小的戏院剧场里。③这些班社聚集了一大批汉剧名伶，其中顶尖者被誉为"三鼎甲"（状元、榜眼、探花）。汉口的报刊对这些名伶也多有报道，它们通过品评艺术裁量人物，在娱乐市场造成一种"明星效应"和特定的票房价值。④民国初年汉剧"三鼎甲"名伶见表 1-3。

表 1-3　　　　　　　民国初年汉剧男伶"三鼎甲"⑤

行当	名伶	行当	名伶
一末	余洪元、刘炳南、魏平原	六外	陈望喜、陆小珊、程双全
二净	朱洪寿、邱志奎、菊长胜	七小	董金林、黄双喜、汪素云
三生	钱文奎、麻子红、高禄士	八贴	牡丹花、小翠喜、小月红
四旦	李彩云、瞿翠霞、小云霞	九夫	刘子林、董燮堂、郑金珊
五丑	李春森、吕平旺、小连生	十杂	张天喜、江珠子、高洪奎

汉剧泰斗余洪元（1872—1938），字丹甫，咸宁人。他"糅四大流派

① 宫留记：《布迪厄的社会实践理论》，南京师范大学 2007 年博士学位论文，第 26～27页。
② 金锷：《事例和禁忌》，《罗宾汉报》1949 年 6 月 6 日第 2 版。
③ 刘小中：《湖北文史资料·汉剧史料专辑》，湖北省政协文史资料委员会 1998 年版，第135 页。
④ 傅才武：《近代化进程中的汉口文化娱乐业（1861—1949）》，湖北教育出版社 2005 年版，第 264 页。
⑤ 刘小中、郭贤栋：《汉剧史研究》，武汉市艺术研究所 1987 年版，第 202 页。

于一体，撷采任天泉、蔡炳南、胡双喜诸家之长为一家"①，一举将一末艺术推向顶峰，成为汉剧全盛时期的一面旗帜。他幼时随父亲到沙市经营面馆，后逐渐成为当地有名的汉剧票友。他先后拜荆河派颇负盛名的胡双喜、贺四为师。1897 年，在沙市崭露头角的余洪元来到汉口，搭入袁新苟的新福兴班，在汉口天一茶园演出《兴汉图》而一夜走红。同时，他还向汉河派的任天泉、蔡炳南等学习，融说、唱、做于一炉。余洪元的汉剧艺术达到了炉火纯青的境界，正如扬铎评价的那样："艺术造诣，亦与日俱臻，概言之是从头到脚，从口到身，从唱到说，从做到表，无一不各极其妙。"② 他不仅艺术造诣深厚，而且在汉剧艺人中起着组织核心的作用。因此，在相当长一段时间内，"余洪元"这个名字成为汉剧艺术的代名词。

民国初期，湖北沙市是一个闻名遐迩的汉剧戏迷之城。大批汉剧名伶都出于此地。久而久之，沙市成为汉剧伶人镀金之地。当时，只要挂上"荆沙名角"的头衔回到汉口，就会令人刮目相看而身价倍增。③ 布迪厄认为，文化资本主要是以身体化、客观化和制度化三种形式存在的。身体化的文化资本，是指经过长期积淀并内化而铭刻在身体中的文化资本。"这种文化资本无法经由馈赠、买卖和交换等方式进行传承。它的获得需要行动者亲力亲为。"④ 身体化的文化资本是最重要的文化资本。客观化的文化资本，是指文物、书籍、油画等物化或对象化的文化资本。制度化的文化资本，是指"由合法化和正当化的制度所确认的各种学衔、学位及名校毕业的文凭等"⑤。

在沙市的汉剧场域中，多年的耳濡目染使余洪元积累了较为深厚的身体化的文化资本。此后，他又勤学苦练多方拜师。他扮演各种人物得心应手游刃有余，"扮帝王将相，俨然帝王将相，因他的扮相非常堂皇；扮民间人物，便是民间人物，因他的态度非常大方"⑥。在汉剧舞台上，余洪元将这种长期积累而来的身体化的文化资本发挥得淋漓尽致，从而获得了巨大的声誉，并得以在汉剧场域中享有一般伶人难以企及的地位。

---

① 武汉地方志编纂委员会主编：《武汉市志·文化志》，武汉大学出版社 1998 年版，第 106 页。
② 扬铎：《汉剧在武汉六十年》，中国档案出版社 2001 年版，第 35 页。
③ 陈伯华、邓家琪、黄靖：《陈伯华舞台艺术》，上海文艺出版社 1988 年版，第 27 页。
④ 宫留记：《布迪厄的社会实践理论》，南京师范大学 2007 年博士学位论文，第 64 页。
⑤ 高宣扬：《当代社会理论》，中国人民大学出版社 2005 年版，第 822 页。
⑥ 扬铎：《汉剧在武汉六十年》，中国档案出版社 2001 年版，第 35 页。

1921 年 9 月 21 日，余洪元受黎元洪总统电召，率领汉剧艺人进京赈灾义演，京中报刊多有褒扬，誉其为"汉调巨子"，赞其技艺可与京剧名伶谭鑫培相媲美甚至驾乎其上。"黎大总统电促汉剧全体赴京演唱救赈，余洪元一行百余人。车抵前门，黎亲书'吾道南来'四字，派湖北同乡热烈欢迎，余等出演月余，座无少辍，故都梨园界如梅兰芳余叔岩辈，咸购长期包厢，此为汉剧风云聚会第一时期。"① 在此期间，余洪元、小翠喜等还与京剧名角余叔岩、尚小云在三庆园中同台演出。② 事后，黎元洪总统还特赠亲笔书写的"急公好义""慷慨悲歌"匾额两块，一块赠给汉剧公会，一块赠给余洪元个人。于是，余洪元又获得了一般汉剧伶人难以企及的制度化的文化资本。以余洪元为首的汉剧戏班最早在新市场大舞台登台演出。当时的大舞台拥有座位 2011 个，还可销售站票，观众最多时高达 3000 人。即使如此，剧场依然爆满，一座难求，"站立者踵趾相接，几无隙地"③。自 1929 年 12 月至 1930 年 1 月，以汉剧泰斗余洪元等为台柱的福兴班赴沪演出，深受伶界行家和观众的热烈欢迎。这两次演出，大大丰富了余洪元的社会资本和符号资本，使得他在汉剧场域中的威望进一步提升。

朱洪寿（1883—1942），名庭训，号瑞堂。幼年入私塾读书，因喜爱汉剧，18 岁时到"洪"字科班做后勤工作。每有空闲便观看艺人练功学戏，私下潜心模仿。教师舒二喜发现他有志于汉剧，并未因为他已成年而置之不顾，毅然接纳他进入科班学习二净。④ 董瑶阶（1889—1952），艺名牡丹花，沔阳县人。少时曾拜汉剧老艺人李老四习花衫。17 岁入武汉福兴班，首演《天开榜》崭露头角。1921 年随余洪元赴北京演出，1929年又赴上海演出，1930 年后在武汉组班演出。⑤ 李春森（1881—1960），艺名大和尚，湖南沅陵人。自幼随姨夫、汉剧名丑汪天中学艺。他"博采众长，不拘一格，勇于创新，塑造了一系列性格鲜明的人物形象，丰富了汉剧丑行的表演艺术"⑥，他"旧道德殊佳，待人接物，尤非常人所能及。行路时，目不斜视，遇道中遗弃字纸，必拾起待归家时燃烧之。彼在

① 《梨园掌故：汉剧光荣史》，《影与戏》1937 年第 1 卷第 26 期，第 16 页。
② 彭超：《京剧、汉剧百年同台合演》，《中国京剧》2007 年第 8 期，第 18 页。
③ 郑丛林：《民众乐园大舞台》，《武汉文史资料》1989 年第 4 辑，第 91 页。
④ 《中国戏曲志》编辑委员会：《中国戏曲志·湖北卷》，文化艺术出版社 1993 年版，第534 页。
⑤ 马奕：《中国戏剧电影辞典》，北京广播学院出版社 1993 年版，第 499 页。
⑥ 上海艺术研究所中国戏剧家协会上海分会：《中国戏曲曲艺词典》，上海辞书出版社1981 年版，第 387 页。

表演时，因职务关系，其所言所行，类多猥亵，但是下台后，未尝见其有越规逾矩处"①。其他诸位名伶有的是梨园子弟，有的师出名门，有的科班出身，不一而足，如钱文奎是著名汉剧小生钱明之子，刘炳南是汉河派一末唱功奠基人蔡炳南的弟子，李彩云是钟祥石牌科班出身的名角李四喜的弟子，陈旺喜出自清光绪五年（1879）创办的喜字科班，高洪奎出自1899年创办的寿字科班，等等。可见，朱洪寿、董瑶阶、李春森以及钱文奎等或偷师学艺，或师出名门，或幼承家学，或科班出身，抑或兼而有之。

在汉剧场域中，名伶们逐渐积累了丰富的身体化的文化资本和制度化的文化资本，熟稔了各种场域规则，也就具备了汉剧艺术的编码和解码能力。如果不具备相应的认知结构，对汉剧表演所展露出来的信息，就有可能忽略或者根据平常生活的逻辑来加以解读，甚至完全迷失于声音和节奏、色彩和线条的混乱之中。"具备艺术解码能力的人之所以能够解码艺术作品，是因为那些代码已经内化在他的感知系统中。"② 这些著名的男伶都擅长一些本工戏，这是他们得以立足于汉剧场域的坚实的文化资本（表1-4）。

表1-4　　　　　　　　民国时期著名男伶及其本工戏③

角别	名角	本　工　戏
末	余洪元 蔡炳南 胡双喜	南天门　四进士　五丈原　天水关　铁莲花　兴汉图　洪羊洞　盗宗卷　求高计　回荆州　审刺客　托兆碰碑　失印救火　三娘教子　举鼎观画
净	郑万年 朱洪寿	二进宫　打龙袍　白娘关　锁五龙　男绑子（即草桥关）　龙虎关（饰赵匡胤）　珠帘寨（饰李克用）　大回朝（其他饰曹操、秦桧、严嵩各戏）
生	张花子 钱文奎	鼎盛春秋（饰伍员）　斩李广　探母　打金枝　荥阳城　上天台　清河桥　三国志（饰刘备）　芦花河（饰薛丁山）、回龙阁　辕门斩子　毒杨勇　南阳关　二进宫　斩黄袍　送京娘

---

① 水生：《汉剧伶界一君子》，《笑报》1929年8月24日第2版。
② 王圣华：《布迪厄的艺术场理论》，山东师范大学2008年硕士学位论文，第31页。
③ 草木：《汉剧·平剧及其他》，《物调旬刊》1948年第50期，第23~24页。

续表

角别	名角	本 工 戏
旦	王云凤	祭江　断桥　教子　骂殿　金水桥　别窑　祭塔　宝莲灯　彩楼配
	李彩云	三击掌　武家坡　粉河湾　二度梅　昭君和番
丑	汪天中	盗甲　盗鸡　跑楼　跑广平府　扫秦　收痨虫　张三赶妻　卖棉纱
	吕平旺	打花鼓　审陶大　武大卖烧饼
	大和尚	
外	燕尾	卖马　乌龙院　梅龙镇　凤鸣楼　教枪　宝莲灯　反八卦　五雷阵 盗宗卷（饰陈平）　庆顶珠　水淹七军（饰关公）　三国志（饰鲁肃）
	陈望喜	
小	刘正文	群英会（饰周瑜）　少华山　天开榜　叫关　飞虎山　白门楼 戏叔　翠屏山　红书剑　辕门射戟
	小金林	
	小道人	
贴	牡丹花	打花鼓　梅龙镇　反八卦　玉堂春　翠屏山　挑帘裁衣　穆柯寨 连环计　摘花戏主　探母　坐楼杀惜　活捉三郎
	小翠喜	
	金汤瓢	
夫	刘××	太君辞朝　骂曹　钓金龟　别窑　行路哭灵　目连救母　天齐庙
杂	张天喜	夺状元　取洛阳　马武闹馆　斩李逵　清风寨　龙虎斗　两张飞
	江汉	审李七　太行山　芦花荡　闹花灯　薛刚反唐

作为汉剧艺术的行动者，余洪元、朱洪寿和董瑶阶等名伶在特定的文化场域中逐渐形成相应的策略或者实践感。同时，通过种种谋划或策略，在与他人的博弈中不断争夺符号暴力垄断权和更为稀缺的文化资源。在长期的积淀中，他们逐渐获得了类型和数量都较为可观的文化资本，这些资本决定了他们在文化场域中的位置和权力。显然，这里的权力包括物质、象征、文化等多种形式。凭借自身的文化资本，余洪元、朱洪寿等在汉剧场域中占据着特殊的位置。这种位置感铭刻在他们的身体上和语言中，使得他们有意无意与其他伶人"保持距离"，并借助这种文化资本转化而来的权力来攫取或维护各种显性和隐性的利益。至此，我们就不难理解这些处于主宰地位的名伶竭力维护在汉剧场域中的力量对比关系的动机以及他们采取保守性策略的原因。

第四节　汉剧坤伶之艰难破局

1923 年，汉剧第一个坤伶叶慧珊打破禁忌，在沙市登台演出并迅速走红。后转至宜昌，也受到人们的赞誉。余洪元、朱洪寿等闻讯后竭力抵制。1925 年，余洪元、朱洪寿等不仅断然拒绝叶慧珊、黄大毛等加入汉剧公会的申请，而且竭其所能地反对男女合演。私家培养的第一批坤伶大都行当不全，如果不进行男女配合就根本无法正常演出。当时，余洪元、朱洪寿等因具有较为深厚的文化资本而在汉剧场域中居于支配地位，对戏班的演出具有举足轻重的影响。每个戏班后台他们都有担任"挡首"的伶人。"汉班有'挡首'其人，总管前、后台一切庶务，即今剧班中所谓经理者是也。此人须公明正直，若稍存偏见，则影响到剧班内部组织的变动。所以汉班自成为职业团体后，挡首一人，例由班中人员推选一人当之。"①

有鉴于此，遭到打压的汉剧坤伶们在傅心一的建议下开始学习花鼓戏。1925 年 10 月，黄大毛、叶慧珊以及筱鸿宝等先后在法租界的天声舞台、共和升平楼登台并实行男女合演，吸引了大批观众和戏迷。观众和戏迷争先恐后地涌入法租界先睹为快，致使出现了轰动一时的局面。

1926 年，国民革命军势如破竹，先后攻克武汉三镇。各行各业成立工会，男女平等的思潮随之在江城涌动。傅心一、朱双云等抓住时机果断发起成立湖北剧学总会。他们在大华西药房（现中山大道积庆里）召开筹备会。当时到会的有新剧、汉剧、京剧、楚剧以及剧场业、皮影、木偶戏等的数十名代表。《汉口民国日报》曾作了相关报道，批评了戏剧在世风浇漓下同俗媚众的现象，重申戏剧的教育教化之本质，并声称，"此次傅心一君，拟改良戏剧，提高人格，特组织戏剧大联合"②。可见，傅心一等组建湖北剧学总会的宗旨在于"改良戏剧，提高人格"。

最初，湖北剧学总会受总政治部领导。国民政府迁都汉口后，总会便呈准教育部备案，正式成立湖北剧学总会，选举傅心一为主席。③ 湖北剧学总会的成立，意味着"在戏剧界，传统的血缘、地缘关系渐渐淡薄，

---

① 金锷：《事例和禁忌》，《罗宾汉报》1949 年 6 月 6 日第 2 版。
② 《汉口筹备剧学会》，《汉口民国日报》，1927 年 1 月 13 日第 3 版。
③ 武汉市文化局史志办公室：《武汉文化史料》（第 2 辑），内部发行，1983 年版，第 97 页。

业缘关系则随着社会的近代化而开放和发展起来";同时长期处于"贱民"地位的汉剧艺人等级观念已大为淡化,出现了较为普遍的自我意识觉醒。① 在傅心一和湖北剧学总会的支持下,坤伶们纷纷入会取得了登台演出的合法性资格。于是,黄大毛、花牡丹以及大鸿宝等纷纷突破了演出空间仅限于汉口法租界的局限,开始活跃在美成、满春等戏院的舞台上,其他坤伶也先后进入适合自己的汉剧班社。②

1928 年,隶属长江上游政治训练处的新市场改名为"中央人民俱乐部"。当时,有一艺人小青,工于末角,为"咸宁三杰"(另两位分别是余洪元、黄彩香)之一。政治训练处秘书长认为汉剧男伶暮气已深,寄希望于女性,曾试图帮助她登上汉剧舞台,但是未能成功。青衣李彩云也因参与此事而饱受诟病。但是,谁会料到,不到一年,新化女子科班成立,红艳琴等坤伶也开始与男伶同台合演了。③ 虽然形势已不可逆转,但是余洪元等依然暗中阻挠。

汉剧伶人尊奉老郎神并建庙供奉祭祀。"自清代至民国年间,湖北全省汉剧四大流派有'三个半老郎庙':襄河派的老郎庙在樊城河街,荆河派的在沙市便河东岸,汉河派的在汉口戏子街(今人和街)楚班巷,府河派因在德安府城内山华寺内西侧附设偏殿附祭,所以称为'半个老郎庙'。"④ 不过,这些流派供奉的老郎神并不一致。作为艺人行业组织的"老郎庙",具有垄断和调整演出市场的权力,其对内发挥管理伶人、协调戏班关系以及维护演出秩序的作用,对外则竭力维护汉剧伶人们的整体利益。⑤ 汉剧戏班每逢老郎神诞辰(农历三月十八日)、忌辰(农历七月二十三日),都要举行隆重的祭祀活动。汉剧伶人利用对老郎神的集体信仰来提高自身地位表达对社会的诉求,同时增强内部认同规范行业秩序。老郎庙不仅为汉剧伶人提供食宿,还掌管着汉剧戏班的演出资格。也就是说,汉剧戏班必须在老郎庙里挂牌上会并缴纳会钱后才能登台演出,伶人

---

① 傅才武:《近代化进程中的汉口文化娱乐业(1861—1949)》,湖北教育出版社 2005 年版,第 284 页。

② 刘小中:《湖北文史资料·汉剧史料专辑》,湖北省政协文史资料委员会 1998 年版,第 283~284 页。

③ 《汉剧坤伶发展史》,《汉口导报》1948 年 9 月 3 日第 3 版。

④ 傅才武:《近代化进程中的汉口文化娱乐业(1861—1949)》,湖北教育出版社 2005 年版,第 165 页。

⑤ 傅才武:《近代化进程中的汉口文化娱乐业(1861—1949)》,湖北教育出版社 2005 年版,第 275 页。

们也要上交一定的会费。① 为了将坤伶拒于汉剧场域之外，余洪元以会长身份下令，老郎庙的主持到各家戏园收缴会费，只收取男伶的会费。他甚至宣称，坤伶们是来败坏汉剧江山的。他甚至认为，汉剧之所以走下坡路，是因为在傅心一的支持下坤伶登上了汉剧的舞台。傅心一不卑不亢据理力争，他认为现在男女平等，不应因循守旧墨守成规，况且京剧、湘剧、蹦蹦戏、川剧等允许坤伶登台并男女合演，事实上这并未使它们衰落反而进一步发展壮大了。②

余洪元等汉剧保守派之所以竭力抵制坤伶登台，从社会学和心理学的角度来审视，主要有以下几个方面的原因：

一是担忧汉剧象征资本因坤伶登台而受到损害。自诞生以来，汉剧就形成了相关禁忌，认为女性登台会冒犯老郎神，戏班就会衰败，而且，这种禁忌异常顽固。进入到某一场域中的行动者，无论其是主动的还是被动的，都必然对其中的价值和资本有着不同程度的认同，并由此产生了对他们的特殊诱惑。③ 进入汉剧场域中的伶人，无论其资本和位置，都无一例外将对老郎神的崇拜视作必须严格遵循的共同规则。在他们看来，任何挑战或破坏这种规则的企图，都是应当大加挞伐的。对这种规则的集体信仰保证了汉剧场域作为一个相对独立的领域存在，从而赋予它一种自外于其他"小世界"的属性。而置身于其中的伶人们在耳濡目染中不知不觉地"认可"这些规则并亲身参与它们的"再生产"过程。因此，在余洪元等汉剧艺人看来，作为承载集体利益和愿望的象征资本的老郎神是不容亵渎和践踏的。

二是早期坤伶的出身，有可能给汉剧团体的社会资本带来不利影响。社会资本是指某一场域中的行动者通过一个比较稳定甚至制度化的关系网而积累起来的资源总和。④ 其实质在于以集体拥有的资本为其成员提供力所能及的支持。因此，无论是老郎庙还是汉剧公会，都有助于汇聚社会资本并从中获取隐性或显性的利益，"特别是该组织保护了成员的利益，既包括物质利益，也包括符号性利益"⑤。因此，当一批新成员加入时，老

---

① 郑维维：《社会史视角下的汉剧（1912—1949）》，人民出版社 2016 年版，第 248 页。

② 刘小中：《湖北文史资料·汉剧史料专辑》，湖北省政协文史资料委员会 1998 年版，第 284 页。

③ 张意：《文化与符号权力——布尔迪厄的文化社会学导论》，中国社会科学出版社 2005 年版，第 173 页。

④ ［法］皮埃尔·布迪厄：《资本的形式》，载薛晓源、曹荣湘主编：《全球化与文化资本》，社会科学文献出版社 2005 年版，第 14 页。

⑤ 宫留记：《布迪厄的社会实践理论》，南京师范大学 2007 年博士学位论文，第 70 页。

郎庙或汉剧公会原有的体制化网络的整体格局（包括边界、声誉以及社会地位等）都会随之改变。况且，第一批坤伶大多有过被收养的经历，如叶慧珊被武汉名妓张连生收为孙女；较早登台演出的黄大毛幼年被卖给名妓黄五姐做孙女。在当时的武汉，通过这种方式培养汉剧坤伶主要有黄、李、彭、杨、胡、刘、吴、韩等八大家（其中 6 家为妓院身份），先后培养出黄大毛、花牡丹、筱鸿宝、杨小琴等 100 多名坤伶。从社会资本的角度而言，汉剧公会中每一个成员的价值和地位实际上取决于集体内部的连带关系。也就是说，当汉剧群体中某一伶人的地位和声誉为社会瞩目时，其他伶人的社会资本和象征资本也随之改变，反之亦然。当一批由妓院培养的坤伶加入汉剧公会，无疑会给这一团体的社会资本和象征资本带来不利的影响，甚至会遭到无端的指责和嘲笑。这些正是余洪元、朱洪寿等名伶所不愿意看到的。

三是基于社会性别的成见以及可能挤压男伶的生存空间。从当时社会大环境来看，坤角从来不被世人所重视。即便是北京、上海等戏曲繁盛之地，其演出场所亦受到限制。坤角的舞台技艺也不为时人所重。即使有一些技艺高超的坤伶出现，并不能改变人们对坤伶整体的成见。受此大环境的影响，人们认为汉剧坤伶中确有一些技艺值得称道者，但其他大多数坤伶无足称道，尤其是与前辈男伶相比更是大大不如。如署名"姓乔"的一篇文章说："汉剧坤伶青衣，虽多如过江之鲫，然论其嗓音如不失之尖锐者，即过于枯涩，聆之殊感乏味。"[1] 甚至有"看坤角唱戏，而绝不能领教其艺"之说。[2] 再如评论者"仁勤"认为，小牡丹花、万盏灯等虽红极一时，但汉剧艺术水平终不及老牡丹花董瑶阶。"如小牡丹花、万盏灯辈，青云直上，盛极一时，但是在看彼侪表演入神之际，而观众叫好后，多有念及瑶阶者（好倒好，终究不及牡丹花），如是牡丹花之道艺，其感人之深，可以想见。"[3] 由此可知，在一些评论者看来，虽然老牡丹花董瑶阶奔走于荆蜀之地，但是其道艺依然让人津津乐道念念不忘，也正是由于他离开了武汉，小牡丹花、万盏灯等才有机会脱颖而出盛极一时。

在表演艺术天赋上，人们也认为坤伶不及男伶。一般教授坤伶的男艺人，亦持此看法。有名气、技艺高超的男艺人，更是不愿与坤伶交接或是传授技艺于坤伶。在汉剧界堪称翘楚的男伶，认为坤伶不过是以色示人招

① 姓乔：《汉剧伶工小识·新艳云》，《汉口导报》1948 年 6 月 5 日。
② 生：《坤角的玩意，只在其色不在其艺》，《汉口导报》1947 年 7 月 4 日。
③ 仁勤：《老牌牡丹花》，《罗宾汉报》1935 年 2 月 12 日第 2 版。

蜂引蝶，满足人们喜新好异的心理而已。要想看到真正的汉剧，还得是男艺人的演出。①

　　其实，上述观念是人们基于社会性别的偏见。这种对坤伶和男伶之差异的认识，显然与生理基础无关，而是由特定的社会环境和性别文化造成的。"作为社会分层体系的一部分，社会性别使同一种族和阶级的男人高于女人。"在这样的社会中，人们通常认为，男人所做的事情哪怕与女人完全相同但都比女人更有价值，如认为小牡丹花等的艺术水平虽高超终究不如董瑶阶。因此，即使处于同一位置上，男人也比女人更有地位和声望。社会性别的实质在于，将女性作为一个依赖并屈从男性的群体来建构，通过各种或明或暗的方式使女性从内心接受这种秩序安排并视其为天经地义。② 有鉴于此，社会对两性的描述往往在不知不觉中濡染了社会意识形态的色彩，而并不一定反映他们的实际状况。③ 这种基于社会性别的成见长期存在于汉剧场域之中。此外，汉剧坤伶的登台，必然会在某种程度上挤压了男伶的生存空间。即使坤伶技艺不如男伶，但常常被戏院倚为台柱作为招徕观众的手段。"男伶虽数见新角，每因不及坤伶吃香，致阻后进之路"④，因此不免有"无啖饭地"之虞。事实上，在"重色轻艺"的畸形评价机制之下，这种担忧也是不无道理的。显然，这对于已初显颓势的汉剧而言，并不是一件令人乐见之事。

　　当然，余洪元、朱洪寿等保守派极力反对坤伶登台演出，也有惯习的作用。法国社会学家菲利普·柯尔库夫认为，惯习（禀性）是以某种方式进行感知、感觉、行动和思考的倾向。这种倾向是个体在特定的生存条件和社会经历基础上内化而形成的。⑤ 这些在个体身上根深蒂固的惯习往往有抗拒变化的倾向，即使有时也会在个体的经历中有所改变。⑥ 由此观之，余洪元、朱洪寿等在汉剧场域中不知不觉地形成了特定的惯习，这些惯习是与当时的社会大环境、戏曲文化生态以及性别文化等有着深刻而广泛的联系。这些惯习较为深刻地影响着他们在汉剧场域中所采取的行动和

① 郑维维：《社会史视角下的汉剧（1912—1949）》，人民出版社 2016 年版，第 248 页。
② 沈奕斐：《被建构的女性——当代社会性别理论》，上海人民出版社 2005 年版，第 44～45 页。
③ 雷欣：《社会性别理论探析》，华中科技大学 2008 年硕士学位论文，第 18 页。
④ 痴叟：《汉剧如叫花打架》，《大楚报》1941 年 7 月 21 日第 3 版。
⑤ ［法］菲利普·柯尔库夫著、钱翰译：《新社会学》，社会科学文献出版社 2000 年版，第 36 页。
⑥ ［法］菲利普·柯尔库夫著、钱翰译：《新社会学》，社会科学文献出版社 2000 年版，第 36 页。

策略。

1926 年 10 月，湖北剧学总会成立，汉剧公会成为其团体会员。在傅心一的大力支持下，汉剧坤伶得以绕开余洪元等的阻挠登记入会，从而获得了登台演出的合法性地位并突破了演出空间的局限。虽然在这一过程中汉剧坤伶及其技艺并没有发生根本性变化，但是经由登记入会这一程序，她们获得了制度化的文化资本，并借此摆脱了随时可能被质疑和被驱赶的窘境。在这场汉剧场域内的两性博弈中，余洪元、朱洪寿等保守势力最终败下阵来，其原因不仅仅在于外在形势的改变，更在于在此场域中处于对手位置的行动者（傅心一等）的资本、惯习以及基于此二者的策略充分而合理地得到运用，如傅心一在教育部的支持下成立湖北剧学总会，才使得汉剧坤伶突出重围有了现实的可能性。

第五节　两性的博弈与坤伶地位的提升

1925 年 10 月，汉剧坤伶黄大毛、七龄童等在汉口法租界的不同戏院登台演出。观众和戏迷们趋之若鹜，纷纷赶到法租界观看坤伶演出，天声等戏院几乎天天爆满，一时盛况空前。即使是在较为偏僻的郊区戏园或茶园，只要汉剧班社实行男女合演，就会人气骤起大受欢迎。

在此形势下，一些受到鼓舞的汉剧坤伶希望能到中国街的剧场戏园里与男伶同台演出。不过，在当时男伶主导的汉剧场域中，戏园成为对坤伶进行身体压迫规训的重要空间。这种压迫正是通过对她们身体的圈限而得以完成的。① 也就是说，通过将女性圈限于某些特定的空间，从而实现社会性别观念的强化和社会性别秩序的生产、再生产。因此，两性生存空间的不平等真切地反映出两性社会地位的不平等。

李家的花牡丹是第一批坤伶中的"榜眼花旦"。她想进满春戏园搭班，颇费周折地说服了戏园老板，允许她登台演出三天。她第一天演出《摘花戏主》极为成功，观众赞赏有加好评如潮。但是，作为满春戏园后台挡首的朱洪寿听闻她演出的盛况后，极为不悦，强行停演了花牡丹后两天的戏。花牡丹得知后，进入后台与他理论。朱洪寿以汉剧公会规定不许男女合演为由加以拒绝，甚至以不屑一顾的口气说："你休想男女合演，

---

① 苏红军：《时空观：西方女权主义的一个新领域》，参见苏红军、柏棣：《西方后学语境中的女权主义》，广西师范大学出版社 2006 年版，第 48 页。

我们变猪狗也不与你同槽！"花牡丹气得大哭，只好抱着戏服哭哭啼啼地走了。① 需要说明的是，"男女合演，肇始于同治九年（1870）之上海"②。这一现象的出现，既有商业利益的驱动，也与上海租界相对开放的社会氛围有着密切的关系。

资本作为一种社会关系，它只在产生并再生自身的场域中存在并有效地发挥作用，同时必然受到场域的客观规律的支配。这些客观规律赋予了不同场域中资本的价值和功能。质言之，汉剧场域就是伶人们进行资本分配、交换并运用所拥有的各种资本进行斗争的场所。因此，在汉剧场域中，伶人之间斗争之成败实际上取决于他们基于资本所占据的地位、惯习以及所采用的策略。有"二净大王"之誉的朱洪寿，因其自身的文化资本在当时的汉剧场域中占据着优势地位，熟谙汉剧场域游戏规则的他，充分利用戏院后台挡首的权力，轻而易举地将拥有资本相对较弱的花牡丹无情地拒之门外，就连戏院老板也对他无可奈何。显然，当时的坤伶虽然拥有一定的身体化的文化资本，但没有取得制度化的文化资本，这使得她们在汉剧场域的两性博弈中处于极为不利的地位。

1926年，汉剧坤伶在傅心一支持下登记入会，她们正式取得了官方认可的制度化的文化资本。1927年，黄大毛、黄银芝等在美成戏院登台演出，由于湖北剧学总会的支持，余洪元虽然极力抵制但也只能是徒叹奈何。③ 在戏曲组织的构架中，汉剧公会只是湖北剧学总会的成员单位之一。因此，即使是作为汉剧公会会长的余洪元，对湖北剧学总会的干预也无可奈何。由此可见，湖北剧学总会的支持以及总会会员资格这种制度化文化资本，是坤伶战胜汉剧场域中的保守派的两大有力武器。

1929年，应上海丹桂第一舞台之邀，余洪元等组织行当齐全的"福兴班"赴沪演出。"名满全国之汉剧泰斗余洪元、牡丹花、黄桂卿、大和尚诸艺员，此次应朱双云周殿臣两君邀请来沪献艺一月，准本月十五日在四马路丹桂第一台开演，该伶等抵沪后，即由朱双云、吴微雨、胡雄飞、罗铁臣、姚吉光诸人，分别偕往各报馆、各票房、梨园公所等处拜客，复请谒黄金荣、杜月笙、张啸林诸先生，并于昨晚假座大西洋茶社，宴请各界，来宾到有二百余人，冠裳济济，盛极一时"④。此班社成员基本情况见表1-5。

---

① 郑维维：《社会史视角下的汉剧（1912—1949）》，人民出版社2016年版，第196页。
② 陈仕国：《清末民初禁戏与戏剧观演形态》，《中华戏曲》2017年第1期，第111页。
③ 邓天澜：《大革命时期的湖北剧学总会》，《武汉文化史料》1983年第2辑。
④ 《汉剧名角昨晚宴客》，《社会日报》1929年12月14日第2版。

表 1-5　　　　　　　余洪元为首的赴沪"福兴班"基本情况

行当	名伶	行当	名伶
一末	余洪元、江春庭、胡桂林	六外	陈旺喜、卢瑞廷、周天栋、程双全、金桂琴
二净	傅声奎、闽天处	七小	李四立、彭文祥、曹洪飞
三生	吴天保、黄桂卿、张天童、夏小发	八贴	牡丹花、雪花、吴翠喜、天娥旦、杨伯龙
四旦	小云凤、陶四喜、冷天仙	九夫	陈凤钦
五丑	大和尚、熊克奇、彭天春	十杂	张天喜、高洪奎

由表 1-5 可知，这一班底几乎囊括了汉口的老、中、青优秀汉剧演员，阵容十分强大，但是已经登记入会的汉剧坤伶依然被排除在外。这次商业演出，既与上海剧坛同行交流了艺术经验，促进了汉剧与京剧的交流互鉴，又对汉剧的传播和推广起到了一定的积极作用。"朱双云余洪元等组演班于第一台，其最初计划，不过一探沪人对于汉剧之信仰心，初未尝操必胜之券，盖藉以定此后对于经营汉剧之方针耳。惟自开演汉剧，雪雨连绵，遂未能觇成绩之真相。惟据统计晴日之营业，则汉剧卖座，初未若何之衰弱。苟一月来天气晴和者，其赢利或且超预算之外也。余洪元有汉班谭鑫培之称，尝谓苟沪人而不嗜汉剧，将弃行改演平剧，此特激愤之语气，然以今之成绩，则余之所云，自属不成问题。"① 也就是说，余洪元的福兴班初抵上海时，并未有稳操胜券之把握，令人欣喜的是，最终的成绩超过在汉口之时。他从上海回来后，嗓音不佳，两次在天声舞台演出出现中风现象。尽管如此，汉剧坤伶黄大毛等对余洪元依然十分尊重，即使他不能演出，包银也照拿，并且还送到家中。②

自 20 世纪 30 年代起，汉剧没有坤伶就不能组班，坤伶逐渐在汉剧场域中占据重要位置。对此，当时知名剧评人梦梅曾从行当的角度这样评述道："自从女子唱汉戏以来，时至今日，汉剧坤伶已经占据了一个位置了，不特三生八贴四旦，有很多人材，就是很难工的一末、六外、五丑，也有一二人材；可见汉剧坤伶的力量不可忽视。"③

① 神弩：《汉剧之成绩》，《罗宾汉报》1930 年 1 月 17 日第 2 版。
② 刘小中：《湖北文史资料·汉剧史料专辑》，湖北省政协文史资料委员会 1998 年版，第 297 页。
③ 梦梅：《梦梅剧话·告汉剧公会当局》，《罗宾汉报》1935 年 8 月 26 日第 2 版。

在这一时期，汉剧坤伶得到了较大的发展。继叶慧珊、黄大毛等首批坤伶之后，又涌现了张美英、万盏灯、张伯华、万仙霞、刘金凤、刘金屏、戴一鸣等坤伶，尤其在贴旦女行方面，表演自然、活泼、清新；演唱委婉、柔媚，发挥了女性本色的长处。一些曾极力反对坤伶登台的男伶开始转向与坤伶合作，如 1929 年，朱洪寿主动与坤伶杨小红（三生）合演《二进宫》。[1]

1929 年，为了扩大汉剧尤其是坤伶的影响，傅心一决定组建班社到四川开辟新码头。这个班社规模较大，行当齐全，约有 70 人，其中坤伶有花牡丹、吴惠英以及七龄童等 30 余人。在重庆章华戏园，坤伶们的演出极为精妙令人难忘。花牡丹的《摘花戏主》、七龄童的《四郎探母》，技艺精湛，引人入胜，轰动了山城。观众赠送花牡丹"湖广美玉，无瑕可寻"的锦旗和彩匾。

1931 年，武汉洪水泛滥，傅心一与川剧演员张德成决定联合举办赈灾义演。这样，既能赈济灾情，又能促进两个地方剧种之间的交流。来到四川参加义演的第一批伶人中有二净朱洪寿、花旦雪花等。因朱洪寿以前强烈抵制坤伶登台，当他抵达重庆后，花牡丹等坤伶趁傅心一外出之机故意刁难他。她们把雪花的名字用棉花扎成牌楼并安上灯泡使其醒目，而将朱洪寿的名字用一张小纸条贴在旁边。同时，将朱洪寿拿手戏降为开锣戏接客进场，雪花的《反八卦》竟成了压轴戏。实际上，在汉剧场域中，朱洪寿是二净状元，地位显然比雪花要高。不过，朱洪寿对此毫不介意，演出《斩雄信》时，一声导板由后台唱出来，"好汉英雄绑法场"，观众齐声叫好，接着一声长笑"哈哈哈"，掌声不绝，博得满堂喝彩。傅心一返渝后，得知此事，亲自调解说："朱老师未上川前和杨小红（坤角）合演了《二进宫》的，再不是以前的朱老师了。"[2] 大家闻言哄然一笑，此前嫌怨涣然冰释。

当时，人们大多认为，汉剧坤伶演戏多以色相媚俗，没有多少技艺可言。汉剧男性名伶亦多持此见。但"一蹶不振的汉剧，中途赖坤伶崛起的力量，复有欣欣向荣之势，足抱乐观。但一究其实际，则令人深滋□（注：此处缺字）者。亦叹汉剧之江河日下，不可挽救。坤伶多延师至家说戏，舞台经验绝少，且只习三五句正工戏（汉剧坤伶无习里子者）

---

① 邓家琪等：《汉剧志》，中国戏剧出版社 1993 年版，第 10 页。
② 刘小中：《湖北文史资料·汉剧史料专辑》，湖北省政协文史资料委员会 1998 年版，第 304 页。

即贸然登台。规矩既非深习，动作多逾范围，艺术二字，绝谈不上"①。
一般坤伶，能够有机会入科班学习的较少，大多是延请师傅到家里说戏，
舞台经验确实不足。但是，养母们为了尽快赚钱，往往在她们学戏一两年
后就逼迫其登台演出，因此在汉剧艺术上她们确实有待提高。

当时，令人意外的是，受到社会追捧的坤伶，有时即使是汉剧泰斗余
洪元也难以与其争锋。余洪元自长乐戏院辍演后，其境况已大不如从前，
即使他愿意降尊纡贵在天声戏院与坤伶一较短长也未必能够如愿以偿。
"自朱洪寿主办汉兴舞台后，余即抱笏叠场，因余性憨直，上座不见佳。
近余在汉兴编有《人不如狗》一剧，即将上演，因想上座不佳，乃改价
五角为二角，殊属太不划算。然余以暮年登场，犹从事读词学腔，其老境
颓唐，亦可想见一般矣。"② 反观此时的汉剧坤伶，则有不可阻挡的欣欣
向荣之势。 "小牡丹花隶京汉舞台出演，连日卖座皆满，营业为之大
振。"③ 同时出演于京汉舞台的老牡丹花董瑶阶，只得将压轴戏让给小牡
丹花，观众们对小牡丹花的表演也极为满意。由此可知，名伶余洪元、董
瑶阶在与坤伶的博弈中败下阵来，显示了在汉剧场域中男伶坤伶力量对比
格局已悄然发生转换。

汉剧"复有欣欣向荣之势"竟然建立在技艺普遍不高的坤伶崛起的
基础之上，这不能不让人忧虑。因不满"时下坤伶盖以色示人"，为了让
观众见识真正的汉剧，重新赢得在汉剧场域中的博弈优势，1934 年 5 月，
董瑶阶"邀约男伶聚演一台，余洪元、朱洪寿、刘炳南等俱已首允，独
吴天保计较金钱之多寡坚不应允"④。

1931 年，湖北遭遇特大水灾，汉口沦为一片汪洋。水灾过后的汉口
百业萧条。与汉剧关系密切的商帮的衰落，使得汉剧的生存环境进一步恶
化。祸不单行的是，汉剧在与楚剧的竞争中也日益处于劣势。⑤ 于是，汉
剧伶人纷纷远走他乡辗转流离，汉剧由此每况愈下以致一蹶不振。汉口
10 多家汉剧演出剧院锐减至 5 家，演出场次与观众人数迅速减少。

许多十大行当挑梁名角，或退隐或亡故，科班中断，汉剧人才青黄不
接。一些媒体如《戏世界》对此深感忧虑，呼吁设立科班："窃以乐剧之
命运，随时代为转移，考之史乘，无论何种乐歌，始虽盛极一时，而环境

---

① 《亦娼亦优的汉剧坤伶》，《镜报》1933 年 7 月 2 日。
② 芸芸：《余洪元"狗"价值二角》，《戏世界》1933 年 10 月 19 日。
③ 侦探：《小牡丹花压倒老牡丹花》，《戏世界》1934 年 6 月 12 日。
④ 大公无私：《牡丹何必邀罪人》，《戏世界》1934 年 5 月 30 日。
⑤ 王保民：《汉口各行帮业及其贸易》，《武汉文史资料》1994 年第 2 期。

稍迁，民间之视听偶一转移，终必呈崩溃之势，尤以汉剧前途之命运已岌岌可危矣……汉上早有科班之设，创造人材不少，惜近已消灭。且提倡之人，将以剧界始祖之汉剧，流于沦亡，得不痛心？负有挽救汉剧之责者，将以设立科班为己任乎？"① 由此可知，戏曲的兴衰与民众审美趣味的转移有着密切的关系。唯有创立科班培养人才，汉剧才有一线生机。此外，汉剧老艺人大多较为保守固步自封，不肯授艺于新人，也不愿意向兄弟剧种借鉴学习；汉剧公会组织不健全，内部不团结，难以争取合法权益和维护艺人的正当利益。同时，汉剧还受到其他新兴剧种如楚剧的冲击。

当然，汉剧公会也不甘坐以待毙，于是采取一些措施以救亡图存。1935年，在傅心一、吴天保倡议下，组织成立了"汉剧旅行团"，以扩大地盘开创新码头。他们从武汉出发，经黄石、九江至南昌。"汉剧须生大王吴天保领导……南下远征，出演武穴南浔一带。天保之雄图，本拟沿江而下，在首都表演数日即搭京沪车赴上海，完成汉剧南征之志愿。然后返汉，略变阵容，另组北征旅行团，搭平汉车北上，直捣旧都，在平津两地表演与京剧一争雄长。继则转道赴汴，由汴而济，由济而辽，辗转冀察皖豫一带，表演富有中国古代精神文艺价值之汉剧，唤醒□国人军火飞机威胁下之同胞，意良佳而志决也。"② 正当他们意气风发南征北战之时，长乐戏院前经理蔡华堂租定宝善戏园，力邀吴天保率领旅行团全体人马返汉演出。这些旅行演出，"实为近十年来之创举，使彼不知此戏剧始祖者，莫不大扩眼界，宜其无论在何处出演，无不大获佳誉"③。应当说，这次汉剧旅行表演确实扩大了汉剧的影响，收到了一定的成效。

1936年，"时代戏剧社"成立。"揭起这旗帜的是汉口《戏世界》报的编辑人答恕之，他约起了汉剧公会的主席吴天保，坤伶花衫皇后主席万盏灯等发起这组织，计划着为汉口汉剧沉寂的环境，杀开一条出路。"④ 当时，武汉的汉剧戏院有的因亏本而关闭，有的则改演楚剧（如德明戏院）或京剧（如长乐戏院），新市场的汉剧班社也已改组，汉剧伶人们多出演于县城的小戏院。有鉴于此，时代戏剧社改革了剧场与戏班的陈规陋习，如缩短戏码，取消垫戏，"开幕即演正戏"；演员平等，取消"挂头牌""挂二牌"的主角制；每夜两场（第一场7~9点，第二场9~11点）；一票一座，对号入座；收票与招待都由女性来担任；积极训练坤伶，使其

① 雯白：《汉剧亟待设立科班》，《戏世界》1935年12月6日第3版。
② 白燕：《汉剧旅行团言旋》，《戏世界》1936年6月6日第3版。
③ 白燕：《汉剧旅行团言旋》，《戏世界》1936年6月6日第3版。
④ 绿蒂：《汉剧没落声中"时代汉剧"崛起》，《社会日报》1936年8月20日第3版。

能歌能舞等。此外，邀请龚啸岚为编剧主任，每星期推出新剧。① 这次改革，大受欢迎成效显著。可惜好景不长，最终因流氓滋事、内部不和等原因而解散。②

此后，汉剧公会又发起组建播音剧团，其意图有二：一是通过这种方式使人们加深对汉剧的印象并欣赏其艺术。二是使汉剧伶人能够聚集一堂共商对策并联络感情。"一则使鄂中人士，对汉剧印象不致消灭，而资领略其固有艺术，一则使汉剧伶人得以聚集一堂互相研讨，联络情感，诚为法良意美之善策也。当经各伶人一致赞同，即日呈请市政当局，业蒙批准，定于每星期日在市立电台播音，此举成功，或可保存湖北省粹于万一也。"③

不过，有些戏院如汉兴等完全以坤伶为噱头招徕顾客，汉剧内部阴盛阳衰的局面日益明显，引发关心汉剧者的担忧。一般而言，武昌的汉剧戏院，日场最盛；汉口的戏院，则夜场最盛。武昌的共和戏院和汉兴戏院，本来后者不如前者，但是后者以坤伶为号召，形势很快发生了变化，竟然能与前者呈势均力敌的对峙之势。由于在共和戏院组班演出的是吴天保，于是有"吴天保不及坤伶"之叹。"据共和负责人谈，自吴天保办理以来，新鲜角色，初度露演武昌，营业平均每日收入洋一百六七十元，汉兴虽与之对抗，而实际收入，相差远甚，迨积久生厌。汉兴加厚实力，共和反退出老角，即于是时，共和营业，渐形落后，夜场反不及日场营业之盛也。汉兴戏院，完全以坤伶为号召，故两家戏院，成鼎足对峙竞争之状况。"④ 此外，与汉口戏院相较，武昌戏院的观众较为稀少，并且夜场多不尽如人意。一旦寒冬降临，其境况将更不堪设想。

在严峻的形势面前，此前抵制坤伶尤力者如朱洪寿等也不得不放下架子，开始与坤伶合作演出，并竭力迎合观众的审美趣味。"新正初一日开幕，角色拥有牡丹花、朱洪寿和坤旦张美英、黄美云这些人。为维持整个营业，投一般顾客的口味，排演《李三娘》《薛丁山》这些本戏，它的座上客，不减当年旧风光！"⑤ 汉剧大王余洪元也开始与坤伶合作。"汉剧伶王余洪元，此番与董瑶阶，及坤伶花旦小牡丹花等，合资组班，隶新市场

① 绿蒂：《汉剧没落声中"时代汉剧"崛起》，《社会日报》1936年8月20日第3版。
② 邓家琪等：《汉剧志》，中国戏剧出版社1993年版，第11页。
③ 《汉剧伶人挽亡图存的计划》，《影与戏》1937年第1卷第6期，第13页。
④ 鹤琴：《阴盛阳衰：武汉两戏院营业近况——吴天保不及坤伶》，《罗宾汉报》1935年9月27日第3版。
⑤ 东篱：《武汉戏剧业一瞥》，《十日戏剧》第一卷第二期（1937年2月27日出版）。

新舞台演唱。"① 甚至，后来余洪元几乎成了笑谈。"那时汉剧公会被封，余洪元的热忱依然还有，他对汉剧公会，仍然是希望它能够矗立在汉口市上，希望老是存在着的，他更希望汉剧坤伶们出来活动。他说，汉剧公会，如果坤伶出来维持，提倡募捐演剧，他情愿舍生忘死再来一出《兴汉图》，另外还要捐几文出来，他先前最反对坤伶，到了无办法的时候，竟说出这样的话来。"② 以前在汉剧场域中高高在上的余洪元，不甘心汉剧公会被封而又无计可施，竟然想依靠坤伶的力量来维持，由此足见坤伶在汉剧场域中的地位今非昔比。

汉剧公会的态度也发生了改变。1935 年夏，汉剧公会邀请七龄童、万盏灯、红牡丹等坤伶参加在新圃剧院举办的赈济义演。同年，汉口的保康参号开业，特邀新市场和长乐戏院的众多坤伶唱堂会。与此形成鲜明对比的是，汉剧男伶名角凋零，后继乏人，《十日戏剧》对此情形披露如下："又兼男伶日衰，继起乏人……今则一般名角，死者死矣，老者老矣，鲁殿灵光，仅余洪元（余已未露演）、李彩云、牡丹花三数人而已。所以各戏院，皆有一木难支大厦之感。"③

迨至 20 世纪 30 年代末 40 年代初，坤伶已在须生、青衣和花旦等角色行当占据优势，花旦行当几为其所垄断。在强势的坤伶面前，后起的男伶上升空间较为有限。汉剧坤伶多集中在三生、四旦、八贴等行当，尤其是八贴几乎为其所垄断，而习二净、十杂者少。④ 不过，"坤伶多限于天赋，'二净''十杂'皆非彼辈所能胜任，故皆趋向花衫青衣须生六外丑角等行。坤伶之习二净者，曩有一白小保，予当时亦只闻其名未睹其艺也，忽忽已十余年，近不知所之"⑤。当然，这里所言坤伶由于天赋难以胜任二净、十杂等行当，显然系主观臆测未可视其为确论。

汉剧年轻男伶虽然有崭露头角者，但在与坤伶的博弈中往往落于下风。"近年来，即令坤伶辈出，又多不以艺术为重，而藉台上之风头为台下营业之张本，而观众概存玩弄之心理……男伶虽数见新角，每因不及坤伶吃香，致阻后进之路。"⑥ 当时重色轻艺的评价标准，也使得坤伶比男伶更容易出名，因此坤伶日益增多。诚然，汉剧坤伶数量甚众，其中成名

①　《余洪元等组办之新舞台》，《罗宾汉报》1935 年 2 月 28 日第 2 版。
②　《余洪元的笑话》，《罗宾汉报》1949 年 2 月 15 日第 2 版。
③　侯齐天：《汉戏没落之因果》，《十日戏剧》第一卷第六期（1937 年 4 月 10 日出版）。
④　周游神、侯齐天：《汉湘剧比较观》，《十日戏剧》第一卷第十八期（1938 年 2 月 12 日出版）。
⑤　乔学文：《新秋楼剧话》，《汉口导报》1948 年 10 月 2 日第 3 版。
⑥　痴叟：《汉剧如叫花打架》，《大楚报》1941 年 7 月 21 日第 3 版。

当红者，一些是由于自身在技艺上努力所致，一些则是由于容貌受人青睐。男伶不具备这方面的优势，而且汉剧出路有限，他们大多生活困顿艰难。显然，这种局面对汉剧男伶的发展尤其年轻男伶的成长极为不利。评戏者大多捧场坤伶，且多以色论艺，相较而言男伶在舆论上不受重视，"由道艺上评论，除学习花衫的坤伶，尚能勉强够格外，其余行当均不足取，捧坤伶的评戏家虽多，但多半是以人论艺，并非以艺论人"①。此外，坤伶们的包银也比男伶更为可观。在这种风气的刺激下，由妓女而转为坤伶者多如过江之鲫，一些感到前途渺茫的男伶纷纷弃戏从商。

此外，坤伶还有较之于男伶的"过人"之处，这就是"销红票"。所谓"销红票"，就是由"干爹""干哥哥"们掏钱购买坤伶们手中的戏票，然后到处邀人看戏。1936年，汉剧公会为偿还债务赎回房产，由坤伶们派销红票2000张（每张一元）以上。此前，在余洪元领导下的汉剧公会一再排斥坤伶，严词拒绝她们登记入会。出人意料的是，短短几年后，竟然要依仗坤伶们的特殊能力来帮助汉剧公会摆脱困境，实在令人不胜唏嘘。当然，这无疑会大大提升坤伶在汉剧场域中的地位。

综上可知，在妇女解放运动、国民大革命以及社会经济变迁的影响下，一些都市女性纷纷走出家门自谋出路。民国初期，汉剧的兴盛状况引人注目。一些贫寒或败落家庭的女性转而学习汉剧以养家糊口。一些妓院或私人从中看到了商机，于是收养贫苦人家的女孩并让其学习汉剧以牟利。当然，也有一些汉剧名伶顶住压力招收幼女传授技艺。早期坤伶大多并非出于正式的汉剧科班，虽拥有一定的身体化的文化资本，但由于种种原因被以余洪元为首的汉剧公会拒之门外，导致制度化的文化资本欠缺，因此只能在汉口租界等有限的空间中登台演出。显然，她们以不被认同的身份游离在汉剧场域的边缘。在1926年登记入会后，获得了制度化文化资本的坤伶，在湖北剧学总会的大力支持下，可以光明正大地以合法的身份在武汉任何剧院登台演出了，虽然余洪元等仍然极力抵制，但大势已去徒叹奈何。随着汉剧坤伶影响力的日益提升，自20世纪30年代开始，出现了无坤伶不能组班的局面。与此同时，汉剧自1931年武汉特大水灾后日渐衰落。男性名伶或老或故去，后继无人；年少男伶因受重色轻艺的评价机制的影响进路艰难前途渺茫。许多坤伶虽然汉剧道艺并不出众，但在戏院老板倚重下与狎妓、狎优相交织的社会风气下如鱼得水名利双收，同时兼具"销红票"等特殊能力，使得她们在汉剧场域中的地位日益提升

① 四知：《一位汉剧先进的谈话：汉剧没落的原因》，《大楚报》1941年3月7日第3版。

并在两性博弈中渐占优势。于是，汉剧坤伶通过自身的努力，又在时势和社会风习的助推下，逐步由汉剧场域的边缘走向中心。由此，汉剧场域中男伶坤伶的力量对比格局发生了根本性的变迁，即由男伶一统天下转换为"阴盛阳衰"。需要说明的是，外在的政治、经济和文化等并不直接作用于伶人，而是通过汉剧场域的特殊媒介作用来影响伶人的社会行为，如妇女解放运动、观众重色轻艺的审美倾向等外在因素，都无一例外地通过汉剧场域对伶人的选择和实践发挥作用。

第二章　汉剧坤伶的社会境遇

辛亥革命前后，专供舞台演出的茶园逐渐转变成戏院。不过，这些戏院往往被军政大员或青洪帮主要成员控制。汉剧的主要消费群体由辛亥革命之前的权贵、士绅等社会上层演变为工人、商人及其家属等社会中下层。自开埠以来，因欧风东渐和商品经济的发展，汉口市民的休闲生活和休闲方式日益丰富。1923—1949 年，汉剧坤伶群体在汉剧场域之外遭受的境遇有：遭到社会黑恶势力的摧残，受到形形色色的捧角者的追捧，遭遇政府、媒体的规训或窥探，卷入狎优和狎妓之风交织下的黑幕之中。

第一节　剧场、观众与社会风习的变迁

自 20 世纪初至 30 年代，汉口商贾辐辏，对外贸易发展迅猛，有着"东方芝加哥"之美誉。昔日汉剧多在各行帮的会馆戏楼、公所、茶园以及富绅大户的宅院演唱。随着商业贸易的发达以及人际交往应酬的日益增多，作为辅助性服务的娱乐休闲场所如戏院、游艺场等如雨后春笋般大量涌现。

当时，武汉的茶馆遍地开花。茶馆是商人、市民、行帮、青洪帮等交往、娱乐以及休闲的场所，"也是武汉城市近代化转型过程中的一种正在发育的都市'公共空间'"①。1933 年，各类茶馆竟达到 1373 家。茶馆按照规模大小分为甲乙丙丁四等，大约是以 5 张桌子为一个等级，25 张桌子以上为甲等。当然，一些规模较大的茶馆可摆放几十张甚至上百张桌

① 傅才武：《近代化进程中的汉口文化娱乐业（1861—1949）》，湖北教育出版社 2005 年版，第 106 页。

子，如六渡桥的汉来春茶馆，就有三层楼房、100 多张茶桌和 80 个雅座，此外还附有理发室和小卖部。茶馆的营业范围有"清水""浑水"之别。所谓"清水"茶馆只卖茶，不搞其他活动。"浑水"茶馆则除卖茶以外，里面唱戏、说书、打牌赌博都行。① 据 1934 年《汉口市政概况》统计，当时汉口演出戏剧的茶馆共计 37 家。

早在 19 世纪末 20 世纪初，就有丹桂茶园、天一茶园等 11 座专业剧场出现。辛亥革命前后，一些专门唱戏的茶园如怡园等逐渐演变成戏院。需要指出的是，即便是官方，对戏院这类演出场所的归类往往是不够明确的，因此在称呼上也多有歧义，如有"剧场""大舞台"以及"游乐场"等不同的名称。此外，一些戏院经营较为灵活，有时也会播放电影以招徕观众，② 当然，一些剧场戏院往往兼具祭祀、教化、娱乐和交往等社会功能。

辛亥革命期间，清廷为阻止起义军进攻汉口，竟下令士兵纵火烧市。顿时，自居仁门至大智门陷于一片火海之中，许多汉剧演出场所也难逃回禄之灾。辛亥革命后，汉剧爱好者张鉴堂来此投资购地，并于 1913 年建成以唱汉剧为主的"丹桂舞台"，这就是美成戏院的前身。后来，美成戏院几乎成了汉剧的代名词。不久，又增加后湖茶园、共和升平楼等 6 家类似茶园。"1912—1922 年间，汉口创设新式舞台和戏院 16 座。"③ 其中，建成于 1919 年的新市场（今民众乐园）是当时国内闻名遐迩的三大娱乐场所（另两所分别是"天津劝业场""上海新世界"）之一，是近代汉口娱乐文化繁荣的重要标志。这些新式戏院和舞台已具有明显的商业动机，不再按身份论资排辈，而是按金钱排座次，从而体现了近代戏剧活动以"理性"的经济利益目标代替传统的"伦理目标"的转变。④ 1936 年 7 月，以吴天保为首的"时代戏剧社"在新市场大舞台演出时，在经营管理上作了大胆改革，如不准茶房勒索小账，禁止小贩绕场叫卖，废除开锣垫戏等，受到了广大观众的欢迎。⑤

---

① 罗时汉：《武汉往事》，花城出版社 2012 年版，第 144 页。
② 任晓飞：《都市生活与文化记忆：近代汉口的公共娱乐空间与大众文化（1912—1949）》，华中师范大学 2012 年博士学位论文，第 58 页。
③ 《汉口忆旧》（第四辑），武汉市政协文史资料委员会 1989 年版，第 91 页。
④ 姚伟钧、傅才武、李爱国：《近代传统戏剧演进过程的经济学解读——以汉剧、楚剧等为例》，《华中师范大学学报（人文社会科学版）》2006 年第 4 期，第 119~120 页。
⑤ 《汉口忆旧》（第四辑），武汉市政协文史资料委员会 1989 年版，第 92 页。

1922—1937 年，汉口兴建或改造了各种戏院、剧场 22 座。不过，汉口专演汉剧的戏园并不多。"汉口近来专演汉剧之戏园只有满春、长乐二茶园。满春于今春聘余洪元为台柱，长乐则以吴天保等换演大轴，于新春中尚能日博满座。惟兵士看便宜戏者太多，戏园老板未免吃亏耳。"① 可见，1920 年代就有不少士兵看白戏。30 年代初，汉口的剧坛情况大致如下："汉口剧界，在十年前本极繁盛，后以各剧团之老板手段太辣，往往邀来之角儿，皆弄成不欢而散，所以略有办法之角，皆不愿来，所来者大多数为平庸之角，家家剧团俱弄成无声无臭……汉口剧界，散败如此。即有人肯出资来整顿，又怕军事战事等，所以汉口之剧界，在这二三年内，恐怕是绝对无希望了。"② 自 1931 年大水灾后，由于商帮的衰落和戏院内部的问题等，汉剧的颓势日益明显。

1938—1945 年的沦陷时期，汉口的娱乐业依然繁盛，戏曲演出场所有 10 家，共有座位数 9686 个。其中位于汉口三新街的长乐戏院，在 30 年代初就以行当齐全著称，荟萃于此的坤伶戴一鸣、万仙霞、张美英等俱属一流人选。③ 抗战胜利后，国内政局动荡，经济萧条，通货膨胀严重，"汉口娱乐业受到较大影响，但活跃的戏曲演出场所仍然保有 6 家，共有座位 7781 个"④。

当时，新市场的建成也曾引发一些人士对实业未振的担忧。他们认为，汉口是商业繁盛之地，而实业确不尽如人意，大多为洋人所举办，或者托于其名下。国人所创办的实业大都资本微弱且兴废无常。而茶馆、戏院等娱乐场所多有建立，又容易获得丰厚的利润。⑤

20 世纪 20 年代后期，一些剧场也试图对汉剧作一些改进，如民众乐园意图以"革命化民众化之艺术唤起一般被压迫阶级，灌输革命知识，同上光明大道"，因此，它对汉剧的改进设想如下："戏剧之妙，全在出奇，行头脚色均关重要，现正添置行头，加聘脚色，并疑于旧剧种种困难与妨碍之点，不能以歌舞方式描写尽致者，加入新剧连环表演之紧凑拍合联成一串，凡旧剧情节所缺者，于旧剧说明中以白话新剧弥补之、迎合观

---

① 夏晓东：《汉剧现状》，《戏剧月刊》1928 年第 1 卷第 10 期。
② 龙凤阁主：《汉口剧报》，《正气报》1931 年 8 月 7 日第 2 版。
③ 《汉口忆旧》（第三辑），武汉市政协文史资料委员会 1989 年版，第 130 页。
④ 任晓飞：《都市生活与文化记忆：近代汉口的公共娱乐空间与大众文化（1912—1949）》，华中师范大学 2012 年博士学位论文，第 58 页。
⑤ 武汉市文化局史志办公室：《武汉文化史料》（第 1 辑），内部发行，1983 年，第 90 页。

众之心理、提高艺术之价值，即所以促园务之发展也。"① 时人相信，只要"大加整顿，则汉剧驾乎他剧之上，可操左券"②。

20 世纪 30 年代中后期，一些戏院为招徕观众，在室内布置、演员服饰、舞台乐器以及角色班底等方面狠下功夫。如长乐戏院以复兴汉剧、服务社会以及辅助教育为宗旨，斥巨资聘名角组新班编新剧，当时被誉为"模范汉剧院"。"复兴汉剧之长乐戏院，今次之组织，比较去岁尤为健全，内部之设备，整洁美观，装潢富丽，布置具有美术化。近以推陈出新起见，特由苏沪定制全套新装，新锣鼓场面等件，费资极钜。"③ 此时长乐戏院聘用的汉剧坤伶有张美英、代一鸣、小牡丹花、谭碧云以及新牡丹等名角。"该院今番罗致演员之齐全，为武汉仅有者。"④ 对剧本的编排也不敢懈怠，长乐戏院专发"紧要启事"，盼望得到社会上关心汉剧者的支持和指导。"唯编排大要，对于旧时剧本，以纠正错讹摒除腐化为目标，而所编新剧，须含有革命性之兴趣，以资宣传。统希各界文豪，或关心汉剧者，时加指导……是为至盼。"⑤

此后，一些戏院开始设置机关布景和上演连台本戏。长乐戏院，"所排之应节戏《头本雷峰塔》，自开演以来，日卖满座……机关布景，奇幻玲珑，观之有令人身入其境之状。……全剧编排紧凑，布景新颖，更以演员齐全，各尽厥职，演来具见精彩，洵应节之佳剧也"⑥。新市场汉班，"近由汉上名编剧家某君，编排《水泊梁山》新戏，特聘绘画布景专家及木匠数人，制造特别奇巧玲珑机关灯彩布景甚多"⑦。武昌的娱乐业原本就不发达，"只有黄鹤楼下的汉兴、共和两个简陋的戏园，露演着汉戏，它们麻雀虽小，肝胆俱全，也不时排些《西游记》《薛刚闹花灯》玩玩机关把戏，仍然有不少的好奇观众，遭受它们的诱惑，形成武汉整个剧业的'机关本戏年'"⑧。"汉口方面之汉剧，常演新剧，布景当然合乎剧情。

---

① 武汉市文化局史志办公室：《武汉文化史料》（第 1 辑），内部发行，1983 年，第 104 页。
② 武汉市文化局史志办公室：《武汉文化史料》（第 1 辑），内部发行，1983 年，第 109 页。
③ 《长乐戏院今日开幕》，《罗宾汉报》1935 年 8 月 4 日第 2 版。
④ 《长乐戏院今日开幕》，《罗宾汉报》1935 年 8 月 4 日第 2 版。
⑤ 《长乐大戏院紧要启事》，《罗宾汉报》1935 年 8 月 26 日第 1 版。
⑥ 《谈长乐之〈雷峰塔〉——机关布景新奇美观》，《罗宾汉报》1935 年 6 月 10 日第 1 版。
⑦ 《姹紫嫣红：新市场平汉剧场大竞赛》，《罗宾汉报》1936 年 3 月 14 日第 2 版。
⑧ 东篱：《武汉戏剧业一瞥》，《十日戏剧》第一卷第二期（1937 年 2 月 27 日出版）。

在武昌方面，就大不相同，布景破烂不堪入目，如果是在作上马姿式，还是大厅布景，弄成室中走马之笑话。"① 由上可知，虽然同是添置机关布景，武昌戏院与汉口戏院在质量、具体布置上差别较大。

对剧院设置机关布景和上演连台本戏的现象，剧评人"危舟"提出了批评："近两年来，各戏园竟以所谓机关布景、连台本戏相号召，效法海派平剧，不遗余力，然既无雄厚资本，足致奇巧之布景，又以编戏乏人，任何本戏，场子松懈，穿插之无聊，情节之肉麻，词句之粗鄙，无所不至其极，观众肌肤起栗，伶人亦无所措手足，虽偶然骗人，亦非长远之策。"② 他甚至毫不留情地指出，这并不是汉剧的什么新路，而是汉剧的厄运！③ 作为医生兼报人的答恕之④也非常严厉地批评道，连台本戏的艺术甚为粗糙，"每个本戏都以未经导演，难臻精彩……演过以后不能再演，看过以后不能再看"⑤。

抗战胜利后，一些剧院为在激烈竞争中胜出，别出心裁地推陈出新，如美成戏院以革新汉剧为宗旨，抓住观众猎奇喜新心理，不仅借鉴电影手法、话剧作风，还辅之以新式机关布景、武打场面等。"其第一剧本，为清代史实侠义名剧《血滴子》。请由《民言报》编辑郭小枫编导，采取电影手法，话剧作风，技巧特出，别有心裁。全剧壮烈哀艳，恐怖惊奇；益以闵村社之布景机关，使用电流活动，当场变景，神速无比，并增聘武行，加强开打场面。现已排练纯熟，定于二十一日起晚场隆重上演云。"⑥ 参加这次演出的有玲牡丹、涂素云等10余名坤伶。

1946 年，汉口的娱乐场所主要有电影、歌厅、皮影戏、舞厅等。其中电影有维多利、胜利、明星等 8 家影院，歌厅有洵都、曼琳、凯旋等 7 家，皮影戏则有福海、群英、京汉等 6 家，舞厅有黄宫、碧露、天星等 4 家。剧院共计 8 家，其中汉剧 2 家、楚剧 3 家、平剧 1 家、综合性剧院 1 家、日本剧 1 家（表 2-1）。

---

① 周游神、侯齐天：《汉湘剧比较观》，《十日戏剧》第一卷第十八期（1938 年 2 月 12 日出版）。
② 危舟：《汉剧近况》，《十日戏剧》第一卷第五期（1937 年 3 月 29 日出版）。
③ 李恕基：《周贻白戏剧论文选》，湖南人民出版社 1982 年版，第 477 页。
④ 从 1932 年到 1948 年，答恕之在自设诊所的同时，先后间歇地办过《太阳灯》《汉口楚报》《戏世界》《汉口导报》四份报纸。通过办报，答恕之的社会地位大大提高，他通过参加新闻界的一些重大活动，结识了不少社会名流，并和著名艺术家梅兰芳、周信芳、余洪元等人交往。
⑤ 恕知：《我与吴天保》，《汉口导报》1947 年 4 月 17 日。
⑥ 晴：《美成今晚新献〈血滴子〉出笼》，《罗宾汉报》1949 年 3 月 21 日第 2 版。

表 2-1 1946 年汉口市剧院情况表①

名称	性质	座位	基本资金		负责人员					地址
			组织情形	金额（元）	姓名	性别	年龄	籍贯	出身	
长乐	汉剧	1600	合资	800000	陈春山	男	50	岳州	商	汉正街
黄金	汉剧	830	合资	100000	姚春阶	男	27	汉阳	商	汉正街
美成	楚剧	1200	独资	100000	王锡周	男	46	黄冈		清芬三路
天声	楚剧	884	独资	200000	杨淑贞	女	38	江苏		天声街
天仙	楚剧	1740	独资	300000	周应民	男	63	黄陂		天声街
前卫剧队	平剧	1527	六战区长官部		郑子陵	男	56	湖南	学	汉景街
民众乐园	各种剧	4500	合资	2600000	王学忠	男	38	河北	商	中山路
民主会馆	日本剧	450	合资	5000000	井口芳松	男	35	日	商	日侨集中区

1948 年 12 月，武昌徐家棚通俗剧场历演评剧、楚剧和文明戏，业绩不佳，为迎合观众的兴趣，转而演出汉剧，"特邀汉剧前往献演，顷已约妥'青年汉剧社'，演员计有严玉声、陈岫云、新化龙、红幼芳、王长寿、贺云鹏、刘桂来、筱明侠等，由乡间返汉之男女演员四十余人，前后台为拆账性质，合约暂定半年，定于二十日开幕云"②。由此可知，汉剧坤伶严玉声、陈岫云以及新化龙等参与其中。

在沙市的鄂西大舞台，座椅背后有一用来摆放瓜子、花生、茶杯等的长条木板。现场还有抛"把子"（即热毛巾）的人。上有马蹄形楼座，下面的场子后面靠墙处有用木栅栏围住的五六个座位，是维持秩序的警察和宪兵的专座。③

1923—1949 年，汉口各戏院之间竞争日益激烈。戏院经理人为在竞争中取胜，不惜采取各种各样的手段明争暗斗。如唱"对台戏"、争夺名

① 武汉市文化局史志办公室：《武汉文化史料》（第 4 辑），内部发行，1984 年，第 68 页。
② 英：《徐家棚有汉戏》，《罗宾汉报》1948 年 12 月 16 日第 2 版。
③ 李南俊：《启明斋随笔》（续集），黄石市文学艺术界联合会 2011 年版，第 180 页。

伶，更有甚者向政府告密或散布谣言中伤对手。① 戏院对当红汉剧坤伶的争夺也较引人注意。如 1948 年 8 月，"长乐""天声"以及"美成"三家戏院竞相争聘当红坤伶"玲牡丹"（即罗慧兰），一时闹得沸沸扬扬，被戏称为"三国夺宝"②。武昌的"共和"与"汉兴"可谓冤家对头，自成立以来几乎无日不在竞争之中。共和戏院自吴天保接办以来，邀请邓云凤、大和尚等名伶出演，营业较为可观，汉兴戏院眼红，于是以坤伶皇后万盏灯来挽救颓势，从此营业蒸蒸日上。在戏码上，也互不相让针锋相对，"最近中秋节的几天，两家为竞争计，你排《玉堂春》，我排《三堂会审》，二家戏码如出一辙，从不错讹，如此竞争，将来鹿死谁手，尚未可料哩"③。

此外，戏院和作为台柱的坤伶不能不考虑观众的需求。"任台柱的角儿，为什么要排演历时两三点钟的本戏，或一人来几出的好戏，这并不是唱戏者一定自己所乐为，乃是台下看客方面客观的一种要求，所以任台柱的主角儿，不能不顺从观众的意旨满足听客的要求，否则上座成绩，不免要打个七折八扣，甚至还要打个对折。"④

不过，汉剧戏院的整体环境仍不尽如人意，如座位狭窄易损坏衣物，布局不合理挡住视线，以及绕场叫卖争执小账等。"汉正街四家戏院（黄金、永乐、长乐、丹桂）当中，以长乐和黄金二戏院的座位最为窄狭，冬季穿多了衣服的看客，一时偶有不慎，恐怕就有撕破衣服事情发生。又该院特座计分福禄寿字三厢，除福字厢居中，看客不致受任何烦恼外，禄寿二厢分列两旁，离台口较远的观众，不但听不清楚，身体过矮的人视线，完全被几格站柱所阻挡，再者，往来如梭的一般叫卖糖果香烟者的声音，简直震动各个观众的耳膜，尤其是茶房争执小账，更令观众不胜其烦。"⑤ 另如满春戏院火灾后重建，不仅规模较小难与沪上新式舞台媲美，而且有火灾之虞。⑥

在特殊的社会环境下，一些军政要人或青洪帮骨干分子趁机将戏院控制在自己的手中。因此，戏院的兴衰往往与时势的变化或政界的变动休戚

---

① 任晓飞：《都市生活与文化记忆：近代汉口的公共娱乐空间与大众文化（1912—1949）》，华中师范大学 2012 年博士学位论文，第 201~202 页。

② 英：《玲牡丹成了活宝，三家戏院都在拉他去》，《罗宾汉报》1948 年 8 月 15 日。

③ 阿芹：《武昌的两家戏院：吴天保搭上老牡丹》，《罗宾汉报》1935 年 9 月 14 日第 2 版。

④ 文安：《名角与戏院应注意的事情》，《大楚报》1940 年 3 月 19 日第 5 版。

⑤ 悲我：《复兴汉剧声浪中：长乐戏院应该注意的三点》，《大楚报》1941 年 2 月 26 日第 3 版。

⑥ 夏晓东：《汉剧现状》，《戏剧月刊》1928 年第 1 卷第 10 期。

相关。此外，有些戏院成为首义伤兵的衣食之源。

> 武昌首义公园有舞台二所，一名共和，一名汉兴。共和与公园一
> 起建造；汉兴由临时舞台加盖瓦片，历时尚不满二年。汉兴由首义铁
> 血伤兵委员会租出。月仅收租金若干元。共和则为伤兵自理前台，与
> 后台老板拆账，月入不等也。前数年尚有衣箱一副，已朽败不堪，月
> 租仅一百元，该台出演之汉剧多租用之，近恐早已毁坏无余矣。我国
> 之首义勇士，今日藉此为活，言之亦大可怜也。①

1923—1949 年，武汉的社会治安堪忧。除了看白戏者外，戏院的正
常营业往往受到流氓地痞等强横者无休无止的滋扰，地方政府虽然多次发
文保护，但形同虚设收效甚微，以致新市场、美成以及新新等 10 多家演
出场所无奈之下联名悬赏请求保护。② 这说明演出场所受干扰具有普遍性
和经常性。在戏院自身难以得到有效的保障、戏院老板自顾不暇的情形
下，汉剧坤伶的人身和利益安全状况可想而知。

剧场戏院的收入从当时的报刊中亦可略窥一斑，"游艺业每逢节令其
收入必超过平时数倍，此为一种不可更易之定例"。1935 年正月初一、初
二两天，汉口法租界的天声舞台，共售洋 540 元左右，新市场新舞台共售
洋 700 余元，长乐汉剧戏班共售洋 1300 元左右。"仅以两天计，汉口一
隅，各游艺场、戏园、电影院综计收入一万六七千元……由是推算，其数
亦可惊人矣。"③

从时空分布来看，武汉市汉剧剧场具有阶段性特征：1899—1910 年，
汉剧剧场共有 8 所，主要集中在汉口，呈现分散分布。这一时期，汉剧剧
场从流动的"撂地为场"转变为位置固定的茶园，数量相对较少。
1911—1926 年，剧场数量达到 21 所，且在一定程度上呈现集聚分布，一
些茶园纷纷转变为专业戏院。这一时期，武汉经济也有了较大发展，汉剧
较为兴盛，影响日益扩大。1927—1945 年，共有 24 所剧场曾演出汉剧，
空间分布集聚特征显著。这一时期，大量汉剧坤伶被培养出来并活跃在舞
台上。1945 年 9 月至 1949 年，共有 12 所剧场曾经演出过汉剧。新中国成
立前夕，武汉市仅剩 5 家汉剧班社和剧场，且呈现离散分布。这一时期，

---

① 《戏世界》1933 年 10 月 17 日。
② 《戏世界》1933 年 10 月 17 日。
③ 惠民：《春节中各戏院收入概况》，《罗宾汉报》1935 年 2 月 7 日第 2 版。

由于战争、自然灾害以及国民政府的疏于安置等原因，武汉市的汉剧艺人和剧场数量显著下降。虽然自 1899—1949 年，汉剧剧场的分布中心依然在汉口，但总体迁移趋势是从汉口向长江方向偏移。① 这与 "武汉城市空间发展方向从沿汉水转成沿长江发展之势"② 大体一致。

汉口的开埠及随之而来的 "商强工弱" 的格局，使得当地的社会风习和人们的生活方式悄悄发生变化，总体趋势是休闲生活和休闲方式日益丰富，风气日渐靡然，"本埠情况日渐繁华，大有一日千里之势"③。春节过后，新市场、老圃等游乐场所大都拥挤不堪，游人络绎不绝摩肩接踵。同时，在西方生活方式的影响下，人们逐渐养成了周末休息的休闲习惯；电灯等照明设施的应用，也使得汉口的夜生活日益丰富起来，以上种种为汉剧演出的兴盛提供了极为有利的条件。④

20 世纪初期，汉口市的人口迅猛上升。1913 年，本地和外来流动人口已达 80 万。激增的人口为汉剧带来了大量的潜在观众。1912 年以前，戏曲消费群体主要局限于权贵、士绅等社会上层。中华民国成立后，武人专政，新型知识分子崛起，新思潮不断涌动，传统娱乐方式在湖北上层社会中的影响力日益消退。⑤ 因此，这一时期，汉剧的消费群体主要是由商人、工人及其家属等社会中下层构成。剧场戏院对观众的身份没有限制。一些媒体指出，湖北地方戏曲的消费者多是较有闲钱的商人和工人。⑥ 工人是戏剧消费的主力军。在节假日，汉口工厂作坊的工人纷纷购票观戏，因此，老圃游乐场的门票售出 1 万张左右，新市场的门票更是高达 2 万张。⑦ 此外，城市女性也是汉剧观众的一大来源，"在政府发起的戏剧义演中，其戏票除公开发售外，还向机关、各大商号、闻人派销。被派销对象的家属尤其是女眷亦是汉剧观众的一大来源"⑧。经历五四运动、国民大革命后，男女平等的观念逐渐得到社会越来越多人的认同。一些城市女性从家庭的禁锢中摆脱出来，走进以前只有男性出入的公共娱乐场所。在这些女性观众中，就有汉剧戏迷陈伯华母女的身影。

① 王红、丹晓飞、邓娅萍、段雨婕：《武汉市汉剧剧场的时空分布特征分析》，《地理信息世界》2021 年第 2 期，第 29~30 页。
② 李霞：《武汉当代城市空间拓展研究》，武汉大学 2013 年博士学位论文，第 56 页。
③ 《第三游戏场将出现》，《国民新报》1923 年 3 月 1 日。
④ 郑维维：《民国时期汉剧戏迷研究》，《历史教学》2015 年第 20 期，第 57 页。
⑤ 梁桂莲：《论民国时期的湖北汉剧》，《社会科学动态》2017 年第 8 期，第 102 页。
⑥ 《今后戏剧的动向》，《武汉日报》1947 年 3 月 5 日。
⑦ 《中秋节日之邀戏场》，《汉口中西报》1922 年 10 月 7 日。
⑧ 郑维维：《民国时期汉剧戏迷研究》，《历史教学》2015 年第 20 期，第 58 页。

　　汉剧观众主要来自社会中下层，他们大多文化程度不高，观戏以娱乐消遣为主，并不以欣赏艺术为重，甚至喜欢追求低级趣味的感官刺激。达官贵人富商巨贾往往因汉剧戏院的设备较为简陋而不肯进入。① 由于观众文化程度低缺乏对汉剧艺术的"解码"能力，一些戏院为追求利益而不得不推出一些低级趣味的剧本。"对于一些比较难懂的戏剧，抱定一种不闻不问的态度，将它置之脑后，而对于一些听得懂，看得清的戏剧，予以鼓励。"② 审美趣味如此的汉剧观众自然不能对坤伶提高表演艺术水平发挥督促鞭策作用。汉剧艺人登台演出大多只是为了养家糊口，没有崇高的艺术追求。"上演的剧目只以能够叫座为选择的依据。因此，戏剧舞台上充斥着凶杀、奸情一类诲淫诲盗的内容。戏院老板为了招徕观众，点演的花旦戏往往是一些低级趣味、打情骂俏的东西。"③

　　20 世纪初期，黄孝花鼓戏局限于租界，京剧和电影也未流行，但武汉商贸繁荣文化娱乐消费需求旺盛，汉剧因而得以在娱乐市场上占尽先机。与此同时，"四河归汉"，汉剧精英名角云集汉口，这就为汉剧的繁盛奠定了良好的人才基础。1926 年，楚剧正式定名。翌年 1 月，李之龙以中央人民俱乐部主任的身份，将李百川、陶古鹏等的天仙戏班从租界接到血花世界（今民众乐园）公演。④ 从此，楚剧取得了在汉口租界外的公共场所演出的合法地位。不过，好景不长，1928—1929 年，5 家楚剧戏园被查封，70 多名楚剧艺人被逮捕，69 个剧目被禁演，楚剧又被赶回租界。20 世纪 30 年代，随着官方对楚剧管制的松弛，在向京剧、汉剧等剧种学习的过程中，楚剧的表演艺术、化妆水平以及后台管理等方面有了较大的提升。与此同时，在日益膨胀的汉口市民中，来源于黄陂、孝感及周边地区的农民占据多数，他们在思想情感和审美趣味上更趋向于反映日常生活的楚剧。加上平民艺术思想风行，使得以公堂大戏取胜的汉剧在中下层观众中失去了较大的市场。与汉剧情形迥异的是，楚剧因其平民性和现实性深受广大市民的青睐。此外，1931 年大洪水后，遭受灾厄的商会组织再也无法发挥重要支撑作用，对汉剧的支持显著减少。⑤

　　20 世纪初期，在新思潮的洗礼下，狎优之风日渐式微，花业（娟妓行业）有所抬头。随着戏剧界改良运动的开展，汉剧伶人们的社会地位

① 夏晓东：《汉剧现状》，《戏剧月刊》1928 年第 1 卷第 10 期。
② 心军：《戏剧与观众》，《大楚报》1941 年 3 月 3 日第 3 版。
③ 孟保安：《汉剧大师陈伯华评传》，武汉出版社 2012 年版，第 87 页。
④ 徐明庭：《武汉竹枝词》，湖北人民出版社 1999 年版，第 237 页。
⑤ 梁桂莲：《论民国时期的湖北汉剧》，《社会科学动态》2017 年第 8 期，第 102 页。

有所提升，摒弃了许多有辱人格的陈规陋习，如"不开'公堂'，不接受有辱人格的'点戏'、'打彩'以及拜干爹干妈等"①。20 世纪 20 年代以来，随着汉剧坤伶的崛起，狎优活动再度在汉口风行。"汉口狎优方式主要是打茶围、出条子应堂差等。"② 毋庸置疑，这些方式浸染着狎妓之风的异变。

需要指出的是，民国时期的剧场是一个各种意识交汇、博弈的社会性空间，而不是一个简单的沉寂的容器。③ 因此，可以说，它既是一个借助舞台建构的虚幻性叙事空间，又是一个观众与演员共同构成的互动空间。作为知识话语与权力运作的具体场所，这些剧场在市场化条件下较为真实地反映了当时的主流意识形态、社会性别观念以及观众的审美情趣等。而这些既会对活跃在舞台上的汉剧坤伶又会对观众、社会风气产生潜移默化的影响。当然，其中必然包括对汉剧坤伶身体的规训。因为，"位于空间与权力的话语的真正核心处的，正是不能被简化还原、不可颠覆的身体"④。

第二节　社会黑恶势力的摧残

20 世纪 30 年代以来，在汉剧场域内，无坤伶不能组班，坤伶逐渐摆脱了弱势地位，占据了半壁江山，甚至出现了"阴盛阳衰"的局面。许多戏园争相聘请坤伶名角，以此招徕观众获得暴利，甚至出现两家戏园为争夺坤伶万盏灯而请律师打官司的地步。⑤

当时，虽然汉剧艺人们可以在舞台上栩栩如生地扮演帝王将相等各种人物，但是在现实世界中并没有逾越所处阶层的可能，只能过着如贱民般的生活。"而女演员被视为妓女般任人摧残，则还可能隐含着社会对她们在舞台上逾越'性别'藩篱的进一步'惩罚'。"⑥ 因此，坤伶虽然在汉剧场域内逐渐取得与男伶一较长短的相对平等的地位，但因其社会地位和社会性别，仍不免遭受歧视和摧残。汉剧艺人贾振南说："解放前女人唱

① 邓家琪等：《汉剧志》，中国戏剧出版社 1993 年版，第 8 页。
② 胡非玄：《近代汉口狎优之风及其对汉剧发展的影响》，《中国戏曲学院学报》2015 年第 2 期，第 59 页。
③ 陆扬：《空间批评的谱系》，《文艺争鸣》2016 年第 5 期，第 82 页。
④ Lefebvre H. *Reproduction of the Relations of Production*［M］. London：Allison and Busby，1978：89.
⑤ 郑维维：《社会史视角下的汉剧（1912—1949）》，人民出版社 2015 年版，第 206 页。
⑥ 厉震林：《中国优伶性别表演研究》，上海戏剧学院 2002 年博士学位论文，第 16 页。

戏就如同进入火坑。她们身份地位低，多受地痞流氓、同行等的轻视、欺负。生活条件差，男女艺人睡在简陋的通铺上。有些知名坤伶受欺负程度较深，解放后还有点神经兮兮的。"

　　坤伶应邀参加唱堂会，稍有差错就会挨打受罚。一次，震寰纱厂老板徐荣庭办 60 周岁寿辰，陈伯华等参加唱堂会。"第一出戏演完后，师姐新化凤不知怎的，发觉头面上有东西掉下来，因而晚了几分钟上场。她匆匆出得场去，主人便上前'叭叭'一两记耳光，打完后又当着大家的面大骂：'这是给你们唱戏的脸！就凭你们这些臭戏子，还想摆什么架子！'师父立即上前去解释求情，这才总算让师姐把戏唱下去。"①

　　汉剧坤伶一旦成名，受人瞩目，所遭受的摧残就更加深重。"艺人，特别是女戏子，不过是一些达官贵人和地痞流氓的玩物而已，一旦你成了名，他们个个都会像饿狼一样向你扑来，不是凌辱蹂躏，就是造谣诽谤，扰得你没有一天安宁日子过。许多初露头角的名伶，艺术上正在闪光的时候，就被黑暗的社会所吞噬。"② 坤伶黄大毛工媚善笑，嗓音甜润，容貌出众。当初，她因受到阻挠无法在汉剧舞台上演出，只好学习楚剧在汉口法租界登台。不料，警察局长汪以南垂涎她的美色，百般纠缠，遭到她的断然拒绝。汪以南便以女扮男装有伤风化的罪名将其投进监狱，企图威逼她就范。后汪以南调任外地，此事才得以平息。1933 年，黄大毛又被湖北督军肖耀南之子肖福成看上，被霸占为妾。后受其引诱吸食鸦片而英年早逝。黄小毛在舞台上红极一时，被武汉红帮头子看上并霸占为妾。周菊林扮相俊秀，举止端庄，步行到戏院时，"她总离不了一个女伴，听说她一个人走路的时候，偶遇着一个急色鬼向她调戏过，所以带人做伴免得有意外事情发生"③。

　　名伶花牡丹生于贫苦之家，幼年因水灾被卖于娼门。12 岁拜刘天香为师学习汉剧花旦，得其真传。1925 年，与七龄童等坤伶冲破禁锢登上汉剧舞台，在共和升平楼④首演《摘花戏主》，一炮打响，人称"小翠喜"再现。1926 年，国民革命军攻占武汉后，她身临前线阵地为北伐军将士演出。1927 年，被武汉观众评为第一批坤伶中的"三鼎甲"榜眼花旦。1931年，傅心一新编现代戏《男女义勇军》，由花牡丹主演，连演数十场，轰动

---

① 陈伯华、邓家琪、黄靖：《陈伯华舞台艺术》，上海文艺出版社 1988 年版，第 22 页。
② 陈伯华：《女演员的惊恐和受辱》，《武汉文史资料》1998 年第 4 期。
③ 《汉剧坤伶别纪·周菊林》，《罗宾汉报》1948 年 4 月 8 日第 2 版。
④ 1912 年，郑善之等将其在法租界玛尔纳得胜纪念街开设的东华园浴池改建为共和升平楼。

山城重庆。"七七"事变后，她积极为抗战募捐筹款和公演义演，并在抗战宣传中与洪湖籍著名坤伶万盏灯等结为"爱国艺人十姊妹"。后被迫嫁给一四川军阀为妾。1947年秋，花牡丹在忧愤交加中客死异乡。①

陈伯华在回忆中提及，"许多比我早成名的姐妹，她们不是被富人霸占，就是抵御不住黑势力的侵袭而沉沦……到我成名时，那些红极全省的姐妹们大都像流星般闪耀一时而陨落了。"② 她成名后，也遭受了各种各样的凌辱和迫害。一个黄色小报炮制了"富贵人爱牡丹花（陈伯华艺名小牡丹花）"的假新闻。更为惊险的是，一天晚上，陈伯华刚刚回到家里，戴笠的爪牙施博就带着一群流氓闯进来。③ 陈伯华虽然侥幸躲过一劫，但骚扰和迫害并未中止。当时，社会治安极其糟糕，在流氓地痞等横暴者面前，许多戏院老板的自身利益难以保全，只好通过悬赏来寻求保护。对于坤伶的利益和安全，他们自然无暇顾及。因此，在这种情势下，汉剧坤伶们时时刻刻面临着被黑恶势力所凌辱和吞噬的危险。

即便有官方的支持，但是汉剧坤伶受到的滋扰并未止息。1935年8月1日，汉剧训练班在汉口长乐戏院举办开学典礼。41名坤伶参加了训练，一些流氓地痞闻风而动企图一睹其芳容。"汉剧训练班，开学以后，各方极表示赞助，惟一般纨绔子弟，平日欲一睹坤角之颜色，未能尝如所愿者，大有人在；最近以训练班之成立，各坤伶每日必须上课，因是彼辈认为大好机会。"④ 于是，他们呼朋引伴三五成群，在长乐戏院门前徘徊窥探，甚至有人混入园内欲一饱眼福。有鉴于此，一些有良知的媒体呼吁对这些"行为卑污"者除加强防范外还要加以惩办以儆效尤，"派便衣探警，随时逡巡，以资保护。若遇有无赖之徒，或尾随坤伶，及有不正当行为者，一经查出，即拿获惩办，以儆效尤"⑤。

第三节　坤伶与捧角者

1923—1949年，许多戏院为提升知名度吸引观众，往往广邀名角演出。名角的加盟，不仅能够增加戏院的文化资本和知名度，而且能够聚集

①　荆州地区地方志编纂委员会：《荆州地区志》，红旗出版社1996年版，第867页。
②　陈伯华、邓家琪、黄靖：《陈伯华舞台艺术》，上海文艺出版社1988年版，第32页。
③　陈伯华、邓家琪、黄靖：《陈伯华舞台艺术》，上海文艺出版社1988年版，第32页。
④　《训练班花花絮絮 无赖子追逐坤伶》，《罗宾汉报》1935年8月9日第2版。
⑤　《训练班花花絮絮 无赖子追逐坤伶》，《罗宾汉报》1935年8月9日第2版。

旺盛的人气。观众在名角"晕轮效应"（一种影响人际知觉的因素）的作用下，对此戏院的实力以及戏剧演出的质量通常有着较高的评价，于是吸引了更多的观众前往观看。不过，观众观看戏剧演出往往不仅仅是欣赏表演艺术，同时更关注名角的一举一动一颦一笑，甚至他（她）们的私生活也成为街头巷尾热议的话题。对名角的追捧，成为观剧生活中屡见不鲜的现象。辻听花曾说："中国优伶，容貌秀丽、技艺精妙者，必有种种顾客，与之交际，或供钱财，或暗地保护，俗谓之捧角家。"①

不过，对名伶的追捧，在当时也被不少人视为"最无聊的举动"②。对汉剧坤伶的追捧，尤其会招致非议和诟病。汉剧坤伶有些出身于妓院，有些兼应堂差、出条子。"执笔评剧谈伶的人们，也多相沿成风，尽在字里行间，作轻贱汉剧坤伶的口吻，而一部分坤伶更不自振作，以烂得烂，便无形造成了这一种万恶习惯，这是多么可恨的一回事。"③ 因此，稍有身份地位者，都不敢提笔评论汉剧坤伶，以免被别人嘲笑别有用心。

由上可见，由于某些汉剧坤伶的出身以及不当行为，使得坤伶整体的文化资本和符号资本受到损害，剧评人多持轻贱她们的口吻并相沿成风，以致真心褒扬者因心存忌惮害怕被孤立而不敢提笔评论。在舆论场上，人们出于自我安全的考量往往会受到"从众效应"的影响。也就是说，当他们的意见属于少数时，他们往往保持沉默或者不愿意公开表达；而他们的意见与主流意见一致时，他们则乐于表达。④ 这样，贱视汉剧坤伶就在不知不觉中成为一种"主流"意见并越来越强势，褒扬坤伶的"另类"意见则会逐渐衰退。⑤ 再者，个体的感受和判断，大多并不是源于自身对实际现象的直接观察，而是来自媒体提供的信息。由于以上种种因素的叠加，当时的社会舆论在很大程度上给汉剧坤伶带来了不利的影响。

显然，在这种舆论环境中形成的汉剧坤伶形象是一种消极的社会"刻板印象"。"刻板印象"这一术语由沃尔特·李普曼首创，"它指的是人们对特定事物所特有的固定化、简单化的观念和印象，通常还伴随着对事物的价值判断和感情"⑥。由于一些汉剧坤伶行为不检点，导致人们对

---

① ［日］辻听花：《菊谱翻新调：百年前日本人眼中的中国戏曲》，浙江古籍出版社 2011 年版，第 96 页。
② 虹君：《捧戏子的检讨》，《大楚报》1940 年 8 月 12 日第 3 版。
③ 梦梅：《梦梅闲话·论汉剧坤伶之价值》，《罗宾汉报》1935 年 5 月 17 日第 3 版。
④ 邵培仁：《传播学》（第三版），高等教育出版社 2015 年版，第 390 页。
⑤ ［英］丹尼斯·麦奎尔著，崔保国、李昆译：《麦奎尔大众传播理论》，清华大学出版社 2006 年版，第 390 页。
⑥ 邵志芳、高旭辰：《社会认知》，上海人民出版社 2009 年版，第 98 页。

这一群体的消极刻板印象的产生。刻板印象一旦产生，又会对个体行为施加不同程度的影响。根据影响的不同，可分为同化效应（产生与刻板印象相一致的行为）与对比效应（产生与刻板印象不一致的行为）。不过，大量的事实表明，"刻板印象"的激活会使同化效应得以产生。① 消极的社会刻板印象产生后，部分坤伶受此影响，更是破罐子破摔，"不自振作，以烂得烂"。显然，这就是刻板印象激活后的同化效应。

虽然如此，也有一些理性的声音，如"虹君""影呆"等认为，捧角不能怀有特殊目的或仅凭个人感情等，甚至不问伶人的人品道艺而胡乱吹捧。那怎样做才算真正的捧角呢？首先，要站在鉴赏艺术的立场上，要以鉴赏艺术为动机，以提携新人为任务。捧角要适宜适度。只要做到以艺术为前提，才是真正的捧角。② 其次，捧角既要褒扬其长，又要指出其短促其纠正。"谈到捧戏子，不见得只说某戏子的戏是如何如何的好，照理说，捧戏子者应择取其长加以称道，同时更应检出其短，加以纠正。"③一般捧角者的误区是"只褒不贬"或褒扬过度，这对于汉剧伶人的成长来说自然是不利的。

汉剧坤伶的捧角者大致有以下三种类型：真正欣赏坤伶才艺者，坤伶的老板或者友人，动机不良的捧角者。第一种类型的捧角者，有的对坤伶名角有着较为浓厚的崇拜色彩，甘愿为之奔走效劳默默付出。陈伯华在乃园演出时，水果摊摊主李玉山是她的忠实戏迷，每天提一袋水果送到后台给她。后来，李玉山甚至愿意无偿给她当跟班保护她。有的则既有褒扬爱护又有指点鞭策。白玉峰的得意弟子汉剧坤伶程少轩，虽然"貌既不扬，容复简陋"，但是她肯下功夫，嗓音高亮，不循绳墨，因此自从在新市场三楼登台演出以来，声誉日隆，几乎可与名伶严玉声分庭抗礼。她年纪尚轻，如果能够虚心请教，其前途就不可限量。④ 名伶万盏灯颇受戏迷票友的追捧，"除演一出《柳二姐赶会》杰作，并顺应汉声剧社全体票友之请，与剧学家李一枫合串《白门楼》全部。自此项消息传出后，武汉女士多向答恕之、李一枫询问，甚有托答李二氏先期代为定座者。足见万盏灯之声誉，蒸蒸日上，届时必受观众欢迎"⑤。有坤伶回忆，九龄童嗓音清亮，能戏甚多，捧者也较多。一天，在新汉剧场唱《哭祖庙》时，突

<hr>

① 邵志芳、高旭辰：《社会认知》，上海人民出版社 2009 年版，第 98 页。
② 影呆：《再谈捧角》，《大楚报》1940 年 8 月 15 日第 3 版。
③ 虹君：《捧戏子的检讨》，《大楚报》1940 年 8 月 12 日第 3 版。
④ 剑琴：《再评程少轩》，《罗宾汉报》1935 年 8 月 1 日第 3 版。
⑤ 逸：《万盏灯三出小生戏》，《罗宾汉报》1935 年 9 月 3 日第 2 版。

然晕倒，散场后捧角者甚为关切不忍离开。

　　第二种类型的捧角者亦不乏其人。小牡丹花与多位汉剧名角同台演出并得到他们的指点后，表演艺术突飞猛进，并因其朝气蓬勃而身价倍增。"大家认为奇货可居，都争相罗致。长乐戏院的老板甘愿为我们还清债务，并邀我前去演出。情况显然对我有利，我开始稍稍有了点讨价还价的余地，家里困顿的生活也稍有改善和转机。"① 另有友人敏皆对万盏灯的褒扬："工花衫者，除男角董瑶阶（老牡丹花），已适人之黄大毛外，当推万盏灯为首席，做能状喜忧哀乐，惟妙惟肖；唱则字正腔圆，如珠走盘。"②

　　第三种类型的捧角者为数众多，动机较为复杂。有的为坤伶之色所倾倒，如程少秋嗓音、技艺都欠佳，但因容貌出众也颇受追捧，"门面生得漂亮，一对的酒窝，令人陶醉，身材是修短合度，既没有张美英那样肥胖，又不是万盏灯那样消瘦，更不像干瘪身材的刘金凤，无论上装下装，都很美丽美观，可惜嗓音不佳，稍微长一点的双工戏，即不能应工，只能表演风骚做工戏而已，号召魔力特别强大，许多观众，抱着醉翁之意。武汉沦陷时，出演各院，风头几不可一世，而每夕捧场者，大有人在"③。有的捧角者是坤伶的"干爹"或"干哥哥"，他们在捧角时更是竭尽全力，不仅在坤伶登台前大造声势，而且亲临戏院鼓掌叫好。如红艳琴初次登台时，舞台门前车水马龙热闹非凡，干爹干哥几乎占了百分之七八十。在这样的追捧浪潮中，很多坤伶一炮走红声名鹊起。但是，这些捧角的"干爹""干哥哥"真正懂戏者少而重色者多。④ "那一些骚胡子，自己觉得有面子。坤角未登台之先，要干爹做衣服、行头；登台三天，要每日在戏园中捧场。……然而坤角有某件事不能维持，那一些干爹必定要想天设地要办到的，所以坤伶干爹越多，他的声名愈大，这就是坤伶要拜干爹的益处了。"⑤ 其实，这"干爹""干哥哥"并不好当，也有出力出钱而受委屈的时候。1947年，汉剧公会改组，对那些专以拜干爹为能事而不常登台的坤伶的入会登记作了限制，以免其玷辱整个汉剧。

　　还有的出于占有、玩弄之心，往往不惜用巨款购买服装、戏具等以讨好和引诱坤伶。"殊如近年中剧界，此种野心的捧角家颇占多数，对于坤

---

① 陈伯华、邓家琪、黄靖：《陈伯华舞台艺术》，上海文艺出版社1988年版，第37页。
② 敏皆：《论汉班花衫》，《罗宾汉报》1935年6月7日第3版。
③ 英杰：《汉剧坤伶别纪·程少秋》，《罗宾汉报》1948年5月28日第2版。
④ 胡非玄：《近代汉口狎优之风及其对汉剧发展的影响》，《中国戏曲学院学报》2010年第2期，第61页。
⑤ 国琛：《汉剧坤伶黑幕记》，《罗宾汉报》1935年6月29日第3版。

角或童伶甘言诱惑，买其欢心，以谋遂其一种私欲。一般捧角家中，为遂其野心起见，且有时购戏衣、戏具，或种种什器，以供优伶之使用。至酒肉之征逐，莫日无之。坤角、童伶倘顾目前之利益，堕入彀中，则种种毒害次第发生，久之技艺退步，名誉坠落。业优者不可不注意也"①。在这些有野心的捧角者的引诱下，一些坤伶惑于眼前利益落入其圈套之中，最后技艺衰退名誉败坏以致不可收拾。

在戏院剧场中，捧角者往往"前排包厢坐，巴掌挥拍破，媚眼飞得好"②。台上的汉剧坤伶也大多自有一套扒住"捧客"的手段，媚态十足令人心旌摇曳。花艳秋"扮相颇秀丽，嗓音亦铺堂，演风骚戏很对工，饰贵妇则失掉端庄，去小家碧玉，又不和身段，只是坤伶花衫中一个中驷之材。战前在汉不能出人头地，只好跑乡班，沦陷后始渐露头角，因其在台上有骚劲，捧场者大有人在"③。有的坤伶演唱时，"做出脉脉含情的样子，实在够人受，哪怕你是柳下惠再世，恐怕也不能不心旌摇摇，于是把台下的一些骚胡子，乐得手之舞之，足之蹈之"④。

此外，一些剧评人在报刊上发文力捧所青睐的坤伶，如国琏、宋琴樵、慕耘、齐天大圣对戴一鸣称赞有加；墨耕旧主、齐天大圣对杨小芳赞不绝口；齐天大圣、梦梅等则力挺严玉声，"新市场新舞台汉剧班，自前度改组后，人位上大有更动，三生尹春保，贴角牡丹花，先后辞卸，所遗生贴二行，由严玉声及小牡丹花二人顶替。花娘之艺，久已脍炙人口，固勿待言；玉声虽属新进，但其造诣火候，实非侪辈望尘能及。自承乏以来，颇为一般顾曲周郎所欣赏，允为杰出人材，因之声誉鹊起，倚为台柱，新舞台中流砥柱，舍玉声又将谁属与"⑤。齐天大圣对花芙蓉也多有赞许："扮相端庄，台步俏曼……无微不至，'玲珑娇小'堪以誉之。"⑥藏云阁主称赞杨寿岩"扮相甚好，雍容华贵，可称独步""嗓音甜润"⑦；称赞吴惠英"颇有是处"⑧、嗓音高亮等。也有对谭碧云大为赞扬的："天成玉质，绰约多姿，轻匀脂粉，宛若仙子。幼习剧，颇著成绩，长而

① ［日］辻听花：《菊谱翻新调：百年前日本人眼中的中国戏曲》，浙江古籍出版社2011年版，第97页。
② 雷：《捧客》，《汉口导报》1948年4月15日。
③ 英：《花艳秋媚敌吃炸弹》，《罗宾汉报》1948年7月1日第2版。
④ 花神：《花灯拾零》，《罗宾汉报》1935年2月22日第1版。
⑤ 《严玉声——新舞台台柱之一》，《罗宾汉报》1935年4月30日第3版。
⑥ 齐天大圣：《长乐归来记诸伶》，《罗宾汉报》1935年6月14日第3版。
⑦ 藏云阁主：《汉剧坤伶识小（续）》，《戏世界》1935年7月10日第4版。
⑧ 藏云阁主：《汉剧坤伶识小（续）》，《戏世界》1935年7月11日第4版。

出演川、宜各地，颇为一般顾曲周郎所倾倒。艺习八贴，乐而不淫，俗无伤雅，初写黄庭恰到好处矣。"① 为略窥当时剧评人对坤伶追捧的实际情形，现将所涉及的部分篇目制成下表（表2-2）。

表2-2　　　　　　　　**部分坤伶、剧评人及其捧角文章篇目**

坤伶	剧评人	捧角文章题目	备　注
戴一鸣	国琏	《戴一鸣声震黄石港》	艺名代一鸣
	慕耘	《我对于汉剧几位坤伶》	
	陶	《志代一鸣》	
	齐天大圣	《长乐归来记诸伶》	
		《代一鸣勉旃》	
严玉声	齐天大圣	《记严玉声之〈斩宗保〉》	
		《长乐归来记诸伶》	
		《谈严玉声之再不能　四十九个以少胜多》	
		《新市场：汉剧伶人点将录》	
		《新市场一夕记》	
		《听歌拾零》	
		《述〈法门寺〉勉严玉声》	
	无名氏	《严玉声——新舞台台柱之一》	
	晴川阁主	《新市场汉剧玲歌杂记》	
	梦梅	《汉剧赈灾第二夕》	
	花神	《花灯拾零——刘玉楼、严玉声、新牡丹花各展所长》	
杨小芳	墨耕旧主	《谈杨小芳》	
		《汉剧伶人品咏》	
		《谈汉剧武旦》	
	代理一发盒	《多材多艺之杨小芳》	
	暮筠	《王春凤怕杨小芳》	
	齐天大圣	《有望于杨筱芳者》	

① 《谭碧云出演武昌共和》，《罗宾汉报》1935年5月2日第3版。

续表

坤伶	剧评人	捧角文章题目	备　注
陈佩珍	惠民	《小牡丹花小传》	艺名筱牡丹花（时人常简写为"小牡丹花"）
	神	《志小牡丹花》	
	齐天大圣	《替筱牡丹花鸣不平》	
	晴川阁主	《为筱牡丹花鸣致游神先生》	
		《小牡丹花〈别姬〉赞》	
	鹤琴	《霸王虞姬活跃人间》	
	千里草	《陈佩珍本是杰才》	
	无名氏	《小牡丹花虞姬独守》	
	如是我闻	《谈筱牡丹花之〈霸王别姬〉》	
	王非民	《观筱牡丹花之〈四郎探母〉》	
	一发盦	《牡丹怒放〈百花亭〉》	
	无名氏	《小牡丹花珠喉宛转出谷黄莺》	
	敏皆	《论汉班花衫》	
刘金凤	东海鲲生	《志刘金凤》	
	英	《汉剧坤伶点将录·刘金凤》	
	梅	《汉剧赈灾第二夕》	
夏金凤	齐天大圣	《谈谈汉戏坤伶》	艺名花小侠
	梅	《溽暑两日征歌录》	
	英	《汉剧坤伶别纪·花小侠被称"女周天栋"》	
夏金凤	梦梅	《再谈花小侠》	艺名花小侠
		《高材花小侠》	
		《汉兴戏园角色点将录》	
		《花小侠宜改习平剧》	
		《武汉京汉角色点将》	
		《论花小侠、花芙蓉改平剧》	
胡彩珍	齐天大圣	《听歌拾零》	艺名红艳琴
		《新市场：汉剧伶人点将录》	
	藏云阁主	《汉剧坤伶识小（一）》	

续表

坤伶	剧评人	捧角文章题目	备　注
胡秋朋	影南	《新市场·汉剧两坤伶盖鑫培红艳蝉登台记》	艺名盖鑫培
	无名氏	《汉剧坤伶别纪·盖鑫培》	
	姓乔	《汉剧伶工小识·盖鑫培》	
李芙蓉	齐天大圣	《长乐归来记诸伶》	艺名花芙蓉
	晴川	《记共和归来》	
刘金屏	无名氏	《观刘金屏之〈游花园〉》	
	姓乔	《汉剧伶工小识·刘金屏》	
	江	《汉剧皇后昨日选出》	
汪凤英	逸	《万盏灯三出小生戏》	艺名万盏灯
	捧同	《岁末寒冬话花衫 万盏灯是后起之秀》	
	英杰	《汉剧坤伶别纪·万盏灯》	
	敏皆	《论汉班花衫》	
	梅	《汉剧赈灾第一夕》	
	慕耘	《我对于汉剧几位坤伶》	
	干哥	《万盏灯以干爹比狗》	
胡彩凤	陶	《志红艳芳》	艺名红艳芳
	东海鲻生	《〈打灶神〉之扮演者》	
	游神	《汉剧坤伶比较观》	
	无名氏	《汉剧坤伶别纪·红艳芳》	
	无名氏	《谈红艳芳》	
张美英	陶	《志张美英》	
	耿人情	《张美英一大一小》	
	英杰	《汉剧坤伶别纪·张美英》	

不过，需要指出的是，自清末到 1921 年间，由于男女间固有的习俗，捧角者与坤伶之间大多无直接交流。捧角者多用诗词来赞美之。坤伶因大多识字较少，对诗词作品往往不解其意。因此，以诗文捧角往往吃力不讨好。受文化水平的局限，坤伶往往更乐于接受现场鼓掌叫好的追捧方式。20 世纪 20 年代以来，以金钱为支撑的捧角方式逐渐流行起来。"女伶最受实惠，又不张扬者，厥为金钱运动，几种金钱运动之捧场法，多行之于

达官贵人。"① 一些捧角者垂涎坤伶之美色，也有坤伶贪图名利而与捧角者虚与委蛇关系暧昧。这种互相利用的关系在当时较为普遍。因坤伶的捧角者往往不止一个，因此常常发生一些争风吃醋的事情。如捧角者陈小穆，因与坤伶翠红关系非同一般，引起别人眼红，"警所拘陈至乱棒之下，几断其胫，且即日被逐出境"。②

有的评论者认为，虽然评论和捧角曾经掀起了一些风波，但是伶人还是需要捧的。因为只有捧角，才能激发伶人对艺术的热忱进而积极追求艺术。因此，不能将捧角一概归于对坤伶心怀不轨。"尝闻古今名人，十分之十是捧出来的，即人捧人是也，人不受捧，不免有狗子坐轿子之讥，所以言评论含有捧角之意，事之所必然。但想从此说捧角有怀念'伊人'之概，则不敢言赞同，且不问旁人若何。"③ 当然，伶人也不能因受捧而自高自大得意忘形。

捧角的具体形式，主要有以下几种：戏捧伶人，伶人捧伶人，观众捧伶人。其中，观众之捧最为有力。如果没有观众，最好的戏也无法捧伶人。一个伶人如果未得观众之捧，自然无法成为名伶，其也就无法捧红另一伶人。最理想的情形是伶人之间相互配合相得益彰。"常言道：牡丹虽好，还须绿叶衬托，假使所衬托的不是绿叶，而是黄叶，那么牡丹虽好也不好；反之，虽有绿叶扶持，而衬托的不是牡丹，结果绿叶虽好也不好。"④

此外，要做好捧角的工作，不仅要有钱有闲，还要有耐心和"拍"功等技术条件，《汉口导报》曾将之归结为以下七条：

成为一个优秀出色的捧角家，是一件不很容易的事，他最低限度具备下列条件：（一）有若干金圆，点戏若干打之精神。（二）荷包应每日均塞满钞票，以备不时之需……所以能具有"钞票印刷公司"老板的身份为最佳。（三）要清闲得有亲自检查白米饭内的稗子多少的时间，戏茶厅京戏馆有什么好角好戏逢场必到。（四）到则必鼓掌怪声叫好，盖过其他的声音，邻座的人对你歧视，大可置若罔闻。（五）需要有一套施展于上司面前的"拍"功，永远追随于各坤伶之后。一下戏立刻赶入后台侍奉左右，躬自递手巾或为之着外衣等。（六）随时准备接受呵责也准备接受迷雾，好的耐心是必要的，尤其

① 《捧场者今昔观》，《汉口导报》1948年10月9日。
② 《捧场者今昔观》，《汉口导报》1948年10月8日。
③ 张成：《我的捧角观》，《大楚报》1940年11月3日第3版。
④ 张成：《我的捧角观》，《大楚报》1940年11月3日第3版。

是对于女性的角儿们。（七）其他应具备潘安之貌，跑腿技术等条件，则均是次要的了。①

　　显然，形形色色的捧角者与汉剧坤伶之间是凝视与被凝视的关系。这里的凝视不只是一般意义上的观看，其中蕴涵着凝视者与被凝视者在心理上的高下之别。也就是说，凝视者与被凝视者之间是不平等的，这种不平等无声无息地渗透在凝视的过程之中。当然，这种凝视又往往与性别、阶层、民族等掺杂在一起。处于相对弱势地位的人往往会在这一"凝视"的重压下变得卑微。从这个角度而言，舞台上的汉剧坤伶就是处在社会性别秩序等构成的"全景敞视监狱"内被凝视的囚禁者，而形形色色的捧角者则是高高在上的凝视者。捧角者通过"凝视"建构起自身的主体身份，而汉剧坤伶就会在被"凝视"的过程中受到身体和心理上的"规训"，从而接受和内化捧角者的价值判断和主观欲求。在此过程中，汉剧坤伶的身体就成为形形色色的男性捧角者视觉消费的对象，成为满足他们猎奇心理并产生感官快感的来源。② 在受到形形色色捧角者"凝视"的规训后，汉剧坤伶不知不觉地接受并内化这种"重色轻艺"的评价机制，并在舞台上竭力迎合着浸染着男权色彩的审美趣味，以利于在汉剧场域内外的博弈中取得更为有利的地位。正如约翰·伯格所言："男人观看女人，女人观看自己被观看。这不仅决定了绝大多数男人和女人的关系，而且规定了女人和她们自己的关系。"③

第四节　政府的规训和坤伶的反规训

　　中国传统戏曲活动，随着宗法专制的日益强化和正统文化的日趋保守，受到了通过法律、政令以及族规乡约等连接起来的高管制网络的钳制和打压。有清一代，地方政府对民间娱乐活动的钳制之严厉超过此前任何朝代。民国初年，政府寓"管"于"禁"，对于戏曲演出和娱乐场所主要是进行治安管理。因此，对于汉口的戏院剧场，主要是以警察厅为主，管理其治安，而以教育局为辅，管理其伶人和戏曲审查等。1927 年，又增

---

①　《捧角者须知》，《汉口导报》1948 年 9 月 8 日。
②　吴颖：《"看"与"被看"的女性——论影视凝视的性别意识及女性主义表达的困境》，《浙江社会科学》2012 年第 5 期，第 145 页。
③　John Berger. *Ways of Seeing* [M]. Penguin Books，1972：47.

加了社会局，主要管理各戏院剧场的登记注册并监督其经营运行等。①
1928 年汉口市戏剧审查委员会、1932 年武汉市戏剧审查委员会的相继成
立，意味着地方政府对文化娱乐业的管理由"以禁为管"的封堵型管理
模式向以"内容审查"为特点的许可证管理模式转变。②

"规训"是福柯的微观权力理论的核心。西方语境中的规训蕴含着教
育、纪律以及训练等诸种涵义。在福柯那里，规训是一种既干预肉体又制
造知识的权力技术。③ 就其本质而言，规训就是一种对人的身体进行精心
操控的技术，使个体在"做什么"和"怎么做"等方面都符合某种期望。
它所蕴含的各种各样的程序、技术等确保了权力无声无息无孔不入的渗
透。1923—1949 年，地方政府主要通过戏剧审查委员会来实施对包括坤
伶在内的汉剧艺人的规训，如强制登记、组织训练以及思想灌输等。一些
媒体也介入这种规训之中。当然，汉剧坤伶对这些规训也做出了自己的回
应，无论这种回应是主动的还是被动的。

国民大革命时期，汉剧等地方戏曲在教化公众、发动社会力量方面的
作用引起了国民政府的重视。于是，地方当局对汉剧伶人的掌控和规训日
益强化。最初，只是由警察拘捕"淫伶"、查处违禁演出等，后来，发展
到强制演员登记、进行剧本审查和开班训练演员。这些工作主要是由戏剧
审查委员会来完成的。1928 年，汉口市戏剧审查委员会成立，以"监督
演员，改良戏剧"为宗旨。它对一些剧目和演出场所进行了审查，翌年
被解散。1932 年，武汉市戏剧审查委员会成立，它是一种没有执法权的
临时性机构，相关事宜的执法行为只能经由汉口市政府转交公安局实施。
1934 年 8 月底，武汉市戏剧审查委员会宣布解散。不久，又成立了汉口
市戏剧审查委员会。"1937 年抗日战争爆发后，戏剧审查委员会停止工
作。"④ 戏剧审查委员会主要开展了以下工作：

一是按照官方意识形态审查剧本，发布禁演剧目清单。1932 年 11
月，公布 78 出禁演剧目，其中汉剧剧目 25 出。按照规定，无论楚剧还是

---

① 傅才武：《近代化进程中的汉口文化娱乐业（1861—1949）》，湖北教育出版社 2005 年
版，第 226~227 页。
② 傅才武：《近代化进程中的汉口文化娱乐业（1861—1949）》，湖北教育出版社 2005 年
版，第 213 页。
③ ［法］福柯：《规训与惩罚：监狱的诞生》，刘北城、杨远婴译，生活·读书·新知三联
书店 2003 年版，第 193 页。
④ 《中国戏曲志》编辑委员会：《中国戏曲志·湖北卷》，文化艺术出版社 1993 年版，第
444 页。

汉剧剧目，如被禁止演出，其他剧种也不得公开演出。① 1933 年 3 月，对于"诲淫诲盗、有伤风化、迷信神权"的京剧、汉剧和楚剧剧目共计 78 出加以禁演，其中汉剧 23 出，同时解禁 29 出。所有上演剧目须先送交戏剧审查委员会审查，合格后颁发准演证。如果违背，就会加以取缔。② 1933 年 6 月，为招揽观众，美成大舞台阳奉阴违，特印制两种戏单，无禁戏的戏单用于送审，有禁戏的戏单则发给观众。此事败露后，"武汉市戏剧审查委员会遂以'蒙混当局罪'，呈请市政府转令公安局予以查封"③。1934 年 3 月，对不遵守规则的天声舞台，由市公安局予以严办。1935 年，重订禁演剧目 64 出，其中汉剧 18 出，同时又对《收痨虫》《瞎子闹店》两出加禁。④

二是强令所有演员必须登记。按照规定，汉剧、京剧、楚剧等各剧种演员必须定期到武汉市戏剧审查委员会登记。1934 年 8 月，武汉市戏剧审查委员会发出通告，要求各家剧院及时告知那些到期而未登记的演员，务必在 9 月 1 日前办理相关登记手续。⑤

三是大力宣扬儒家正统思想，严禁淫词靡曲。1934 年 6 月 20 日，武汉市戏剧审查委员会奉南昌行营之训令，约 400 名演员（包括京剧、汉剧、楚剧等艺人）召集到汉口的光明影戏院，请省党部委员刘鸣皋等予以训诫。其目的在于，"淫词靡曲影响风化至巨，亟应严加诘诚，俾纳正轨"⑥。而对于缺席者，也采取了相应的惩罚措施，"剧审会对于新市场未到会演员，如碧艳芳、长乐舞台徐碧云等，将予以相当处置"⑦。

四是开展演员训练工作。自 1934 年 11 月至 1935 年 8 月，创办演员训练班四期，其中有 123 名汉剧艺人参加训练。1935 年初，颁布以下禁令："（1）凡未经受训之演员，一律不准在汉受聘演戏。（2）各戏院如擅自聘请未受训之演员演戏者，一经查出，即予封闭之处分。（3）以上两项办法自廿四年（1935）一月一日起实行。"⑧

① 《汉口市戏剧审查委员会第一次审定禁演戏目（新七十八出）》，1932 年 11 月，湖北省档案馆 LS1-6-5645。
② 《武汉日报》1934 年 8 月 18 日。
③ 傅才武：《近代化进程中的汉口文化娱乐业（1861—1949）》，湖北教育出版社 2005 年版，第 224 页。
④ 《罗宾汉报》1935 年 5 月 26 日第 1 版。
⑤ 《汉市剧审会限期演员登记》，《武汉日报》1934 年 8 月 18 日。
⑥ 《武汉剧审会召集演员训话》，《武汉日报》1934 年 6 月 20 日第 1 版。
⑦ 《剧审会召集演员谈话 缺席者将予以惩处》，《武汉日报》1934 年 6 月 21 日第 3 版。
⑧ 《武汉日报》1935 年 1 月 16 日。

1935 年 6 月，汉剧演员训练班主任罗怡庵，以本届训练班学生杨香亭等，自受训以来，或品行恶劣或旷课较多，呈准汉口市戏剧审查委员会，不予颁发证明书，不准其受聘演出。此外，对于未受训练的 23 名演员也作如此处理。这 23 名演员姓名如下：陈立奎、黄桂生、杨砚香、陈月芳、汪砚侠、陈仙桃、陈翠南、李梅卿、冷仙卿、方云侠、杜保卿、汪炳辉、周小茂、林幼山、韩君玉、朱朝云、彭玉昆、郑清明、叶志楼、萧幼山、江伶童、王云山、汪粹侠。①

1935 年 8 月 1 日，汉剧训练班在长乐戏院隆重举行办开学典礼。"乾坤演员俱按时到齐，分两边列座，庶免男女混杂一处。"市长吴国桢致训词："此次训练班之设，即系汉剧伶人立身之基础，从此可提高人权，走入光明之道，而个人之艺术与人格，俱有相当之裨益。"训练班主任胡摩尼阐明训练之宗旨并颁布奖惩条例，对在训练期间不遵守规章态度恶劣的伶人，进行严肃处理，不仅开除学籍而且禁止演出，"学员梅斌标，于本班举行开学典礼之际，竟衣履不整，行为粗暴，当经加以纠正。尤复出言不逊，藐视规章，殊属不堪造就，除开革学籍外，并呈请戏剧审查委员会，通令各戏院，不得延聘出演，以儆刁顽，合亟牌示周知，此布"②。

需要提及的是，为了避免在开学典礼之时汉剧坤伶直呼某些莅会的权贵为干爹有失体统，训练班主任胡摩尼未雨绸缪地作了相应的安排，决定提前一天对她们进行训导。"第汉伶之坤角，对于有势力之人，喜以'干爹'相呼，一方示人以阔，一方可得有势力者之助，胡摩尼以坤伶如此，自贬太甚，倘市长莅止之日，一二不识时务之坤伶，于尊严之礼堂，蘧尔以'干爹'向参加典礼者呼之，不将要闹笑话，而遭吴市长之不满，故行开学典礼之前一日，先行召集，训导一次，设策预谋，可谓周矣。"③

汉剧训练班结束后，65 名演员包括坤伶张美英等获得毕业证书。而小牡丹花、戴一鸣等坤伶因编排剧本而旷课只获得修业证书，不过也获准演出。"汉口戏剧审查委员会所主办之汉剧演员训练班，自开始训练以来，对演员应有学识之灌输、个人品行之矫正及身体健康之训练等，极力策进，颇著成效。闻该班现已结束，并经举行毕业典礼在案。关于及格与不及格之演员，业由该会评定就绪，送请核准备案。计及格演员有徐继声、吴天保、张美英、张春棠等六十五名，不及格者有王文斌、戴一鸣、小牡丹花

①　雯伯：《武汉汉剧训练学校呈请剧审会处罚未受训演员》，《戏世界》1935 年 6 月 23 日第 2 版。

②　《汉剧训练班开除梅斌标之牌示》，《罗宾汉报》1935 年 8 月 7 日第 3 版。

③　汉军：《梨园外史·啼笑皆非之汉剧训练班》，《社会日报》1935 年 9 月 5 日第 3 版。

等二十一名。凡及格者，发给毕业证书，凡不及格者，发给修业证书，均准开演。"①

1935 年 10 月，著名剧评人"齐天"在《罗宾汉报》上刊文呼吁："再望戏审会诸公，密密侦查，有坤伶卖淫者，仅可令其改业，不准寄足梨园，使一般'借招牌卖酒'，有所警惕而上轨道"②，以免汉剧"永堕不拔之境"。10 月 9 日，有关部门迅速采取措施，对一些坤伶"行为不检，应局侑酒"的现象加以取缔，并警告若再犯将取消演员资格。③ 虽然戏剧审查委员会对处罚行为不检的坤伶较为积极，但是一般坤伶依然是"争以色相示人，毫不研究艺术，卖身卖艺者流，蜂拥而起"④。

汉口市戏剧审查委员会在对汉剧伶人实施上述规训时，有时不免遭到坤伶们的抵制。1935 年 3 月，天声戏院既未将上演剧目如期送审，又公然在总理逝世纪念日演出。于是，对天声戏院的万盏灯、徐继声等 21 名伶人，"予以两年内不准演出之处分"⑤。汉剧坤伶万盏灯等不甘受罚，准备联名请愿，"乃天声之组织原系徐、万二伶之为后台老板，今一旦停锣，更受处罚，别无谋生之道，因是凡出演该台之演员，今纷纷向徐、万交涉，要求给以生活费。然徐继声、万盏灯更无良策应付，最近商诸受处罚演员联名，拟向某机关请愿，冀脱罪求生也"⑥。

对于这次当局对伶人的处罚，《罗宾汉报》等媒体纷纷为其鸣不平，认为事情的主要责任在于天声戏院而不在伶人，"考天声被处分之伶人二十人，因为他们在法租界不遵功令于忌日演戏，殊属'目无法纪'是应该受处分的。但是'目无法纪'这几个字，不应由演员本身负责，这是应该由天声当局负责的，因为演员们是雇员，一切当老板支配"⑦。此外，在汉口租界的电影院等也违反了这一规定，但是未受到任何处分。况且，这些受到处分的演员，都是按照规定登记注册过的，那些同台演出而未曾登记的演员反而不受处分。最终，在多方的共同努力下，天声禁演的处罚于同年 7 月正式取消。⑧

1935 年 8 月，汉剧训练班如期举行，所授学科是"党义、新生活概

---

① 华严：《汉口汉剧训练班结束 小牡丹花名落孙山》，《戏世界》1936 年 6 月 14 日第 3 版。
② 齐天：《由坤伶出堂谈到汉剧前途》，《罗宾汉报》1935 年 10 月 2 日第 2 版。
③ 《戏审会取缔坤伶侑酒》，《武汉日报》1935 年 10 月 9 日。
④ 《十日戏剧》第 1 卷第 6 期（1937 年 4 月 10 日出版）。
⑤ 《市剧审会令天声舞台即停演》，《罗宾汉报》1935 年 3 月 31 日。
⑥ 《万盏灯等联名请愿》，《罗宾汉报》1935 年 5 月 27 日第 2 版。
⑦ 梦梅：《梦梅剧话·论天声汉剧演员处分》，《罗宾汉报》1935 年 5 月 27 日第 2 版。
⑧ 齐天大圣：《新市场汉戏改良之我见》，《罗宾汉报》1935 年 7 月 26 日第 3 版。

要、公民学、戏剧学、国语、剧评、精神谈话等科"①。当时的《汉口市戏剧人员训练班课程时数分配表》显示，有关政治与党义等课程约占总课时数的46%，反映了灌输三民主义意识形态的强烈愿望；而与舞台演出密切相关的"技艺训练"，非但课时数较少（约占33%），而且"从内容上看无非是将戏曲演出的主题从传统的鬼神故事、爱情传奇，转变为革命故事"②。

汉口市戏剧审查委员会为了规范汉剧训练班学员的行为，专门出台了相关奖惩办法。③对于汉剧训练班上课的具体情形，可从署名"圈外人"的文章中窥知一二。上课的第一天，"生于一堂，将前一周的行动作为检讨一番。不好的当听从劝勉，做得对的当更求精进"④。每星期举行一次纪念周仪式。训练班主任胡摩尼说："将来还要将课目增加，务使高深的艺术理论深入于浅薄的汉剧伶人的头脑，而做一番汉剧根本革命的工作。"⑤可见，培训主要是言行的规训和艺术理论的灌输。

不过，饶是记者口吐莲花将训练效果说得天花乱坠，真相还是无情地暴露出来了："汉剧演员训练班受训学员，几将或为热度五分钟矣。一般小姐派坤伶，黎明即起，谁也过不惯这种生活，故旷课逃学者，男伶占十分之三坤伶占十分之五。戏审会虽屡经告诫，终不发生效力，故训练班，取严厉手段对付，效楚剧训练班之法规如屡诫不悛，即开除学籍，如此逃学的坤伶将知所醒悟矣。"⑥在数百人的汉剧坤伶中，只有38人参加此次汉剧训练，而逃课者竟然占了一半。虽然戏剧审查委员会多次告诫，终归无效，只好动用开除学籍的手段以儆效尤使其醒悟。

1948年4月10日，由汉口市民教馆和文运会合办的民间艺人训练班在银都乐厅开学，报到者有320余人。训练班将平汉楚剧艺员编为甲组，清唱歌女编为乙组。对于这次训练，汉剧艺人"始而观望不前，继而遣派少数人，敷衍应付，未能以政治力量，强迫使其参加"⑦。这次训练从内容上看与1935年的训练大同小异，依然以三民主义意识形态精神灌输为主（表2-3）。

---

① 合众：《戏审委会呈准组汉剧演员训练班》，《罗宾汉报》1935年6月14日第1版。

② 任晓飞：《民国时期汉口戏曲艺人群体探微》，《武汉文博》2013年第2期，第8页。

③ 现代：《市府修正：汉剧演员奖惩办法并指令戏审会遵照改正》，《罗宾汉报》1935年9月20日第1版。

④ 圈外人：《汉剧训练听讲记》，《罗宾汉报》1935年8月6日第2版。

⑤ 圈外人：《汉剧训练听讲记》，《罗宾汉报》1935年8月6日第2版。

⑥ 《坤伶的恐慌》，《罗宾汉报》1935年11月1日第3版。

⑦ 武汉市文化局史志办公室：《武汉文化史料》（第4辑），内部发行，1984年，第45页。

表2-3　　　　　　　　　　训练班教学课程表①

时间	星期一	星期二	星期三	星期四	星期五	星期六
7:00—7:50	精神讲话胡绍轩	特约讲演任建鹏	精神讲话雷其蔚	精神讲话王荣宝	特约讲演张铁君	特约讲演李铁生
8:00—8:50	三民主义浅说林大文	领袖生活张兆珍	时事讲解夏芷青	科学常识王荣宝	民族英雄故事周方楠	革命先烈传记张四翼
9:00—9:50	民族英雄故事周方楠	戏剧理论张四翼	戏剧教育张惠良	通俗宣传龚啸岚	科学常识王荣宝	戏剧教育张惠良
10:00—10:50	公民须知吴毓灵	公共卫生（代定）	音乐林路	妇女问题谢冰莹	新生活运动常识田子英	参观

　　规训权力是一种生产性、多样性和弥散性的毛细血管般的权力。它以极其隐蔽又极其温和的方式在日常生活中无孔不入。对身体的规训一般采用层级监视、规范化裁决和检查等手段。在这些手段的长期规训下，人们不仅在潜移默化中沦为权力操控的对象，而且不知不觉地进行着自我规训。

　　从汉口市戏剧审查委员会对汉剧坤伶的规训中，我们不难发现上述三种手段的应用。在层级监视之下，"规训权力俨然成了一种'内在'体系，变得复杂、自动和匿名"②。由于戏剧审查委员会强制推行演员登记制度，登记在册的汉剧坤伶就时时刻刻处在戏剧审查委员会、媒体和公众等诸层次的监督之下。当有媒体或公众举报汉剧坤伶有行为不检、应局侑酒等现象，戏剧审查委员会就会予以取缔甚至取消当事人的演出资格。这说明对汉剧坤伶的规训已通过登记制度伸展到她们的私生活领域。这种规训有时也会遭到坤伶们的抵制和反抗。前已述及，1935年3月，万盏灯等21名伶人在总理忌日演出，被处以"两年内不准演出"的惩罚，而同台演出而未曾登记的伶人竟然不受处分。在万盏灯等伶人的抗争和《罗宾汉报》等媒体的舆论干预下，这项处罚在同年7月予以解除。

---

①　武汉市文化局史志办公室：《武汉文化史料》（第4辑），内部发行，1984年，第45页。
②　吴婷：《学校场域中的身体规训——基于S学校的个案研究》，广西师范大学2016年硕士学位论文，第9页。

　　规范化裁决是保障对个体的规训得以有效实施的又一重要手段。"在各种社会机构中，都有关于时间（迟到、早退、缺席、工作间断）、活动（心不在焉、疏忽、缺乏热情）、行为（失礼、抗拒）、言论（闲聊、粗野）、身体（姿态不雅、体态不庄、不整洁）等的微观惩罚。"① 训练班举办开学典礼时，让男伶、坤伶按时报到，分列就座，蕴含着对社会性别秩序的维护。伶人梅斌标因衣衫不整、言行粗鲁等原因遭到了开除，无疑对汉剧伶人群体具有警示作用。对逃课屡经告诫而不改的坤伶，也予以开除学籍的处罚。以上种种措施，都力图使那些不合某种标准的个体渐渐趋于规范。

　　检查手段在社会生活中应用极其广泛，如学校考试、军队检阅等。权力并不是通过权威的符号或者强制性的标准等方式逼迫对象就范，而是使对象不断进行客体化并在这一客体化机制中实现对他们的操控。② 如对汉剧坤伶的训练效果和舞台表演的检查，不仅使她们置身于被监视和被规范的地位，而且通过记录、书写等方式使她们处于无时不在的"书写网络"之中，"成为'书写权力'所建构的事物"③。也就是说，在检查过程中，汉剧坤伶被置于一种客体化的机制中，从而丧失了自身的主体地位，不知不觉地沦为了被支配和被控制的一方。

　　层级监视、规范化裁决以及检查等规训权力是通过全景敞视主义模式渗透到汉剧坤伶的日常生活之中。"全景敞视主义注定传遍整个社会机体，不会随着时间的推进自生自灭，也未被抹去其任意的基本特征。最终会变成社会普遍功能，使权力加以产生。"④ 在全景敞视主义这种机制的保障下，"权力关系被细致入微地加以调整，目的是为了适应需要监督的各种过程"⑤。这种调整使得监视无处不在无时不在。此外，"在规训手段约束下的近现代社会，往往是社会地位越是低下受到的监督就越多"⑥。因此，处于社会组织结构的最底端的汉剧坤伶，她们所遭受的监督无疑要

---

① 刘北成：《福柯思想肖像》，上海人民出版社 2001 年版，第 287 页。
② ［法］福柯：《规训与惩罚：监狱的诞生》，刘北城、杨远婴译，生活·读书·新知三联书店 2003 年版，第 211 页。
③ 孙伊娜：《话语与规训：福柯微观权力哲学研究》，云南师范大学 2017 年硕士学位论文，第 61 页。
④ 孙伊娜：《话语与规训：福柯微观权力哲学研究》，云南师范大学 2017 年硕士学位论文，第 65 页。
⑤ 吴婷：《学校场域中的身体规训——基于 S 学校的个案研究》，广西师范大学 2016 年硕士学位论文，第 10 页。
⑥ 袁华杰：《福柯的权力思想》，中国社科院研究生院 2008 年硕士学位论文，第 22 页。

多于同一场域中的男伶。

随着社会的发展和技术的进步，各种外在的惩罚方式逐渐被隐蔽，取而代之的是温和而全面的规训方式。这种规训方式不仅能够强化对身体的有效惩罚，而且还掺杂着精神控制，或者说将两种控制方式有机地结合起来。正如亨利·列斐伏尔所言，权力已经大大拓展了它能够发挥作用的场域，它悄无声息地沁入每一个个体的骨髓及其意识的根源，渗透到主体性不易觉察的隐性空间。① 这种控制将外在的纪律或者规范无声无息地内化为个体自身的思维方式和行为风格，因此，从根本而言它就是一种由内向外的更为彻底的身体控制。② 需要指出的是，人的身体具有生理与社会的双重属性。"社会的身体构成了感受生理的身体的方式。身体的生理的经验总是受到社会范畴的修正，正是通过这些社会范畴，身体才得以被认知。"③ 正是在两种身体经验之间持续的意义交换过程中，规训悄无声息地进行着并扩张着。

汉口市戏剧审查委员会通过禁绝淫词靡曲，编写有关忠孝节烈礼义廉耻剧本等措施，力图使传统伦理纲常深深根植于包括坤伶在内的汉剧伶人的心中。后又通过开班训练的形式，不厌其烦地进行"一个党、一个领袖、一个主义"等意识形态的灌输。此外，还通过增加课程的方式，企图将所谓"高深的艺术理论"渗透到汉剧伶人的头脑中。④ 至此，我们不难理解，戏剧审查委员会力图通过上述措施实现对汉剧坤伶从精神到身体的全面的、彻底的控制。当然，这种规训也是在汉剧坤伶的身体经验与社会经验之间持续的意义交换过程中得以实现的。

以身体为对象的微观权力如毛细血管般无声无息地渗透、弥漫在社会的每个角落之中。它不断使身体产生自我意识，不断激发缺失感的产生。规训得以继续进行的前提是身体不断意识到自己的缺失或者不足。这样，对身体的形塑和规训就成为恒久不变的话题。身体秩序是社会秩序的身体化。社会性别秩序也是如此。只要女性的身体依然被男性权力及其话语所主导，就不能真正从身体出发思考男女平等，女性解放也就

---

① Mark Kelly. *The Political Philosophy of Michel Foucault*［M］. London：Routledge Press，2009：37.
② 田孝敏：《福柯〈规训与惩罚〉中的微观权力理论》，中央民族大学 2016 年硕士学位论文，第 17 页。
③ ［美］约翰·费斯克著，王晓环、宋伟杰译：《理解大众文化》，中央编译出版社 2001 年版，第 231 页。
④ 圈外人：《汉剧训练听讲记》，《罗宾汉报》1935 年 8 月 6 日第 2 版。

会流于谵妄。①

综上可知，地方政府对包括坤伶在内的汉剧伶人的规训，由最初简单的"拘捕淫伶、查处违禁演出"等方式，逐渐发展到以身体为对象的全面控制。它既有儒家正统观念和"三民主义"等精神上的控制，又有言行举止、舞台表演等身体上的规范；既有对坤伶在公共空间的约束，又有对其舞台之外的私生活领域的监视。这种微观权力通过全景敞视主义模式渗透到汉剧坤伶日常生活的方方面面。层级监视、规范化裁决以及检查的手段运用，企图使坤伶们逐渐并长期地丧失主体地位，从而在被支配的过程中从内心深处默认这种规训的合理性并开始自我规训。毋庸讳言，由于"个体性向下递增"的效应，处于弱势地位的汉剧坤伶必然要遭受比其他社会群体更多的规训。地方政府力图通过规训使得汉剧坤伶成为"启蒙大众、宣传官方正统思想的工具"②。事与愿违的是，在此规训过程中，坤伶们并不是一味地屈从。一些坤伶通过逃避登记、逃避训练等方式对官方的规训进行了抵制。这是"弱者面对强者采取的一种斗争艺术，一种利用特殊形式对权力的监督开启断层的计谋"③。这种抵制比较隐蔽和温和，可谓一种"情景退却"④。官方的规训之所以遭到如此抵制，其根本原因在于，在上述规训体系中，缺少对汉剧坤伶基本利益的考量和维护！

第五节　狎优和狎妓交织下的黑幕

1923—1949 年，社会环境较为恶劣，社会风气每况愈下，汉剧坤伶自身的安全和利益难以得到有效的保障。在生存的挑战之下，坤伶们不得不周旋于戏院、观众、媒体以及帮会等各种势力之间虚与委蛇委曲求全。在这一过程中，许多坤伶不知不觉地浸染了一些恶习并乐在其中。

20 世纪 20 年代，随着汉剧坤伶的勃兴，狎优之风卷土重来。不过，这种狎优之风又浸染着狎妓之风的浓厚色彩，或者说是狎优和狎妓两者合一。"早期汉剧坤伶出身主要有三类：堂班（妓院）里的姑娘，没落之家

① 谢纳：《空间生产与文化表征》，辽宁大学 2008 年博士学位论文，第 147 页。
② 任晓飞：《民国时期汉口戏曲艺人群体探微》，《武汉文博》2013 年第 2 期，第 8 页。
③ ［法］米歇尔·德·塞托：《日常生活实践——实践的艺术》，南京大学出版社 2009 年版，第 97 页。
④ ［英］安东尼·吉登斯：《社会的构成——结构化理论大纲》，李康、李猛译，生活·读书·新知三联书店 1998 年版，第 259 页。

的小姐和贫家之女。其中堂班里的姑娘居多。"① 因此，许多由娼妓转变而来的坤伶，不知不觉地就将狎妓之风带到了汉剧场域之中。这样，也就难怪有剧评人如此评述道："只是汉剧坤伶，却使我不能不惑疑了，落在报上或口头上，听到一些关于汉剧坤伶的话……如某伶前年确实应过某人的条子到旅馆里去。这些不可掩的事实，都是汉剧坤伶和妓女一样的证据。"② 剧评人落拓青衫也认为，在坤伶群体中，虽然大多数坤伶洁身自好，不肯同流合污，但一些坤伶从事"应堂差"等"副业"活动却是不争的事实。③

1923—1949 年的汉口，人们主要是通过打茶围、应堂差等方式来狎优的。不过，在狎妓风气的浸染下，这些狎优方式也发生了一些异变。

打茶围之异变。以茶、烟、瓜子与果盘等招待到妓院的狎客，并由其中意的妓女陪着谈话，称为"打茶围"。要打茶围，首先要过"妈妈（坤伶之养母）"这一关，俗称"玩妈妈"，即用礼物打动"妈妈"，这样，"妈妈"才会不厌其烦地在坤伶面前吹捧狎优者，以激发她的兴趣。狎客对妈妈与坤伶手下人都应有适当的表示。如果对手下人太啬了，你就要"坐冷板凳"了。"你如果有心去找坤伶谈月亮，坤伶在家佣妇他晓得你是滑头，没有金钱来打干茶围的，在家也答应去玩，或是买东西，看电影去了，是个坐冷板凳的人，我劝你以后再有钱都不要去了。"④ 打过数次茶围后，才有机会"做花头"（在妓院摆酒或打麻将）。"做花头"的狎客洋洋自得，"任人呼作骚胡子，余勇独能战一场"⑤。

当然，他们一般会遭遇"假当票"的圈套。当彼此言谈甚欢时，"妈妈"瞅准狎客兴趣正浓的时机，装模作样地拿出一张貌似近期的"假当票"，满面愁容地说，自己的姑娘因为缺钱花只好把某某物件当了。这样，那些囊中羞涩又想占便宜的狎客就不好意思厚着脸皮再来了。"这是一门子驱赶滑头客人的秘诀。"⑥ 在一些滑头狎客被赶走后，那些真正有钱并乐意在坤伶身上花钱的人就留了下来。不过，"吃茶盒"和"盘红帽"的圈套很快就上演了。

"吃茶盒"是较为流行的旧时恶习。如果坤伶有干爹干哥，在年节中

①　胡非玄：《近代汉口狎优之风及其对汉剧发展的影响》，《中国戏曲学院学报》2010 年第 2 期，第 59 页。
②　梦梅：《梦梅闲话·论汉剧坤伶之价值》，《罗宾汉报》1935 年 5 月 17 日第 3 版。
③　落拓青衫：《东篱漫话·附和梦梅的一番议论》，《罗宾汉报》1935 年 4 月 23 日第 2 版。
④　国琤：《汉剧坤伶黑幕记》，《罗宾汉报》1935 年 6 月 28 日第 3 版。
⑤　徐明庭：《武汉竹枝词》，湖北人民出版社 1999 年版，第 257 页。
⑥　么书仪：《晚清戏曲的变革》，人民文学出版社 2006 年版，第 251 页。

是要来吃茶盒的，这是坤角最有风头的一件事。只见养母不慌不忙地端来茶盒，装模作样地先向盒内投放二三元，接着干爹干哥们争先恐后地仿效给坤伶赏钱。"这个茶盒起码二十元四十元方能够吃，顶好到那天不去，那又怕丢人，这件事真不容易办呀。"① 如因囊中羞涩赏钱给少了，或者借故婉拒不参加"吃茶盒"，就会沦为众人奚落和嘲讽的对象。

"盘红帽"俗名"洋盘""阿木林"，又名"瘟生"。某些初次来打茶围的干爹干哥"在坤伶家中缩头土脑，一切规矩概不知道，将其血汗金钱在那坤角家中挥霍如土，毫无吝色，坤角家中下手之人，见其人可欺，乃朝朝另想新法，大敲其金钱，并唆坤角索要衣料及其他各种用费。本来他根本是来想坤伶，这几个钱又有什么关系，他自己觉得非常得意，以为坤伶恭维奉承，其实他是骗你之金钱，并且把你当洋盘"②。换言之，在坤伶及其仆佣等的算计下，那些不懂规则老实可欺的狎客便成为挥金如土又自鸣得意的"冤大头"！

"拜干爹"。坤伶之干爹，至少要有一两打。万盏灯体态娉婷嗓音清亮，颇受欢迎。她曾夸耀说："人家说我的干爹多，其实想做我干爹的，比狗还多，真干爹倒只三打，我以后有机会，要借新市场开干爹展览会。"③ 云仙子是当时坤伶青衣中之翘楚，性格孤僻的她常常以干爹甚少为憾事。"某日与杨叔岩谈谓：'一般坤角没有一个无干爹的，只有我没有。'言外之意，颇有无干爹不足以唱戏之慨。"④ 个中原因，《罗宾汉报》曾揭露道："那一些骚胡子，自己觉得有面子。坤角未登台之先，要干爹做衣服、行头；登台三天，要每日在戏园中捧场。……然而坤角有某件事不能维持，那一些干爹必定要想天设地要办到的，所以坤伶干爹越多，他的声名愈大，这就是坤伶要拜干爹的益处了。"⑤ 坤伶拜干爹，自然免不了引发一些争风吃醋的事情来，如"红艳芳，穿着一身青衣，同着他一位干爹，坐在楼上。程砚秋一出台，徐小鬼叫一声好，他的喉咙，红艳芳听得最熟，故意做出一些怪态，同她的干爹亲热，把个徐小鬼气死了"⑥。

"玩菊"，俗名"堂会"。官绅、富户大办喜庆宴会之时，常常邀请戏

---

① 国琎：《汉剧坤伶黑幕记》，《罗宾汉报》1935 年 6 月 28 日第 3 版。
② 国琎：《汉剧坤伶黑幕记》，《罗宾汉报》1935 年 6 月 28 日第 3 版。
③ 干哥：《万盏灯以干爹比狗》，《太阳灯》1933 年 7 月 5 日第 2 版。
④ 干爹：《云仙子没有干爹》，《太阳灯》1933 年 7 月 14 日第 2 版。
⑤ 国琎：《汉剧坤伶黑幕记》，《罗宾汉报》1935 年 6 月 29 日第 3 版。
⑥ 众生：《伶人杂记》，《罗宾汉报》1935 年 6 月 8 日第 3 版。

班到其厅堂演戏，是为"堂会"，又名"唱踩堂戏"。唱戏之前，先向主人和贵宾祝福，再接唱一折有喜庆内容的戏，然后由宾主点戏。"一般商店开幕，或某干爹之寿诞，均要召请坤伶玩菊，自己觉得很有场面，大半所来之坤伶，都是有感情的，定要烟酒招待。假使是出钱来请的，招待稍觉差些，以两元、四元之代价。"①这表面上不要钱讲感情的坤伶，事后若到她家去玩，她必定要敲一笔大竹杠。因此，出钱聘请坤伶唱堂会花费反而较少。

一些坤伶甚至以"清倌人""从良"为诱饵，骗取捧场者的钱财。所谓"清倌人"，那些鸨母佯称坤伶是黄花闺女，要做捧场者的"清倌伢"，从而索取高额身价，如"金镯一对，金扣一双，两台酒，两桌牌，另用赏赐手下之人"。实际上，在年满十八岁的坤伶中，"想找一个清倌人，那就要拿锣来找了"②。还有些坤伶，"在捧场老爷面前甜言蜜语，以从良之意打动老爷之心。她料青年们只愁不上钩，要是受了她之愚弄，包你不到两三月，感情破裂，脱离婚姻，要勒索耽养费若干，那时你才明白她不是真心嫁你，实在是想骗你之金钱。要是你上了钩，我包你今年遇见了鬼，一定要倒霉，金钱名誉损失不小呵"③！

当时，社会上喜欢汉剧的观众和戏迷较多，一些坤伶看到有利可图，便打着表演汉剧的幌子以提高自己卖淫的身价。于是，许多坤伶都在暗中从事卖淫的"副业"。"坤伶之不自振作，侮辱自己人格，言之痛心。"④剧评人齐天哀其不幸怒其不争，不无沉痛地说："在这种畸形社会里，不幸而生为女子，更不幸而生为以艺糊口的女子，坤伶的处境，是我们感伤的，但是拿演戏作幌子，实行其妓女式生涯的，又是我们最厌恶的。"⑤

法国社会学家皮埃尔·布迪厄认为："惯习是由'积淀'于个人身体内的一系列历史的关系所构成，其形式是知觉、评判和行动的各种身心图式。"⑥ 它是外在的社会结构和社会秩序在个体身上的烙印，是与客观结

---

① 国琏：《汉剧坤伶黑幕记》，《罗宾汉报》1935 年 7 月 4 日第 3 版。
② 国琏：《汉剧坤伶黑幕记》，《罗宾汉报》1935 年 7 月 4 日第 3 版。
③ 国琏：《汉剧坤伶黑幕记》，《罗宾汉报》1935 年 7 月 4 日第 3 版。
④ 梦梅：《梦梅剧话·告汉剧公会当局》，《罗宾汉报》1935 年 8 月 25 日第 2 版。
⑤ 齐天：《由坤伶出堂谈到汉戏前途》，《罗宾汉报》1935 年 10 月 2 日第 2 版。
⑥ [法] 布尔迪厄著、包亚明译：《文化资本与社会炼金术：布尔迪厄访谈录》，上海人民出版社 1997 年版，第 17 页。

构紧密相连的主观性，"是外在结构内化的结果，是社会化的主观性"①。当时的汉口，狎优和狎妓之风交织，权贵、富商、捧角者、市民以及帮会分子等各种势力环伺在汉剧坤伶及其工作场所戏院的周围。一些汉剧坤伶的打茶围、盘红帽、拜干爹以及"清倌人"等惯习正是外在的社会等级结构和性别秩序在她们身上的内在化和具体化，"这就是经由一系列社会轨迹筛选积淀、凝聚而成的某种性情倾向"②。这些惯习是动态的、开放的，它们将来自当时社会环境的影响铭刻在汉剧坤伶的身体中，并随着社会环境的不断变化而变化。这些惯习是由她们所处的的场域形塑而成的。换言之，它们就是汉剧场域中固有的必然属性在她们身体上留下的烙印。正如布迪厄所言，"场域形塑着惯习，惯习成了某个场域固有的必然属性在身体上的产物"③，与此同时，"惯习又有助于把场域建构成一个充满意义的空间"④。

　　需要说明的是，在无意识层面引导实践的惯习，具有一定的模糊性或者不确定性。这是因为，惯习既具有历史性，又具有开放性和能动性，它是在不断地与各种变化的情境遭遇的过程中自发生成的。当然，它也遵循着一种含糊不清又反映出人们现实生活状貌的实践逻辑。⑤ 一些汉剧坤伶在打茶围、盘红帽、清倌人等黑幕中应付裕如的举动和心照不宣的配合，正是这种惯习在社会实践中的生动体现。

　　惯习与社会之间是鱼与水的关系。当它与社会相遇时，就如同鱼儿在水中游一样，丝毫感觉不到水的分量。"惯习与世界对其自身的看法相得益彰"⑥，"惯习是对社会世界的一种款待"⑦。在这种相得益彰中，许多汉剧坤伶忙着打茶围、盘红帽等并乐此不疲，并未从内心深处意识到：正是在这些活动中，男尊女卑的社会性别秩序又在特定的场域中不知不觉地生产和强化。正因如此，她们的"女性主体意识依然像一艘长眠深海的

① ［法］布尔迪厄著、包亚明译：《文化资本与社会炼金术：布尔迪厄访谈录》，上海人民出版社1997年版，第171页。
② 王圣华：《布迪厄的艺术场理论》，山东师范大学2008年硕士学位论文，第20页。
③ ［法］布尔迪厄著、包亚明译：《文化资本与社会炼金术：布尔迪厄访谈录》，上海人民出版社1997年版，第172页。
④ ［法］布尔迪厄著、包亚明译：《文化资本与社会炼金术：布尔迪厄访谈录》，上海人民出版社1997年版，第172页。
⑤ 宫留记：《布迪厄的社会实践理论》，南京师范大学2007年博士学位论文，第44页。
⑥ ［法］布尔迪厄著、包亚明译：《文化资本与社会炼金术：布尔迪厄访谈录》，上海人民出版社1997年版，第175~176页。
⑦ ［法］布尔迪厄著、包亚明译：《文化资本与社会炼金术：布尔迪厄访谈录》，上海人民出版社1997年版，第175~176页。

沉船"①。当然，作为置身于浸染男权文化的"全景敞视监狱"中的"囚禁者"，处于社会组织结构最底端的她们不得不接受来自社会的各种规训，并不知不觉地内化着规训者的价值观念和审美趣味，同时以从男权文化中习得的男性眼光打量着自己和他人，从而与世界达成某种默契或妥协。

第六节　媒体视野下的汉剧坤伶

1923—1949 年，在一些媒体的视野下，汉剧坤伶是一个亟待规训的群体，最需要规训的是她们生活不检点和道艺之低下；她们还是汉剧日益衰落的"红颜祸水"，汉剧坤伶蜂拥而起，打破汉剧内部生态平衡，败坏了社会风气。一些媒体站在规训者和窥探者的立场上，一方面煞有介事地对汉剧坤伶进行指导和褒贬，另一方面又热衷挖掘她们的私生活以迎合公众的窥探欲望。在这些媒体建构下，汉剧坤伶的整体形象日益负面化。

一、亟待规训的对象

在媒体眼中，汉剧坤伶是应当置于规训之下的对象。坤伶饱受诟病之处主要在于生活不检点和汉剧道艺较低下。

（一）生活不检点

20 世纪 20 年代初以来，汉口大多数妓院门庭冷落。于是，鸨母让雏妓学习汉剧以招徕顾客，她们就成为早期汉剧坤伶的主要来源。正因如此，当她们如雨后春笋般纷纷登台转变为坤伶时，自然不免将一些妓院的习气和做法带到舞台外的现实生活中。为了获得靠山，她们大多忙着拜干爹义母，甚至以无干爹或干爹少为耻。她们赌博、吸毒、打茶围、应堂差等。权贵富贾在节日、寿辰以及嫁娶等之际，"往往会写条子派人将坤伶召来唱戏侑酒"②。接到这些条子后，坤伶前往雇主家中从事唱戏侑酒活动，这就是所谓"应堂差"。不过，这时的应堂差有别于此前京城的"应

① 吴颖：《"看"与"被看"的女性——论影视凝视的性别意识及女性主义表达的困境》，《浙江社会科学》2012 年第 5 期，第 147 页。
② 胡非玄：《近代汉口狎优之风及其对汉剧发展的影响》，《中国戏曲学院学报》2010 年第 2 期，第 60 页。

堂会之差"，往往是要留宿在雇主家中的。① 也就是说，坤伶很有可能
"变相卖淫"。剧评人梦梅愤愤地写道："假若坤伶都愿意干那妓女生涯，
我想，不如痛痛快快地挂牌子'下海'当姑娘做生意，还可能受官厅保
护，倒是正策；若是干这'票友'玩意，'又卖青倌又接客'，'又卖票友
又拿杵'，这样掩耳盗铃的事，太不光明正大了。"② 因此，他认为这种未
能得到官府认可的"应堂差"习惯，"是真太坏了"③，甚至有人举证说：
"某伶前年确实应过某人的条子到旅馆里去。"④

　　一些坤伶对待感情不认真，多有逢场作戏之举，颇受时人之诟病。
"新×霞和欧大爷，倒是一点真情实意，先前有她妈管着，有点碍手碍
脚，自从她妈'上海西'了，欧某也回了四川，但是她并不觉得难过，
她说：'那是应付环境'；'大姐'张××也回来了，徐娘不老，风韵更
妙，她的一些小妹妹，都向她打听'大哥'消息，她做了一个美国女明
星的表情，从鼻子里哼了一句'那一页书揭了'。"⑤ 还有些坤伶虽然暗
中"交易"较多，但不如"卖肉"专家（妓女）之盛，很容易未婚先
孕，只好人工打胎。⑥

　　以上种种，显然有辱"坤伶"之称谓，并给汉剧界带来了负面影响。
剧评人"乔学文"难抑心中之愤懑，声色俱厉地予以谴责，"坤伶也，本
雅秀之……不图汉剧坤伶公然竟以此为兼营副业之市招，实为汉剧界之大
耻辱！汉戏之失败，未非不受若辈坤伶之影响，盖一般坤伶……并非以艺
术为重，全以色相取人，于是乎拜干爹也，结干哥也，桃色事件，风雨满
城……而更有恬不知耻品格下流之坤伶，过于放浪形骸，如张××与李×
×即系汉剧界一对著名之淫魔。长乐汉剧院，近有某坤伶须生者，淫荡成
性，竟与某品格下流之男伶（充贴补者某）发生不可告人之丑事，形迹
不检，实令人齿冷。记者既揭其短，而又隐其名者，盖某坤伶本可进之
才，书之，无非欲使其能洗心革面，稍知警惕耳"⑦。不过，在坤伶中举
止端庄私生活严肃者不乏其人，如小牡丹花、代一鸣、胡玉凤和筱津侠
等。

---

① 胡非玄：《近代汉口狎优之风及其对汉剧发展的影响》，《中国戏曲学院学报》2010 年第
　　2 期，第 60 页。
② 梦梅：《梦梅闲话》，《罗宾汉报》1935 年 4 月 22 日第 3 版。
③ 梦梅：《梦梅闲话》，《罗宾汉报》1935 年 4 月 22 日第 3 版。
④ 《罗宾汉报》1935 年 5 月 17 日第 3 版。
⑤ 《女演员的秘密》，《汉口导报》1947 年 3 月 26 日。
⑥ 《坤伶歌女易受孕，无人承认只打胎》，《汉口导报》1947 年 10 月 28 日。
⑦ 乔学文：《汉剧漫谈·借招牌卖酒的坤伶》，《江汉晚报》1942 年 9 月 13 日第 3 版。

诚然，一些坤伶生活不检点的确是不容争辩的事实，这种现象无疑殃及了许多洁身自好的坤伶，更损害了汉剧坤伶群体的整体性社会资本和象征资本，使得一些媒体报人不敢或者羞于谈论汉剧坤伶；一些媒体和公众对她们的评价日趋负面。从上述媒体文本中，我们看到了对坤伶"恬不知耻品格下流""淫荡成性"等道德评判。这些由道德话语建构的文本因蕴含着价值判断而具有某种"真理性"，也就是对"三从四德""男尊女卑"等社会性别观念的再生产。这些道德标准，在我国历史文化发展中被赋予了既定事实性意义，仿佛它们是亘古不变天经地义的，"因而也就使它们获得了某种表示事实的真理性"①。这种真理性就是福柯所言的话语/权力。它虽然不具备法律意义上的强制性，但是因社会的普遍认同而对女性思想和行为时时刻刻发挥着规训作用。这样，就赋予了对女性的歧视、侮辱甚至摧残等暴力行为某种"合法性"。由此，我们应当看到媒体利用议程设置和话语霸权对坤伶造成的侮辱与伤害。② 不过，若对媒体的功能有所了解，这一切就更加明朗了。"媒体报道的作用是为了界定和建构外部世界并使一种特定的社会秩序合法化"③，也就是说，当时的媒体是为维护传统伦理纲常和社会性别秩序提供合理证明并竭力为其辩护的，④ 因此，在这种话语环境中，汉剧坤伶的形象可想而知。

（二）道艺较低下

有评论者认为，坤伶多限于天赋，"二净""十杂"皆非彼辈所能胜任，故皆趋向花衫、青衣、须生、六外以及丑角等行。"由道艺上评论，除学习花衫的坤伶，尚能勉强够格外，其余行当均不足取，捧坤伶的评戏家虽多，但多半是以人论艺，并非以艺论人。"⑤ 同时，坤伶们的包银也比男伶可观。由妓女而转为坤伶者多如过江之鲫。八贴行当，自男伶小翠喜去世后，牡丹花（董瑶阶）实"允称绝唱"，"晚近坤伶演之，什九多涉淫浪，赶路一场，大做其身段，特扭其屁股，是淫娃荡妇卖骚劲，不是凤阳鼓娘在赶路，实令人作三日呕"⑥。在其他行当的坤伶如末角，"论坤

---

① ［英］理查德·麦尔文·黑尔：《道德语言》，万俊人译，商务印书馆 2005 年版，第 6 页。
② 彭晓芸：《被混淆的和被忽略的——关于校园惨案的媒介伦理》，《南方传媒研究》2010 年第 24 期，第 28 页。
③ 范红霞：《基于性别视角的媒体暴力研究》，浙江大学 2013 年博士学位论文，第 84 页。
④ 范红霞：《基于性别视角的媒体暴力研究》，浙江大学 2013 年博士学位论文，第 84 页。
⑤ 四知：《一位汉剧先进的谈话：汉剧没落的原因》，《大楚报》1941 年 3 月 7 日第 3 版。
⑥ 《十日戏剧》第 1 卷第 12 期（1937 年 6 月 10 日出版）。

伶红艳琴，虽曰称职，究竟艺不能根深蒂固；刘玉楼腔调善于摹仿，嗓音非马非驴；筱洪元、筱小侠，均属庸材；筱神童、王文斌，不获艺术皮毛；盖鑫培、严麒麟，易地奔走；韩宝琴、熊鸿声，毫无建绩"①。此外，如韩宝琴，"扮相抹彩拍粉，都不细心研究，非常不好看，若不努力矫正毛病，虚心求教，恐梨园行中，将无该伶地位矣"；熊鸿声，台步幼稚；九龄童"在台上老是和人挤眉弄眼，艺术亦退化多多，并每句唱词带一'呢'字，令人生厌"；陈凤楼"台步幼稚，做工毛手毛脚，唱工荒腔走板"，等等。②

汉剧坤伶参演新剧，其艺术水平也实在堪忧。"惟汉剧则不然，稍具舞台经验，或略识之乎者，亦编排新剧，诚令人为之冷齿，汉剧历来所演之新戏，大半皆出于此辈之手，不仅剧情之怪诞，事实之离奇，使观众如堕五里雾中，且剧人中之扮演多不合成法，例如须生唱小生腔，老生唱二净腔，其擅乱成规之处，真不一而足。今美成所上演之《樊梨花移山倒海》，即此类沓杂不清之连台新剧，故能叫座，尤可想见观众之水准，已低得可怜矣。"③

需要说明的是，由于文化资本的积累问题，坤伶在道艺上也的确存在可议之处。但是，从天赋角度来论证坤伶不及男伶显然是罔顾事实的偏见。社会性别理论指出，"文化在人的性别身份形成中具有关键性作用，性别是文化指定、文化分配、文化强加的"④。由于自西周以来父系单系世系原则的广泛实行及其与儒家的"三纲五常""三从四德"等传统思想交相推引，遂逐渐形成了根深蒂固的男尊女卑观念。明代，坤伶活跃在戏曲舞台上，但是自清康熙朝以来严禁女子演戏和看戏，因此，自汉剧诞生以来，女性就被严格地排斥在汉剧场域之外。这种排斥又根深蒂固地渗入汉剧伶人对老郎神的集体崇拜之中。

当代美国社会学家罗伯特·默顿的"自我实现预言"（The self-fulfilling prophecy）理论，能够较好地解释上述观念为何能够长期存在并束缚着人们的思想和行为。所谓"自我实现预言"，是指"开始时的一个虚假的情境定义，由于它引发了新的行动，因而使原来虚假的东西变成了

① 东海鲰生：《简论汉班第一职》，《罗宾汉报》1935年9月27日第3版。
② 齐天大圣：《谈谈汉戏坤伶》，《罗宾汉报》1935年5月29日至6月5日第3版。
③ 乔学文：《新秋楼剧话》，《汉口导报》1948年10月5日第3版。
④ 沈奕斐：《被建构的女性——当代社会性别理论》，上海人民出版社2005年版，第3页。

真实的"①。由上可知，汉剧坤伶天赋不及男伶的"虚假的情境定义"主要是：因宗法制度和儒家传统思想等铸就的"男尊女卑"观念；具有历史偶然性的清朝严禁女子演戏以及禁止女子登台的老郎神信仰等。这些虚假的情境定义深深地渗透到一代又一代汉剧伶人的集体意识之中，逐渐衍生出坤伶在演戏方面天赋不及男伶的观念。汉剧坤伶在舞台上不尽如人意的表现又在某种程度上强化了这种观念。

值得注意的是，社会性别意义上的两性平等，既不是女性从男性那里夺回自己应有的权力，也不是将男性视作女性的敌人，而是由此真切地意识到在社会性别秩序及其机制中不论男性还是女性都遭受到了规训。② 在坤伶登台之前，汉剧舞台上男伶一统天下，女性角色也不得不由男伶来扮演。扮演女性的男伶不得"赤身露体"，其他男伶也不得偷窥，否则就会遭到惩罚。③ 从这里，我们可以看出，在文化造成的社会性别观念及其秩序中，男伶的身体同样也受到规训，也有"被压迫的一面"。

二、汉剧衰落的"红颜祸水"

自 20 世纪 30 年代初以来，尤其是 1931 年发生特大水灾后，汉剧呈现一蹶不振之势。随着名伶的或老或亡，汉剧后继乏人，演出场次与观众人数也随之锐减，它在武汉戏剧界的地位岌岌可危。

尽管如此，不少媒体依然将汉剧衰落主要原因归之于坤伶。它们认为，10 多年来，汉剧男性知名伶人相继辍演或去世，坤伶乘机崛起并数量甚多，戏园为利益计不肯聘请名角而将她们视作台柱。"汉剧名伶陈望喜、张天喜、小连生、余洪奎、余洪元、李彩云等等，老的老了，死的死了，汉剧的声誉，汉剧的营业，便弄得一落千丈。"④ "若辈演戏，泰半系借此为手段，而达到引蝶招蜂之目的。艺事佳者，千百人中不一见。"⑤ 由此可见，当时虽然汉剧坤伶道艺不佳，但因观众欣赏水平低下和审美趣味的变化，许多戏园剧场依然将她们作为台柱以招徕顾客。在论及汉剧"沦亡由来"时，"痴翁"十分尖锐地指出，由于汉剧名角大多凋零，暗中从事卖淫活动的坤伶却多如"雨后春笋""过江之鲫"。汉剧艺术日益

① Merton R K. "The Self-fulfilling Prophecy", In Social Theory and Social Structure ［M］. Glencoe: The Free Press, 1957: 423.
② 沈奕斐：《被建构的女性——当代社会性别理论》，上海人民出版社 2005 年版，第 3 页。
③ 金锷：《事例和禁忌》，《罗宾汉报》1949 年 6 月 6 日第 2 版。
④ 《余迷份子不知有吴》，《汉口导报》1947 年 3 月 18 日第 2 版。
⑤ 危舟：《汉剧近况》，《十日戏剧》第 1 卷第 5 期（1937 年 3 月 29 日出版）。

没落,真正能够欣赏汉剧的知音颇为鲜见。更令人气愤的是,一些"淫娃荡妇""狂蜂浪蝶"俨然成为舞台名角,而本应"励风正俗"的戏院剧场竟然变成了眉来眼去败坏风气的交际场所,这就是汉剧沦亡的主要原因。正因如此,"汉剧发祥地,竟成京剧殖民地"①。

被戏院倚为台柱的坤伶,又多不以道艺为重。她们的舞台表现令真正的鉴赏者望而却步,却又阻挡了年轻男伶的成长,这样就形成了恶性循环。② 剧评人梦梅认为,坤伶几乎占全部汉剧艺人的一半,人数甚众,应当对汉剧的发展承担起相应的责任。"但一般坤伶,舍依样葫芦的学戏唱戏外,没有一个能有什么特异的表现,没有谁树起一种独立的'作风'。这且不谈,一般坤伶,多数人还是在把唱汉剧作招牌,干私营生,就恍惚那唱'群芳会'的姑娘姐儿们,要借清唱来招揽生意是一样的。……若是这样挂羊头卖狗肉,以唱戏做保护符,乃大兼其副业,那不唯对不起自己,减轻了自己身价,轻贱了自己人格,而且更妨害了汉剧前途。"③

一些媒体认为,汉剧坤伶演艺生涯较短,成名后往往匆忙嫁人,也给汉剧发展带来了消极影响。"纵有三数道艺稍佳者,又为富商大贾所聘去,藏娇金屋,如过去之代一鸣、筱牡丹花、红艳琴、严玉声诸姝丽,一一皆为人妇,毁灭前途,为识者惜叹。"④ "汉戏无一纯粹科班造就人才,致后起之男伶寥若晨星,故坤伶日兴月盛,层出不穷,吾人亦不得不调换笔尖,舍本逐末,将错就错而谈坤伶。岂料事与愿违,如黄氏三毛及李绍云、小俊龙、杨叔岩等,论其艺术均为上驷之材……洵非过誉,而该伶等视演戏为辱,甘心嫁作人妇,不再现身舞台,将师传授心血自己磨练工夫,一嫁而付诸东流,实深浩叹。"⑤

对于汉剧的衰落,人数众多的坤伶的确应当承担部分责任。不过,如果将主要责任归之于坤伶,就有失公允。汉剧之衰落自有其内因和外因。从内容而言,汉剧不能与时俱进推陈出新。这一点,早在1929年余洪元率领阵容强大的"福兴班"远赴上海商演后,就有人见其端倪而慨叹,"我们对于汉剧只有追念已往的荣华,感叹过去的陈迹的心情而已"⑥,因

---

① 痴翁:《汉剧座谈》,《大楚报》1942年8月23日第1版。
② 痴叟:《汉剧如叫花打架》,《大楚报》1941年7月21日第3版。
③ 梦梅:《梦梅剧话·告汉剧女演员》,《罗宾汉报》1935年8月28日第2版。
④ 乔文仁:《汉剧漫谈·借招牌卖酒的坤伶》,《江汉晚报》1942年9月13日第3版。
⑤ 齐天大圣:《由男伶日衰说到坤伶嫁人》,《罗宾汉报》1935年11月22日至23日第3版。
⑥ 洪深:《夕阳将要没落之前——对于汉剧的感想》,《民国日报》)(上海版)1930年1月8日第4张第1版。

为它与现实生活脱节，"已不是能表现现代生活的戏剧了"①，"迷家觉家乡风味，如同鸡肋，因之群趋平剧"②。此外，局限于鄂地之音韵，其不利于在更大范围内传播。"盖其纯用鄂音，非他省人所能猝辨，且吐音善用假嗓，咬字不清，即本省人听之，亦有不甚了了之处。"③ 曾有一听众这样写道："鄙人喜好汉剧，然在台下观听，每苦于不知其所唱何语，偶或见朋友所抄曲本一二，又觉字句难解。"④

从人才而言，名伶凋零，后继乏人，培养机制不健全也是一大原因。汉剧在19世纪末20世纪初兴盛，在很大程度上得益于"四河归汉"造就的名伶荟萃。自1931年以来，这些名伶或亡故或因老病而辍演。年少男伶因受不良社会风气的影响举步维艰。1915年创办的小"天"字科班，培养了一批杰出人才，但由于老艺人思想保守，"老气横秋，喜自秘而不肯授人"⑤，此后虽有"春""长"和"顺"字科班，一科不如一科，难有出类拔萃者。"譬如过去一般所谓成名演员的自私陋习，他们对于传习工作没有尽到为人师表的责任。这不是一个艺人应有的态度，而保守主义的流气，种下了摇摇欲坠的因素，使汉剧在艺术上的价值变了质。如果这种地方旧剧要在社会上生存，那么资格较老的伶工，还得要尽到诲人不倦的义务。对于传习工作不应有丝毫的保留，保留只是陷整个汉剧业于灭亡的先兆。"⑥ 国民大革命后，除1928年的新化科班外，创立科班培养人才之事几乎被人遗忘。"汉剧既无科班造就人材，又乏名师传授生徒，虽有，亦仅教以八九不离十，今日到上游收一义女，明日到下游收一干儿。"⑦ 人数日众的汉剧坤伶，"年轻无知，工媚术而荒艺事"⑧。

从舞台表现而言，汉剧伶人敷衍随便行为令人失望。"做活随便。自提高伶人身份以来，汉剧伶人接出不穷，其中良莠不齐，如名小生李××、花衫张××等，大都塞责终场，不守绳墨，淫词俚语，胡调已极，诚为明眼人所不齿也。"⑨

---

① 洪深：《夕阳将要没落之前——对于汉剧的感想》，《民国日报》）（上海版）1930年1月8日第4张第1版。
② 春风馆主：《由汉剧落后之原因谈到十脚》，《戏剧旬刊》1936年第5期，第4页。
③ 白文：《古今剧话之一：汉剧与楚戏》，《幸福世界》1948年第2卷第7期，第118页。
④ 《读者信箱》，《乐剧月刊》1934年第1卷第3期，第21页。
⑤ 《大楚报》1940年2月19日第3版。
⑥ 王大可：《怎样挽回汉剧的厄运》，《武汉日报》1946年12月8日第8版。
⑦ 《大楚报》1940年2月19日第3版。
⑧ 春风馆主：《由汉剧落后之原因谈到十脚》，《戏剧旬刊》1936年第5期，第4页。
⑨ 剑：《简谈汉剧中衰的原因》，《罗宾汉报》1935年8月4日第3版。

从凝聚力而言，领导不力，内部涣散，一盘散沙。一般而言，如果一个团体对内的凝聚力越强，那么它的成员对其认同就越强。因此，他们不仅乐于参与团体各种群体活动，而且会努力吸引更多的新成员加入进来。① 汉剧伶人之间收入悬殊，名伶极尽奢华之能事，一般伶人为生计四处奔走颠沛流离。汉剧内部极不团结，异常散漫，伶人一旦成名多不顾及他人，而一些人却又不得不依靠名伶生活。② 此外，汉剧名伶之间不顾大局，作鹬蚌之争的内斗情形也不鲜见。"自去岁（1934 年）吴天保、张四维组班长乐以来，生涯鼎盛，实属空前盛况，疲敝不振之汉戏又为放一异彩。不幸中道意见分歧，以致各赋别离，分道扬镳。"③

汉剧公会长期处于孱弱状态，领导人或年高体衰，或汲汲于谋求私利，对汉剧的危机和一般伶人的疾苦不闻不问。"继任领导者傅老先生，因年高体衰，又遭受了一些挫折，十分消极。因此，汉剧遂一蹶不振，没落下来。"④ 1934 年，在汉剧公会被债权人申请查封时，负责人虚与委蛇避而不见，甚至做出非常荒谬的行为，如某名伶约同业十人，各出钱一角，共一元一角。以一元购买航空奖券一条，余下一角购买香烛纸马，祷告于"老郎神"前，说如果中了头奖，必以所得偿清债务。⑤

此外，汉剧艺人的恶习也是不可忽视的因素。"汉剧界同仁，自骄自满，只持过去有光荣的历史，而不求上进。"⑥ 许多汉剧伶人生活腐化，吸食鸦片，并影响到新成员，"最近之伶人，俱染恶习，萎靡之状，由斯而出"⑦。"个别男伶的行为也令人侧目。近年来，在天声戏院演出，其表现实在令人失望：在表演小生重头戏时，萎靡不振敷衍应付。在与坤伶配戏时，却如服用了兴奋酒一般，极尽调侃、戏谑之能事，将励风正俗的庄严大舞台变成开心娱乐的低俗场所。"⑧ 再如余××，"坐科时颇不凡，属望尤殷。不料出科后沉湎酒色，致使嗓音弗能唱，近更沦为扫边一流……日前观剧该园，适隔座某君喝其倒彩，该伶竟破口谩骂，散场时拦阻园门，一顿饱拳于某君"⑨。周××向来暴戾，与人一言不合就会拳脚相加。

① 邵志芳、高旭辰：《社会认知》，上海人民出版社 2009 年版，第 181 页。
② 《武汉日报》1947 年 3 月 5 日第 8 版。
③ 剑：《简谈汉剧中衰的原因》，《罗宾汉报》1935 年 8 月 4 日第 3 版。
④ 《武汉日报》1947 年 3 月 5 日第 8 版。
⑤ 零：《汉剧伶人之可笑把戏》，《天津商报画刊》1934 年第 13 卷第 11 期，第 2 页。
⑥ 《武汉日报》1947 年 3 月 5 日第 8 版。
⑦ 彬如：《复兴汉剧须根本改革》，《罗宾汉报》1935 年 10 月 14 日第 3 版。
⑧ 际云：《李四立自暴自弃》，《戏世界》1934 年 6 月 29 日。
⑨ 际云：《余春衡当场殴顾客》，《戏世界》1934 年 7 月 18 日。

1933 年在共和戏院组建班社时，伶人们畏之如虎。他眼界狭隘，逐利如蛆，曾因私吞包银几乎要与某伶人上演全武行。此前老牡丹花董瑶阶之所以组班不成实是因为他的威胁和阻挠。[①]

至于汉剧衰落的外部原因，主要有以下几点：一是武汉戏剧市场竞争日趋激烈。民国初年，因京剧尚未风行、楚剧尚未进城，汉剧得以一统天下，当时武汉的戏院、茶园等不少于 25 家，上演汉剧的就达 20 家。[②]"自平戏风行以来，汉剧无形中大受打击"[③]，"不意章遏云、华慧麟等组班和记，武汉平戏，又轰动一时，而楚戏复雄踞汉口"[④]。到 1937—1938 年，汉剧剧场仅存有两三处，京剧却有四五家，而楚剧则高达 8 家。[⑤] 楚剧兴起对汉剧的影响前已述及，在此不再赘言。从京剧的角度而言，汉剧在剧目上与京剧多有相同，"汉剧所演，戏名多与京剧相同，如文昭关、李陵碑、法门寺，尤属显而易见"[⑥]；京剧在吸收汉剧主要声腔后又进行了优化。[⑦] 因此，这种亲缘关系在京剧崛起后对汉剧发展的消极影响也是不言而喻的。

二是观众审美趣味和欣赏水平的变化。民国以前，汉剧观赏群体多是权贵士绅等社会上层。民国初年以后，逐渐演变为工人、商人及其家属等社会中下层。这些市民多出身于黄陂、孝感及周边地区的农民家庭。他们文化程度不高，欣赏水平有限，更亲近曾流行其家乡的楚剧。此时的汉剧已拥有一套完备成熟的程式，在艺术风格上也日趋"雅化"，而由农民转化而来的市民群体大多不具备相应的艺术"解码能力"，这在客观上影响了他们的消费热情和消费黏性。[⑧] 与此同时，平民艺术思想也较为风行。这些使得以公堂大戏见长的汉剧在争取观众上不敌生活化、现实性的楚剧。这些观众多喜欢新奇、噱头，喜欢翻花样。营业平淡的戏院，一有新噱头，情况就很快有了改观。1936 年，时代汉剧社在新市场大舞台演出，创办者答恕之原本以为，"看天河配的，横竖是来看牛郎织女"[⑨]，未曾想

① 危舟：《周天栋之艺事与人格》，《戏世界》1934 年 8 月 31 日。
② 郭贤栋：《湖北汉剧艺人与近代革命运动》，《武汉文史资料》2006 年第 11 期，第 22 页。
③ 剑：《简谈汉剧中衰的原因》，《罗宾汉报》1935 年 8 月 4 日第 3 版。
④ 剑：《简谈汉剧中衰的原因》，《罗宾汉报》1935 年 8 月 4 日第 3 版。
⑤ 林素：《没有戏剧的汉口》，《武汉日报》1947 年 2 月 2 日第 10 版。
⑥ 白文：《古今剧话之一：汉剧与楚戏》，《幸福世界》1948 年第 2 卷第 7 期，第 118 页。
⑦ 郑传寅：《汉剧的形成、贡献与困境》，《长江文艺评论》2021 年第 3 期，第 110 页。
⑧ 傅才武：《近代化进程中的汉口文化娱乐业（1861—1949）》，华中师范大学 2004 年博士学位论文，第 188 页。
⑨ 恕知：《我与吴天保》，《汉口导报》1947 年 4 月 12 日。

到，观众竟多是来看机关布景和各种噱头的。于是，他设计了许多噱头，结果，"一连十六天，共计三十场。客满！客满！却是始终不变"①。当时，新市场大舞台的一千五六百个座位，每天两场，几乎场场爆满。

三是汉口商帮的衰落。清末民初汉剧的兴盛，是与汉口"八大行"的大力支持分不开的。作为社会普遍认同的公堂大戏，汉剧承接酬神还愿、衙门开印以及开业庆典等需要较为隆重场面的事宜。② 因此，汉剧戏班与商人群体以及公馆会所等之间形成了长期的较为稳定的合作关系。③ 1931 年后，汉口商业一片萧条。如"猪鬃业"原有 200 余家，工人达 5000 人，到 1932 年，出口额不到原来的 30%，破产者竟有 100 多家，工人失业者有 4000 多人。其他如"肠衣业""棉花业"以及"染织业"等的状况也大体如此。④ 因此，作为汉剧重要支撑力量的商会组织，在水灾和兵燹的打击下元气大伤经济困顿，汉剧也就失去了一个强有力的购买市场。此外，随着武汉市民主体结构的变迁、对外开放的日益扩大以及公共文化空间的拓展，他们的审美趣味和娱乐方式日益多元化，京剧、楚剧、话剧等其他剧种以及皮影、电影也成为他们休闲娱乐新的选择，汉剧面临着前所未有的竞争压力。

从人类历史的进程来看，进入父权制社会后，在社会生活上占据主导地位的男性，对女性怀有既依赖又恐惧的矛盾心理，他们力图将女性排斥在政治之外，又竭力从道德上、精神上奴役女性，以期实现对女性的全面掌控。他们借助社会资本的力量，心照不宣地进行集体合谋，实施着对女性肉体和精神的双重规训，最终达到取消其独立性泯灭其主体性使其沦为附属物的根本目的。⑤

1923—1949 年，同样的故事在汉剧坤伶身上上演。自 1931 年以来，似乎病入膏肓的汉剧，因数量庞大的坤伶加入复有欣欣向荣之势。但是在京剧、楚剧的左右夹击之下，虽企图振作，但终究无可挽回地陷入一蹶不振的境地。主要由男性把持的媒体，在探讨汉剧衰落的原因时，几乎异口同声地将汉剧坤伶作为罪魁祸首，对因男伶纠纷陷入困境的汉剧公会及其领导人的责任却很少提及；对因男性名伶的保守导致人才培养质量下降也

① 恕知：《我与吴天保》，《汉口导报》1947 年 4 月 13 日。
② 《武汉文史资料》1982 年第 9 辑，第 150 页。
③ 傅才武：《近代化进程中的汉口文化娱乐业（1861—1949）》，华中师范大学 2004 年博士学位论文，第 184 页。
④ 王保民：《汉口各行帮业及其贸易》，《武汉文史资料》1994 年第 2 辑，第 83 页。
⑤ 张小莉：《男权社会中的"替罪羊"——"红颜祸水"故事探源》，《北京广播电视大学学报》2008 年第 1 期，第 45 页。

是轻描淡写，等等。出身卑微、技艺不高却又在一定程度上挤压男伶生存和发展空间的汉剧坤伶，恰好是汉剧衰落时期的"在场者"。她们大多美貌，但大多也不具备忠贞和温顺的特征，因而顺理成章地成为男性眼中的红颜祸水的不二人选。因此，在普遍贱视坤伶的氛围中，用在社会组织结构中处于最弱势地位的坤伶来做汉剧衰落的"替罪羊"，显然符合公众"红颜祸水"的认知常识和心理期待。同时，此举有效地遮掩了男伶的缺点和过失，成功地为其开脱了罪责，从而又一次维护了男性在女性面前的权威和尊严。"潜意识的恐慌和文化强化的偏见之间的互动，定义了在任何时期都被指定命名为'替罪羊'的'他性'的人。"[1] 正是在此恐慌和偏见的作用下，男性所把持的媒体通过这种委过于人的策略使得根深蒂固的社会性别秩序有效地避免了挑战，并使汉剧男伶在与作为"替罪羊"的汉剧坤伶的对照中获得某种认同和共鸣。因此，坤伶之所以成为汉剧衰落的"替罪羊"，根本上而言，就是这种"潜意识的恐慌"和"文化强化的偏见"互动叠加并最终形之于外的结果。

需要指出的是，对于广大观众而言，他们在时间、精力和社会实践范围上具有较大的局限性，难以对周围的人物、事情和环境等一一进行实际性的调查或体验。因此，他们往往借助媒介去知晓超出亲身感知范畴之外的事物。这种由传播媒介形成的信息环境，又称为"拟态环境"。"拟态环境"这一术语是在 1922 年由美国著名专栏作家李普曼在其名著《舆论学》中首创的。所谓拟态环境，"就是由传播媒介通过对象征性事件或信息进行选择和加工、重新加以结构化之后向人们提示的环境。由于这种加工、选择和结构化是在一般人看不见的地方（媒介内部）进行的，通常人们意识不到这一点，而往往把拟态的环境作为客观环境本身来看待"[2]。《十日戏剧》《大楚报》以及《汉口导报》等众多的报刊媒体深受传统社会性别观念的影响，在公众看不见的地方，对一些信息进行有倾向性的选择、加工以及结构化，从而形成了一种对汉剧坤伶极为不利的拟态环境。尽管这种拟态环境并非真实的客观环境，但是广大受众并没有意识到这一点，依然将其认识和判断建立在从这种拟态环境中获得的信息之上。

既然在个体与现实环境之间已有一个拟态环境置于其中，那么个体的行为毫无疑问是对拟态环境的回应，"但是，正因为这种回应是实际的行

---

① Minsky R. *Psychoanalysis and Culture*：*Contemporary States of Mind*［M］. Cambridge：Polity Press，1998：2.

② ［美］李普曼著、林姗译：《舆论学》，华夏出版社 1989 年版，第 9 页。

为，所以它的结果并不作用于刺激引发了行为的拟态环境，而是作用于行为实际发生的现实环境"①。也就是说，广大受众在拟态环境的作用下产生了相应的行为，但是这种实际行为的结果并不对拟态环境产生影响，而是作用于客观的现实环境。因此，从这一角度而言，观众在回应媒体所造成的拟态环境的刺激过程中产生的行为，其结果却指向并作用于现实生活中的汉剧坤伶，将她们视为汉剧衰落的红颜祸水，从而对她们采取鄙弃和疏远的态度。

三、媒体的规训与窥探

1923—1949 年，对汉剧坤伶较为关注并时有报道的报刊媒体众多，如报纸有《大楚报》《太阳灯》《新汉口日报》《汉口导报》以及《罗宾汉报》等，杂志则有《戏世界》《戏剧旬刊》《十日戏剧》等。

对于坤伶存在的问题，一些媒体站在规训者的立场上予以训诫或指导。1935 年 8 月，汉口市当局开办训练班对汉剧艺人加以改造。对于这种名不副实的汉剧训练，艺人们当然消极抵制。一些媒体就对汉剧伶人尤其是坤伶严加训诫，并建议对屡教不改者开除学籍。

对于在生活和道艺上的问题，一些媒体也不遗余力地加以劝勉。剧评人齐天大圣苦口婆心地指点道，当前汉剧男伶人才凋零，后继乏人，将来传承汉剧艺术的，恐怕非坤伶莫属。因此，坤伶切不可因贪图眼前的荣华富贵而受到他人蹂躏。况且汉剧坤伶用心比男伶更为专一，如果潜心研究汉剧艺术提高表演水平，或可挽救汉剧之危亡。"设坤伶正在艺术上求进步，虽有万恶家长，将何以处之哉，总之'木必先腐而后虫生'，双方均难辞其咎也。"② 由此可知，他竭力劝诫坤伶要洁身自好潜心道艺，不要因贪图虚名而贻误了自己的前途。剧评人梦梅也用心良苦地劝告道："所以我劝一般兼营副业的坤伶们，应该看清自己的地位立场，决定自己的出路，再不要这样扯烂污了。唱戏并不是下贱事，玩意到家了，还是能挣大洋钱，拿大包银的。"③

对于坤伶的舞台表现，一些媒体也不时评点提醒，"张美英之樊梨花，小仙娥之柳迎春，刑部探监，夫妻乍见，虽可抱头痛哭。然小、张二

---

① ［美］李普曼著、林珊译：《舆论学》，华夏出版社 1989 年版，第 9 页。
② 齐天大圣：《由男伶日衰说到坤伶嫁人》，《罗宾汉报》1935 年 11 月 22 日至 23 日第 3 版。
③ 梦梅：《梦梅剧话·告汉剧女演员》，《罗宾汉报》1935 年 8 月 27 日至 28 日第 2 版。

伶俱属坤伶，不宜相抱，吴天保身为男演员，当知自清界限，幸注意之"①。红艳琴在汉剧坤伶中首屈一指，颇受"顾曲者"赞许。不过，"唯爱笑场，为识者不取，此种毛病，设不极力革除，对于声誉不无关系也啊，希红伶勉之"②；"生性顽皮，演盗宗卷之张苍寻书时即发一笑声"③。

对于一些坤伶改过自新追求进步，一些媒体也及时加以褒扬。汉剧坤伶严玉声以前在天声戏院演出时寂寂无名，剧评人齐天大圣在《罗宾汉报》上撰文，肯定了她加入新市场以来在技艺上的进步，赞扬了她摒弃"长头发""金首饰"等毛病，同时指出了她表演上的不足并提出殷切的希望。"昨见伊演《元旦节》……台风之帅，神情之紧，求诸最近群雌中，实不多见，后唱'列公大人——'之垛子，抑扬顿挫，极令节奏，惜'夜深沉'鼓点，似与胡琴，不甚吻合。设能求教何鸣峰、陈二红辈，必美玉无瑕矣。"④ 齐天大圣对红艳琴从谏如流也大加赞赏："该伶对艺事从不自满，虚心求教，有过即改。忆畴昔出场，金器满手，后经舆论指责，现在演戏，遂完全去掉，从谏如流之志，可见一斑。希坤伶辈均以艳琴为法也。"⑤

剧评人乔学文撰文指出坤伶刘金娥的失误，在发现她改正后，又撰文予以表扬，同时又称赞了坤伶盖鑫培的细心，呵护之意溢于言表："予曾观坤伶刘金娥演《百花亭》一剧，竟不戴凤冠而梳盘髻，经为文纠正后，刘娘嗣后即不踏覆辙矣。又某夕观坤伶盖鑫培之《龙舟会》，盖伶持白纸折扇，未出门前，即对余表示曰：'今日演此，未持黑纸扇，请有以恕我。'盖箭门之皂头无一儒雅之身份，持白纸扇，殊不适合，汉剧坤伶中，能如此细心者，实未可多得也。"⑥

一些媒体对年轻坤伶也多有褒扬之词。如筱金艳"其为汉剧坤伶须生筱金钟之妹，黄春三之弟子，习花衫（八贴），龄二九。初次露面于本市京汉舞台，《赶会场》《梅龙镇》二剧能乐而不淫，俗不伤雅，如善文者富于含蓄，小小年纪能有此成绩当难能可贵也"⑦。此外，一些媒体也表露了对汉剧坤伶的爱护之意，特别是在她们遭到观众的不公正对待之

---

① 藏云阁主：《长乐聆歌记》，《罗宾汉报》1935 年 5 月 6 日第 2 版。

② 齐天大圣：《新市场：汉剧伶人点将录》，《罗宾汉报》1935 年 9 月 24 日第 3 版。

③ 藏云阁主：《汉剧坤伶识小（一）》，《戏世界》1935 年 6 月 25 日第 4 版。

④ 齐天大圣：《知过必改：严玉声怕人说坏话》，《罗宾汉报》1935 年 9 月 28 日第 3 版。

⑤ 齐天大圣：《听歌拾零》，《罗宾汉报》1935 年 7 月 30 日第 3 版。

⑥ 乔学文：《新秋楼剧话》，《汉口导报》1948 年 10 月 10 日第 3 版。

⑦ 摘春：《记坤伶筱金艳》，《戏世界》1934 年 7 月 2 日。

时。"武昌共和，日前筱洪元演《收姜维》一戏，全场大喝倒彩。余亦在座，颇为惊讶，细听该伶所唱，并无落字掉板，后始知因当时楼座某处，口角争斗，妨碍其他观众，有少数人发声以警告彼争斗者，适筱洪元嗓音暗塞，他人误会，以为对该伶之倒彩，随声附和。"① 坤伶小元龙也有类似的遭遇。② 一些媒体也为有天赋的坤伶被埋没而扼腕叹息。

对部分知名坤伶，一些媒体有褒有贬，如对红艳芳即是如此。"艳琴之姊，年华豆蔻，丽质天成。工贴角，以活泼俏丽胜，艺事不恶，为嗜斯道者所称许。近偕乃妹承组凌霄游艺场之汉剧班，开幕以还，生意鼎盛，是正示红姨叫座之魔力也。前夕观伊扮演《四进士》之万氏，艳而不淫，俗无伤雅，火候臻乎纯青矣。"③ 京剧老生谭小培惊为天人，对她赞赏有加。此外，媒体对其懒散、不求上进也多有批评，"惜太浪漫，于艺术不求深造，令人可惜，苟专心向上，把演戏当正业，又兼有此扮相，不难博得好评也"④。

一些媒体寄希望于汉口戏剧审查委员会，期望它发挥应有的作用。其中，无疑包含对一些行为不检点的汉剧坤伶予以规训之意。按照相关规定，各剧种艺人每年必须到该会登记一次。但是，1933 年又到登记之时，当局并早已下发通知，情形却不尽如人意，"各剧演员遵章登记者竟寥寥无几。该会亦无其他表示，形式实同废弛，若果威信一失，各剧演员必更抱观望态度"⑤。因此，对于各剧种艺人们不按时登记的违规行为，媒体建议不能听之任之，应当尽快采取补救措施。

当然，也有些媒体站在窥探者的立场上对汉剧坤伶予以报道。有的不免站在男性的立场上对坤伶品头论足以博读者一笑。如提及坤伶张美英臀大足小，⑥ 有的则嘲笑坤伶养尊处优行路困难。⑦ 一些媒体为招徕读者提高发行量，竭力满足公众窥探坤伶私生活的心理，于是热衷挖掘坤伶的风流韵事，甚至不惜捕风捉影胡编乱造。1933 年 6 月 19 日，《先锋日报》"武汉风光"栏刊出一则新闻《富贵人爱牡丹花》⑧。这则新闻暗指市长吴国桢（1932 年 10 月至 1938 年 10 月担任汉口市长）狎爱凌霄戏园坤伶

① 木贞：《筱洪元饱受倒彩》，《罗宾汉报》1935 年 6 月 11 日第 3 版。
② 行者：《被埋没了的天才汉剧坤伶小元龙》，《罗宾汉报》1935 年 9 月 5 日第 3 版。
③ 陶：《志红艳芳》，《罗宾汉报》1935 年 2 月 16 日第 2 版。
④ 齐天大圣：《新市场：汉剧伶人点将录》，《罗宾汉报》1935 年 9 月 24 日第 3 版。
⑤ 磊石：《所望于戏剧审查委员会者》，《戏世界》1933 年 11 月 2 日。
⑥ 耿人情：《汉剧见闻录·张美英一大一小》，《太阳灯》1933 年 5 月 25 日第 2 版。
⑦ 巡阅使：《长乐坤伶行路难》，《罗宾汉报》1936 年 1 月 18 日第 3 版。
⑧ 彭勃：《中华监察执纪执法大典》（第 2 卷），中国方正出版社 2002 年版，第 894 页。

小牡丹花，由于姓名隐约，并未引起当事人吴国桢的注意。1933年7月8日，吴国桢收到南昌行营来电，令其对"'连日在小牡丹花家中打牌，及与该伶同至凌霄园中看戏'等舆论做出解释"①。原来，那天中午，此小报的记者从小牡丹花居住的丰成里巷口经过时，发现吴国桢的轿车停放在那里，于是捕风捉影地炮制了《富贵人爱牡丹花》的假新闻。

剧评人落拓青衫也感叹道，虽然大多数汉剧坤伶不肯同流合污出卖色相，但是一些坤伶应堂差兼营副业是无法掩盖的事实。② 这些报道在满足公众窥探欲望的同时，不知不觉地将坤伶塑造成伤风败俗的"淫伶"，使得她们的形象日益负面化。

需要指出的是，上述媒体主要是通过"议程设置"功能将汉剧坤伶逐渐"污名化"的。"媒体虽然不能左右人们的具体想法，但可以左右人们去想什么以及接受某些信息的先后顺序。"③ 这种效果是通过赋予议题不同的显著性来实现的。许多媒体采取贱视坤伶甚至有意将其妓女化的做法并"相沿成风"，显然在相当程度上影响了受众对汉剧坤伶的认知和判断。在男性主宰的话语体系下，男性建构了完整的归属于男性价值观念的表达性别差异的象征符号。④ 上述媒体正是由男性偏见编码的社会性别观念的承载者和传播者，它们不约而同地将游离于传统女性角色之外的汉剧坤伶建构成隐含"色情""性"的形象符号。在它们的规训下，汉剧坤伶的自我认知日益向男性的视角和价值观念靠拢，日益陷入到对现存性别秩序和性别观念不予抗辩的"沉默的螺旋"之中。从另一角度而言，作为一种文化符号的女性，"只是由男性命名创造，按照男性经验去规范，且既能满足男性欲望，又能消其恐惧的空洞能指"⑤。在传统社会性别观念和性别秩序的不断再生产过程中，1923—1949年的汉剧坤伶不知不觉中沦为这样一个"空洞能指"。

19世纪末，奥地利学派的代表人物欧根·冯·庞巴维克首创"社会资本"（social capital）这一术语，指个人或组织从社会获取的各种资源或资金的总称。⑥ 法国社会学家皮埃尔·布迪厄将社会资本引入社会学领域，他认为，社会资本的内核是现实或潜在的资源集合体，而与之关系密

---

① 彭勃：《中华监察执纪执法大典》（第2卷），中国方正出版社2002年版，第894页。
② 落拓青衫：《东篱漫话·附和梦梅的一番议论》，《罗宾汉报》1935年4月23日第2版。
③ 郭庆光：《传播学教程》，中国人民大学出版社1999年版，第194页。
④ 王岳川：《后现代主义文化研究》，北京大学出版社1992年版，第384页。
⑤ 赵树勤：《女性文化学》，湖南师范大学出版社2015年版，第145页。
⑥ 李慧斌、杨雪冬：《社会资本与社会发展》，社会科学文献出版社2000年版，第129页。

切的制度化的关系网络对一个群体中的成员所取得的身份和地位尤为关键。

从身份认知来看，当时伶人属于"下九流"之列。汉剧坤伶的身份蕴含着演艺技能、职业声望、社会地位以及价值意义等要素，而每个要素的改变都会在不同程度上影响着她们对自身身份的认知。辻听花对当时伶人的卑贱地位有着深刻的认识："中国优伶之社会的地位，曩者极其卑贱，常人不屑与之为伍。虽至今日，其地位仍不免世人之轻视，恰为日本俳优，元同乞丐，被人摈斥。华人之社会的阶级，本分数种，如业剃头者，修脚者，地位最卑，人咸蔑视。优伶亦在其列。"①质言之，身份认同的建构是他者与自我相互作用的结果。只有他者为其提供整体的意象，自我才能实现自我认同。②

1923—1949年，政府和媒体是汉剧坤伶群体"女戏子"身份"他者"建构的主体，在引导社会公众形成整体性的态度方面发挥着重要作用。这些他者的评价会悄无声息地渗透到作为主体的汉剧坤伶的心理层面，进而影响她们的自我身份的生产和认同。由此，我们不难窥见汉剧坤伶"女戏子"身份背后的政治意识形态设计。在这一时期，在剧场公然展示自己身体以获取报酬的汉剧坤伶依然受到主流意识形态的排斥，她们显然有别于养在深闺的"贞洁"女子。诚然，汉剧坤伶群体的身份认同作为自我意识的产物在建构之时又具有相当的能动性。遗憾的是，早期汉剧坤伶大部分出自娼门，有些坤伶还私下应堂差卖淫，加之坤伶为满足观众的需求不得不扮演娼妓或出演风骚戏，以上种种使得一般民众不知不觉地模糊了坤伶与娼妓的界限，甚至将二者等同起来。③

毋庸置疑，汉剧坤伶在社会规范资本、社会关系资本和社会组织资本等方面皆处于弱势地位。所谓社会规范，是人们出于共同生活的需要在社会实践中约定俗成的准则、标准和价值体系。④因汉剧坤伶的社会地位低下，又勃兴于社会转型之际，对于其合法权益，既缺少法律法规等正式规范的保护，又未形成相应的价值观念、道德准则等非正式规范予以支持。与此同时，汉剧坤伶因文化程度和社会地位低下，社会交往对象除了少数

① [日]辻听花：《菊谱翻新调：百年前日本人眼中的中国戏曲》，浙江古籍出版社2011年版，第85页。

② [斯洛文尼亚]斯拉沃热·齐泽克著、季广茂译：《意识形态的崇高客体》，中央编译出版社2002年版，第33页。

③ 郑维维：《社会史视角下的汉剧（1912—1949）》，人民出版社2016年版，第196页。

④ 吴健辉等：《社会主义新农村建设下的农村社会资本培育研究》，《农业经济》2009年第5期，第13~15页。

动机不良的干爹干哥们外，其余多属于社会中下层，社会交往空间相对封闭，因此造成了她们的社会关系资本较为匮乏。

最初，坤伶一直被拒于汉剧公会之外。后来虽然被吸纳，但是汉剧公会长期处于涣散无力的状态。① 1935 年，曾有人在《戏世界》上发文呼吁汉剧公会改变这种现状，认为北平的梨园公会、上海的伶界联合会是有显著成绩的，而汉剧公会"委实令人痛心，在过去虽具有形式上的组织，内容却窳败不堪，因循到现在，几乎连这个形式上的团体也不能存在，现在汉剧没落到不可收拾的地步，可以说是不团结不坚固所致"②。由于缺少社会组织资本的有力支持，汉剧坤伶无法通过正式的渠道表达自己的合理诉求，也难以通过组织力量向政府施压以保障自己的利益和安全。

出身卑微，职业"下九流"，社会资本匮乏，社会保障欠缺，在社会关系网络中处于弱势地位，以上种种原因导致汉剧坤伶的正当权利易受侵害。从社会资本的角度来看，汉剧坤伶就是处于当时社会组织结构底端的弱势群体。由于在社会关系网络中的弱势地位，加之在社会性别上的劣势，汉剧坤伶受到社会黑恶势力的凌辱、动机不良的捧角者"重色轻艺"式的畸形追捧（这正是她们恶劣的现实处境的折射）以及政府、媒体居高临下的规训或窥探，也就在所难免了。更令人痛惜的是，一些坤伶或迫于无奈或自甘沉沦，有意无意地参与"盘红帽""清倌人"等种种骗局中。这样，她们就在社会的规训和自我规训之中，由处于社会底层的被侵害者逐渐演变成为人所不齿的侵害者，从而不自觉地参与到社会性别秩序的再生产过程之中。同时，毋庸置疑，这些行为进一步强化了人们对汉剧坤伶的"社会刻板印象"。

①   朱伟明、陈志勇、孙向峰：《汉剧史论稿》，人民出版社 2016 年版，第 353 页。
②   汉剧一份子：《希望于汉剧公会的》，《戏世界》1935 年 3 月 29 日第 3 版。

第三章　汉剧坤伶的演艺生涯、艺术贡献及生活状况

自 20 世纪 20 年代中期以来，通过私家或科班培养的汉剧坤伶先后登台开启演艺生涯。她们学艺时间有长有短。真正的坐科学习一般需要 4~5 年时间，而私家培养的坤伶学戏时间多是一年半载，且行当不全。演出时间有旺季和淡季之分。同处于汉剧场域中的坤伶之间有竞争也有互助。不过，她们的艺术生命一般而言较为短暂。由于行当、技艺和容貌等的差异，坤伶之间的收入差距较为悬殊。因社会地位低下和社会资本匮乏，她们的婚姻往往不尽如人意。与此同时，许多坤伶在不知不觉中染上了"赌博""吸毒"等恶习。

第一节　汉剧坤伶的演艺生涯

1923—1949 年，汉剧坤伶之出身有梨园、娼门和贫寒之家之别。这种差异导致她们学艺方式有幼承家学、延师学戏以及拜师入科的分野。一般而言，汉剧坤伶的演艺生涯较为短暂，在 16~25 岁最受欢迎。不过，她们大都或因出嫁或因年长色衰，较早地离开了舞台。

一、坤伶的数量之谜

1923—1949 年，通过私家和科班等方式，先后培养出三批汉剧坤伶。20 世纪 20 年代初，武汉黄家、李家、彭家、杨家、胡家、刘家、吴家、韩家等八家（其中有六家确认是"鸨母"或者"龟头"身份），培养了黄大毛、红艳琴等 25 名第一批坤伶；其他家知名坤伶有 6 人。此外，沙市培养的第一批坤伶有 8 人。上述坤伶共计 39 人，其中一末 8 人，二净 1

人，三生 9 人，四旦 4 人，五丑 3 人，七小 2 人，八贴 12 人。① 第二批坤伶的培养自大革命至 1930 年，有 400 余人，② 武汉见于名录者有 65 人（含新化科班），其中一末 13 人，二净 1 人，三生 11 人，四旦 14 人，六外 2 人，七小 8 人，八贴 17 人。③ 沙市、宜昌培养坤伶数十人。第三批坤伶的培养自 1931 年至 1950 年前，有 100 余人，④ 见于名录的有 105 人（含 1941 年创办的汉字科班 15 人），其中一末 11 人，三生 21 人，四旦 22 人，五丑 3 人，六外 4 人，七小 10 人，八贴 28 人，九夫 2 人，十杂 1 人。⑤

汉剧坤伶情况较为复杂，若要准确统计难度较大，其原因在于有正在学艺尚未登台演出的以及无班可搭赋闲在家的等不同状况。⑥ 正如 1935 年 5 月的《罗宾汉报》所言，"故迄今数载，汉剧坤角究有若干，询之汉剧坤角，亦无结果"⑦。相较而言，青衣泰斗李彩云的估算较为可信，其认为三生行当约有 50 人，但大多不常登台；旦角人数则在 120 人以上，但其中有 70 人以上不常登台；坤伶数量 350 人左右，其中不曾登台有 200 人。⑧ 这一结果是对各位教师所带坤伶数量加以汇总统计得来的，虽然可能存在一定的误差，但是比较接近真实情况。⑨

1935 年 8 月，汉剧艺人训练班如期举行。不过，当时参加训练班并见于名录的坤伶仅有 41 名。⑩ 根据官方规定，只有参与训练且合格的伶人，才能合法登台表演。因此，1935 年前后能够合法登台的坤伶不过 40 人左右。但实际上，坤伶日益增多，其数量约占汉剧艺人总数的一半。⑪ 也就是说，有很多坤伶没有参加训练班，因此她们不具备登台演出的合法资格。那么，这些汉剧坤伶到哪里去了？"一般坤伶，多数人还是在把唱汉剧作招牌，干私营生，就恍惚那唱'群芳会'的姑娘姐儿们，要借清

---

① 刘小中、郭贤栋：《汉剧史研究》，武汉市艺术研究所 1987 年版，第 305~306 页。
② 刘小中：《湖北文史资料·汉剧史料专辑》，湖北省政协文史资料委员会 1998 年版，第 285 页。
③ 刘小中、郭贤栋：《汉剧史研究》，武汉市艺术研究所 1987 年版，第 314~315 页。
④ 刘小中：《湖北文史资料·汉剧史料专辑》，湖北省政协文史资料委员会 1998 年版，第 286 页。
⑤ 刘小中、郭贤栋：《汉剧史研究》，武汉市艺术研究所 1987 年版，第 315~316 页。
⑥ 《汉剧坤角统计》，《罗宾汉报》1935 年 5 月 6 日第 3 版。
⑦ 《汉剧坤角统计》，《罗宾汉报》1935 年 5 月 6 日第 3 版。
⑧ 《汉剧坤角统计》，《罗宾汉报》1935 年 5 月 6 日第 3 版。
⑨ 《汉剧坤角统计》，《罗宾汉报》1935 年 5 月 6 日第 3 版。
⑩ 《汉剧训练开学》，《罗宾汉报》1935 年 8 月 1 日第 3 版；《汉剧演员籍贯年龄录》，《罗宾汉报》1935 年 8 月 1 日第 3 版。
⑪ 梦梅：《梦梅剧话·告汉剧女演员》，《罗宾汉报》1935 年 8 月 28 日第 2 版。

唱来招揽生意是一样的。"① 可见，虽然培养一大批汉剧坤伶，但只有其中的少数人是真正以汉剧演出为职业的。《罗宾汉报》在 1948 年 3 月 24 日至 7 月 7 日的第 2 版上，共计刊载 73 名汉剧坤伶的别纪小传。在《汉剧史研究》中，曾列出了在抗战期间死亡的 23 位知名汉剧坤伶，其中一末 5 人，三生 4 人，四旦 4 人，七小 2 人，八贴 8 人。② 在这 23 名坤伶中，有 3 人（云仙子、花艳秋和鲁春艳）在前述坤伶的别纪小传名单中出现过。据此，可推知 1923—1949 年先后活跃在汉剧舞台上的知名坤伶人数在 100 名左右。

二、学艺经历和演出状况

大多数汉剧坤伶从童年时期便开始了艰难的学艺生涯。俗语云："天下有三丑，王八戏子吹鼓手。"自古以来，"娼优隶卒"是社会地位最低下的人，遭到人们的轻视也就在所难免。即便是在 20 世纪 20 年代，来自社会对伶人的鄙夷依然十分浓重，如汉剧艺人李春依曾想将其子李罗克送入私塾学堂读书，遭到了断然拒绝。③ 在这种社会氛围下，坤伶的来源主要有三种：一是梨园子弟，二是娼门的养女，三是没落之家或贫寒之家的女子。社会民众若非贫苦无依走投无路，大多不会让其女从事汉剧行业，当受人歧视和凌辱的女戏子。有的汉剧坤伶是因为家道中落才走上这条路的。"有的是从票友下海的，再有的是堂班的姑娘（妓女）。因为应堂差的关系，必须要学几句戏，才算是时髦姑娘。"④

梨园子弟出身的坤伶，学戏条件得天独厚。如名伶李绍云是李彩云的亲生女，十多岁时学花旦戏，"天资聪颖，一天能够学熟一出戏，她的父亲教她的戏，不消说，是更用心了，将生平所有尽量传授。到底是家学渊源，不同凡响，登台之初，即露头角，论扮相，压赛其他坤伶花衫。到了十七八岁的时候，长得如出水芙蓉，艺术自是高人一等，名振武汉，内外行，均叹为奇材"⑤。从文化资本的角度来看，出身梨园家庭的坤伶，她们所继承的汉剧文化资本总量要高于其他出身者，因此也更容易在汉剧场域中得到认可。⑥ 坤伶占有文化资本的差异，无疑对她们在汉剧场域中的

①　梦梅：《梦梅剧话·告汉剧女演员》，《罗宾汉报》1935 年 8 月 28 日第 2 版。
②　刘小中、郭贤栋：《汉剧史研究》，武汉市艺术研究所 1987 年版，第 340~341 页。
③　方月仿：《汉剧名丑李罗克的艺术人生》，《武汉文史资料》2002 年第 6 期。
④　《谈谈坤伶的出身与嫁人》，《罗宾汉报》1935 年 10 月 12 日。
⑤　英杰：《汉剧坤伶别纪·李绍云》，《罗宾汉报》1948 年 5 月 17 日第 2 版。
⑥　宫留记：《布迪厄的社会实践理论》，南京师范大学 2007 年博士学位论文，第 44 页。

竞争有着较为重要的影响。出身于名伶家庭的李绍云，耳濡目染之中就积累起较为丰厚的汉剧文化资本，因此很快就能在众多的坤伶中脱颖而出。陈雏凤也是如此，她是老旦泰斗陈凤钦的亲生女，在其父的安排下拜在李长芬名下学须生。她有着家学渊源，又天资聪敏，领悟能力强，往往一学就会。① 红云霓是"已故名青衣冷天仙嫡亲女儿"，在她10岁时，被卖给云仙子做养女并学戏，期限8年方可获得自由。② 坤伶王艳芳是已故老伶工王福林之女，受其父悉心传授。③ 陈俊峰是名坤伶青衣陈玉燕之养女，"工须生……能吃高调，起码在乙字调以上，因为他正在十四五岁的当中，此时是童音，陈玉燕存心要把他学成功，也花了不少的钱请师父与他说戏扮身段"④。花艳秋是"老生胡桂林的外甥女，小时就拜在已故名伶雪花的名下学花旦"⑤。坤伶陈宝林是专门替戏班中包办伙食的陈老四之女，在其父的安排下拜在须生李汉樵的名下。⑥ 由上可知，不仅是与名伶存在血缘、亲缘关系的坤伶有着得天独厚的优势，即使处于网络边缘的行动者如包办伙食的陈老四，也可以利用其拥有的资本使其女得以亲授于名伶。胡春艳口述，她1930年出生，自小热爱汉剧，七岁左右开始学戏，她的老师主要有两位：一个是唱青衣的黄楚云，一个是唱花旦兼老旦的石辉南。她的母亲是名伶七岁红（胡梦兰），在汉正街唱戏，她跟着母亲学戏、唱戏。

　　娼门出身的坤伶，大多延师至家中说戏。第一批坤伶大都如此。如黄大毛初拜名师张月红习花旦，又拜在冷天仙名下习青衣，后参师董瑶阶（艺名牡丹花）、李彩云等。黄小毛初拜陈二红习三生，后拜华千喜习老生。花牡丹拜刘天香习花旦，等等。她们开始学戏时年龄较小，其中最大者黄大毛也仅13岁。她们先是学汉剧唱堂会，后见七龄童登台，一般在学戏一年左右就上台演出。如黄大毛13岁学戏，14岁登台；花牡丹12岁学戏，13岁登台。此外，也有娼妓出于对自己今后生计的考虑主动要求学习汉剧，如程双喜，"知书识礼，秀外慧中，老伶工李彩云，为之说戏……现在高唱禁娼，双喜恐无出路，着二妹顺喜，三妹慧文，从事汉剧，以为将来之啖饭计"⑦。

---

① 英：《汉剧坤伶别纪·陈雏凤初试新声》，《罗宾汉报》1948年6月26日第2版。
② 《汉剧坤伶别纪·红云霓》，《罗宾汉报》1948年5月29日第2版。
③ 《汉剧坤伶别纪·王艳芳》，《罗宾汉报》1948年6月28日第2版。
④ 《汉剧坤伶别纪·陈俊峰》，《罗宾汉报》1948年6月15日第2版。
⑤ 英：《汉剧坤伶别纪·花艳秋》，《罗宾汉报》1948年7月1日第2版。
⑥ 《汉剧坤伶别纪·陈宝林》，《罗宾汉报》1948年6月25日第2版。
⑦ 齐天大圣：《谈谈汉剧坤伶》，《罗宾汉报》1935年6月11日第3版。

没落之家或贫寒之家出身的坤伶，她们学习汉剧艺术，或拜名师，或入科班，或二者兼而有之，不一而足。如花中侠，"她是满春幼女社科班出身，坐科时，名为新化仙，长得矮矮胖胖的身材，嗓子是特别圆润，每歌一剧，如黄莺出谷。出科时，又拜李彩云、陈月仙二人名下习艺，青衣各种巧腔，她都能哼唱，当年名驰武汉，与万仙霞（笔者注：被誉为坤伶中的青衣大王），几不分上下"①。万盏灯，幼时随母在纱厂做童工，"12 岁拜名师张月红学艺，受其疼爱并得其真传。后又与余洪元、牡丹花、吴天保等十大名角同台演出，受到他们的艺术熏陶"②。陈伯华，9岁入新化科班习八贴，深受蒙师刘本玉赏识。出科后，又毅然将刘本玉接到家中传艺。此后，又有幸得到名伶董瑶阶、李彩云的喜爱，后被董瑶阶收为义女并得其真传。此后，又与余洪元、大和尚、周天栋等名伶同台演出。③

1928 年，在汉口美人后巷铜业会馆举办的新化女子训幼社，招收 7~13 岁的女孩，招收名额初定为 50 人，后因报名者踊跃增加至 65 名。凡报考学生，均由保人（介绍人）和家长送来面试。首先由班主、主考老师品看学生扮相和身材，再听学生的嗓音。梨园子弟由主考老师引唱一两句，外行子弟则教他（她）喊一喊嗓子。基本合格后，即通知保人和家长签订契约。立约后方可进入科班学艺。④ 当时汉剧艺人只供奉两个老郎菩萨，"一个是黑胡须的唐玄宗，一个是无须的白净脸唐庄公。女科班敬的自然是无须白净脸"⑤。

汉剧坤伶从入班到出科，一般需要 4~5 年。在此期间，坤伶们几无自由可言，生活艰苦，课程枯燥，身心疲惫，但因惧于严厉的班规和体罚，大多不敢懈怠敷衍。晚清以降，汉剧班社已形成完备的后台管理制度，对演员的品行、座位以及言行举止等都做出了具体而明确的规定。"汉剧伶人不论坐科学戏，还是出科搭班，都要牢记如下戒律：一不能忘师败道；二不能在班思班；三不能背班私逃；四不能成群结党；五不能坐班折底；六不能临场推诿；七不能见场不救；八不能奸淫邪道；九不能冒

①　《汉剧坤伶别纪·陈俊峰》，《罗宾汉报》1948 年 5 月 23 日第 2 版。
②　刘小中：《湖北文史资料·汉剧史料专辑》，湖北省政协文史资料委员会 1998 年版，第 287 页。
③　刘小中：《湖北文史资料·汉剧史料专辑》，湖北省政协文史资料委员会 1998 年版，第 288 页。
④　刘小中、郭贤栋：《汉剧史研究》，武汉市艺术研究所 1987 年版，第 359 页。
⑤　孟保安：《汉剧大师陈伯华评传》，武汉出版社 2012 年版，第 50 页。

犯公堂；十不能偷盗拐骗。"① 除此之外，对于新化科班的坤伶，还有一些更具体的规定：一不准偷懒贪玩，二不准撒野撒娇，三不准顶嘴狡辩，四不准喧哗打闹，五不准偷吃零食，六不准涂脂抹粉，七不准擅自外出，八不准逛街观景，九不准怕苦怕累，十不准中途逃学。② 新化科班的班规和体罚极为严苛，甚至会出现一人犯规全班受株连的情况。③ 年幼的陈伯华因在阳台观看街景差点被陈月仙师傅摔死。④

对于科班的规矩，当时的《笑报》亦有所披露："学剧六月，即使登台，实地练习，在三年肄业期内，不得受他处之聘，如缴学费者，六月登台时，即酌给工资，否则十二月后亦酌给工资，如中途无故退学者，则视其学剧程度，分甲乙丙丁，追缴学费，甲一千元，乙八百元，丙六百元，丁四百元。如在登台以后，有不顾人格，应堂差种种，则更处以二千元之罚金，其种种取缔极严。"⑤ 由上可知，女子科班对于中途转学、退学以及登台后应堂差等现象采取了较为严厉的防范措施。

新化科班是当时武汉市唯一的正式汉剧女子科班。不过，经费问题一直未得到有效解决，经常出现入不敷出的情况。"最初曾到商行会馆去唱戏，常常受到富商的冷遇和奚落，连开伙的钱都讨不到。"⑥ 后来，由于经济越来越拮据，只好边学戏边在满春等戏院演出，甚至东下九江演出来维持科班的运行。此外，还应邀去唱堂会。一般而言，在正月初一、元宵节、二月二、三月三、端午节、七夕节以及中秋节等日子，都要唱应节戏。达官贵人富商巨贾在婚丧嫁娶、祝寿贺喜以及开业志庆等之时，也会邀请汉剧戏班唱戏。⑦ 1931 年大水灾后，新化科班大受影响，经费更是捉襟见肘，万般无奈之下，只好宣告解散。

坤伶在登台之前，首先要取得合法的演出资格。1926 年 10 月，傅心一等组织成立了湖北剧学总会，第一批汉剧坤伶在他的支持下登记入会。于是，黄大毛、七龄童、黄小毛、吴惠英、红艳琴、杨小红、杨小琴、云

① 傅心一：《关于汉剧班社请台、戏箱和戏台制度》，《戏剧研究资料》1986 年第 15 期，第 157~162 页。
② 孟保安：《汉剧大师陈伯华评传》，武汉出版社 2012 年版，第 50 页。
③ 陈伯华、邓家琪、黄靖：《陈伯华舞台艺术》，上海文艺出版社 1988 年版，第 15 页。
④ 陈伯华、邓家琪、黄靖：《陈伯华舞台艺术》，上海文艺出版社 1988 年版，第 15~16 页。
⑤ 老陂：《女子汉剧之训育》，《笑报》1929 年 9 月 5 日第 3 版。
⑥ 陈伯华、邓家琪、黄靖：《陈伯华舞台艺术》，上海文艺出版社 1988 年版，第 20~21 页。
⑦ 陈伯华、邓家琪、黄靖：《陈伯华舞台艺术》，上海文艺出版社 1988 年版，第 22 页。

仙子等进了美成戏园，花牡丹、花芙蓉、盖鑫培、筱筱侠、筱飞侠、红牡丹等进了满春戏园，大鸿宝、筱鸿宝、刘玉楼、韩宝琴、韩宝艳、陈素秋等进了共和舞台，其他坤伶也搭进各种小班社。[①] 20世纪20年代，汉口市当局为加强对辖区内的戏曲活动和戏曲艺人的管理，成立了"戏剧审查委员会"，负责艺人登记、剧本审查以及戏剧改良等事务。1935年，汉口戏剧审查委员会对一些坤伶"应局侑酒"的现象加以取缔，并警告若再犯将取消演员资格。汉口当局对包括坤伶在内汉剧艺人群体的控制和规训，生动地展现了国家权力日益向大众文化和基层社会渗透的趋向。[②]

汉剧伶人入科学习或登台演出，大都会取一合适的艺名。第一批坤伶中，李家的花牡丹、花芙蓉、花和尚和花兰芳，彭家的大鸿宝、筱鸿宝、红宝莲，刘家的筱筱侠、筱宝侠、筱飞侠等皆是艺名，对于其真名，人们往往不得而知。第二批坤伶中，有万盏灯、七岁红、八岁红、九龄童、筱洪元、黑牡丹以及筱金艳等艺名。在1928年开办的"新化"科班中，坤伶皆以"新化"加一字为其艺名，如新化文（杨叔岩）、新化凤（高凤兰）、新化仙（夏中侠）以及新化钗（陈伯华）等。她们出科后，一般又会另起一艺名搭班演出，如新化兰周迎春后改艺名为凤凰旦，新化古戴一鸣改为代一鸣，新化钗陈伯华改为筱牡丹花等。第三批坤伶中，有小云亮、幼岁红、五岁红、小玲珑、小小牡丹花等艺名。

在上述艺名中，我们不难看出，有些坤伶为了引人注意，往往会选取红极一时的名伶艺名作为自己的艺名，不过通常在前面加上"筱、盖、赛"等字以示区别。[③] 如陈伯华出科后为打响名气，在当时著名的花旦大王董瑶阶的艺名牡丹花前加一"筱"字。而筱筱牡丹花，唱花旦，是老伶工王福林的弟子，她既不是董瑶阶的弟子，又不是筱牡丹花陈伯华的亲人。显然，也是循此套路。对这种现象，时人有所披露，"汉剧伶人中，亦难免有'世袭观念'。如平剧中之×派，×门，嫡传等然，例如牡丹花，坤伶中有筱牡丹花，筱筱牡丹花；余洪元后，坤伶中又有筱洪元，筱筱洪元。因此以为有增加身价之力也，殊不知闻者'肉麻'。且有一坤伶不仅夸大其词，并侵犯界限，或问何人也？即今日在美成隶演之坤伶一末盖鑫培焉"[④]。由此可见，汉剧坤伶企图借助名伶艺名扩大自己的影响和

---

① 刘小中：《湖北文史资料·汉剧史料专辑》，湖北省政协文史资料委员会1998年版，第283~284页。

② 任晓飞：《民国时期汉口戏曲艺人群体探微》，《武汉文博》2013年第2期，第8页。

③ 郑维维：《社会史视角下的汉剧（1912—1949）》，人民出版社2016年版，第170页。

④ 乔学文：《新秋楼剧话》，《汉口导报》1948年9月30日第3版。

象征资本的做法，时人并不太认同，对有意越界并凌驾于京剧表演艺术大师谭鑫培之上等类似的艺名更是厌恶。

在报刊媒体上，汉剧坤伶大多是以艺名出现的。有一媒体以《牡丹盛开新市场》为题，对汉剧"三牡丹"大加赞赏。"汉剧三牡丹，乃老牡丹、小牡丹、新牡丹是也。此三朵牡丹之花，为时下汉剧旦行之翘楚。以资格论，老牡丹花（董瑶阶）为汉剧旦行一代典型，至今虽然年岁稍长，仍能受人欢迎。小牡丹花为风头一时之人物，玉貌绮年，色艺双绝，允称汉剧坤伶花旦中之异彩，一般周郎甘愿拜倒其高跟鞋下者，大有人在。新牡丹为小牡丹花之妹，习青衣花旦，为新进人材，昨观其演《六月雪》'探监'一段，歌来嗓音清脆，表情亦佳。若再加深造，将来之声誉，不难与伊姐并驾齐驱。此三牡丹，现同隶新市场新舞台出演，无怪乎该台营业，有蒸蒸日上之势，诚得牡丹之力不少也。"①

汉剧伶人的演出档期，如其他剧种一样，一般都是从年初排到年末。就汉剧演出而言，一年之中最繁忙的时段莫过于正月到三月。如果卖座情况较好，可延至端午节。武汉夏天炎热冬季寒冷，因此夏季和冬季都是汉剧演出的淡季。因此，除了少数营业状况较好的茶园或戏院，大多要停业"歇夏"。如1933年夏，武昌汉兴舞台由朱洪寿等组班演出，因在此处纳凉的游客较多，营业尚可维持。"在农历九月和十月短暂的'秋档'高峰期之后，艺人档期再次减少，直至年末的'封箱戏'。每逢元宵、清明、中秋、除夕等节日，会举办各种与节日庆典内容相关的'应节戏'。"②再如1948年初，因受时局影响，各地都不能演唱。后又因"歇夏"，汉剧艺人无班可搭，穷困潦倒者甚众，汉剧公会人满为患。待到酷夏一过，局面为之改观，"各地'谱'、'会'戏已在发动，最近一星期内，已有杨伯龙、萧凌云、黄爱楼等数班，赴黄、孝、大冶一带卖唱'谱戏'，每班容大小演员数十人。故近日来汉地之大小演员，已被搜罗大半，汉剧公会亦顿形冷落。如美成开幕后，又可容纳数十人，计长乐、天声、美成、民众乐园四家汉剧院，今秋汉剧，势力相当强大矣"③。

同样是汉兴舞台，因冬天严寒观众稀少，不得不于11月底就正式封箱歇业。"游人寥寥，营业因此冷淡，余洪元与小牡丹花等伶，均辞班辍演，汉兴舞台以余等去后更难叫座，故于前日已宣告歇业。"④ 1923—

① 《牡丹盛开新市场》，《罗宾汉报》1935年2月14日第1版。
② 任晓飞：《民国时期汉口戏曲艺人群体探微》，《武汉文博》2013年第2期，第5页。
③ 英：《今秋汉剧势力大 汉剧公会顿形冷落》，《罗宾汉报》1948年8月20日第2版。
④ 侦探：《汉兴歇后之债务纠葛》，《戏世界》1933年11月30日。

1949 年，除商业性的演出外，坤伶们还需要参加汉剧公会和地方当局频繁举办的各种各样的赈灾义演与劳军公演，这使得她们疲惫不堪却又无可奈何。

戏院演戏，白天所演称"日戏"或"早戏"，晚上则称"夜戏"或"晚戏"。汉口的戏院大抵日戏、夜戏均演，但以夜戏为主。当时的汉口市民习惯晚上七点以后吃晚餐，因此，戏院开锣时间一般定在晚上八九点之间，幺台（闭幕）时间一般定在晚上十一点左右。夏季时，可延长至十一时三十分。① 1947 年，《汉口导报》记载："本市戏院歌厅商业公会，以时届夏令，昼长夜短，电流开放过迟，若提前开映，深感观众为时间限制，影响营业，昨特呈准市府，规定夏令营业时间，以不超过下午十一时三十分为原则，以维商艰云。"② 于是，有不少戏院将开演时间提前至下午六时，而一般观众多在七时吃晚餐，由于时间上的冲突他们只好放弃观戏。③ 当然，"其他方面也有原因。但一俟时局转好，天气转凉，各家营业，则大致可望好转也"④。

当时，汉剧是武汉民众娱乐生活的重要内容之一，几乎每天都有戏院演出汉剧。当然，汉剧班社还会在时令节日、祭祀仪式以及赈灾筹款之时进行演出。就时令节日而言，如在端午节往往会上演《白蛇传》，七夕节则上演《天河配》（又名《天仙配》），中秋节则排演《广寒宫》等剧目。有些娱乐场所别出心裁，通过燃放焰火等来吸引观众，如新市场通过这种方式销售门票高达 2 万张以上，老圃销售的门票也有 1 万张左右。⑤ 汉剧班社还往往会自发地组织义演，或赈济灾民，或慰劳抚恤伤亡战士，或为贫寒的优秀学生募集助学基金。⑥

此外，在武汉沿江沿河码头等地的居民，多信奉杨泗将军。因此，汉口、汉阳等水码头每年都会举办"六月六杨泗会"。在"杨泗会"上的演出，会给正处于"歇夏"之时的汉剧艺人们带来一笔不菲的收入。"每个码头除了酬神张筵以外，汉剧献唱是免不了的。于是在空场上搭一临时短台，杨泗将军的神像供在其中，台上锣鼓喧天，在烈日炎炎之下，听戏的人挤得水泄不通，如有某大王或某坤角前来，则万头攒动，均欲先睹风采

---

① 郑维维：《社会史视角下的汉剧（1912—1949）》，人民出版社 2016 年版，第 113 页。
② 《夏令日长夜短，戏院散场改迟》，《汉口导报》1946 年 6 月 7 日。
③ 《看戏不比吃饭 戏院观众减少》，《汉口导报》1947 年 9 月 4 日第 3 版。
④ 《看戏不比吃饭 戏院观众减少》，《汉口导报》1947 年 9 月 4 日第 3 版。
⑤ 《汉口中西报》1922 年 10 月 7 日第 3 版。
⑥ 吴佳文：《民国时期的武汉汉剧活动与文化》，《歌海》2017 年第 6 期，第 53 页。

为快。……在此五黄六月歇夏之期，汉剧演员有了杨泗会这桩收入，虽无大济，也不无小补呢。"①

这种演古酬神的活动，称为"会戏"。所谓会戏，"就是湖北城乡会馆、公所、寺庙为敦睦乡谊，酬神还愿，各有特定会期，在戏楼或在广场搭台唱戏，并同时进行贸易活动。江汉平原及鄂东南地区俗称唱会戏。襄阳地区及鄂北则称为唱庙会。不同的会戏，都有各自特定的剧目"②。这种会戏在当时的武汉非常盛行。从农历四月半到七月初，从杨家河的粮食各码头到汉阳鹦鹉洲的各竹木行，不约而同纷纷做会，如"财神会""药王会"等，此起彼伏，好不热闹！③ 至于这些会戏演出的具体时间安排，汉剧史学家扬铎在《汉剧六十年》一文中回忆，会戏"每每在正午十二时前开锣，到四五时完成。而社庙每每有早台，是在清晨唱三出戏谓之一台戏，这几乎都是汉剧应承的"。不仅是在汉口，汉剧表演在当时农村的节日庆典、宗族活动仪式上也甚为风行。④ 在这些会戏活动中，各行帮互相攀比，汉剧伶人可趁机提高演出价格。"大家齐心协力要加价。已议定汉阳地方每个角儿硬币拾元，本市硬币陆元，武昌硬币伍元。"⑤ 每个码头都争强好胜，以多请几个"大王""坤伶"为荣而不惜代价。因此，每一场戏的费用都"相当骇人"⑥。

汉剧坤伶的艺术生涯有长有短，不一而足。嗓音、容貌、行当以及表演水平等因素对坤伶艺术生涯的长短有着较为深刻的影响。包括坤伶在内的汉剧艺人大都将嗓子视为演艺生命的本钱。"他们把嗓子特别看得重要，且更别呼之为'本钱'，嗓子好，叫做'好本钱'，嗓子不好，叫做'本钱不好'，嗓子没有的，叫做'没有本钱'，有了本钱，本钱好的就该他出风头，挣大钱，吃喝逍遥，为所欲为……他们是'嗓子至上'、'本钱第一'的国民！"⑦ 坤伶琼秀芳，"因为她的嗓子好，所有重头唱工戏，

① 英：《忙煞汉剧多少人》，《罗宾汉报》1948 年 7 月 11 日第 2 版。
② 《中国戏曲志》编辑委员会：《中国戏曲志·湖北卷》，文化艺术出版社 1993 年版，第 474 页
③ 英：《生活高涨下堂会要硬币 六月六会戏汉剧演员筹商对策》，《罗宾汉报》1948 年 6 月 19 日第 2 版。
④ 石文杰：《1912—1945 年间的湖北汉剧》，《财经政法资讯》2012 年第 4 期，第 44 页。
⑤ 英：《生活高涨下堂会要硬币 六月六会戏汉剧演员筹商对策》，《罗宾汉报》1948 年 6 月 19 日第 2 版。
⑥ 英：《生活高涨下堂会要硬币 六月六会戏汉剧演员筹商对策》，《罗宾汉报》1948 年 6 月 19 日第 2 版。
⑦ 恕知：《我与吴天保》，《汉口导报》1947 年 4 月 29 日。

歌来毫不吃力，故很受人欢迎"①。坤伶陈俊峰"头一天的《辕门斩子》，因为他的嗓子充沛就要了七八个满堂彩，本来唱戏就是凭着嗓子卖钱，假使你没有嗓子的话，任你在台上做出一朵花来，也是不中用的"②。相反，如果嗓子不好，或者倒嗓，那就要饱受挫折了。早年陈伯华因嗓子问题差点被拒于新化科班门外。坤伶倒嗓后，在舞台上的地位也会随之下降。如叶慧珊是坤伶三生中的佼佼者，"倒嗓后元气大伤，不及先之嘹亮，故沦为二路须生"③。花中侠，曾驰名武汉，"在鄂南一带演唱，不幸倒嗓，几哑不成声，不久辍演回汉"，对演艺之事颇觉灰心。④ 容貌对坤伶而言，也是至关重要的。如红宝莲，"扮相不大好，所以生平没有跑过红吃过香，总是二路青衣"⑤。名伶新牡丹因年老色衰，不复有以前的吸引力了，"新牡丹真是一个奇迹，在小牡丹花下嫁之后，她的名气就一天大一天了。当然，除了容颜还有道艺来支持。可是如今，她的光彩也渐渐淡了"⑥。

　　坤伶的艺术生命非常短暂，一般在 16～25 岁最受欢迎。其原因在于：一是社会地位较低，许多坤伶出嫁（尤其是嫁入高门大贾）后，一般就不再登台。如当时备受追捧的陈伯华 17 岁时就因此而息演。二是许多以色成名的坤伶，艺术生涯就更加短暂。年龄稍长，人老珠黄，一些因色蜂拥而来的捧角者纷纷弃之而去，因此她们就失去了在戏院的"叫座力"，只能黯然地离开舞台，即使是享誉一时的著名坤伶也不例外。刘玉楼扮相不凡，嗓音充沛，做工台步出众，"今已三旬开外，不似当年丰韵神采，平生无积蓄，再若干年后，到人老珠黄之时，则窘境更不堪设想矣。呜呼！坤伶之末路如此，实令人不胜浩叹，今日一般红坤伶，可鉴诸耳"⑦。坤伶艺术生涯短暂，从《罗宾汉报》刊载的《汉剧演员籍贯年龄录》中也可以得到印证。⑧ 在列出的 41 名坤伶中，12～15 岁者有 10 人，占比 24.39%；16～25 岁者有 29 人，占比 70.73%；25 岁及以上者仅有 2 人，占比 4.88%。也就是说，95.12%的坤伶在 25 岁以下。而同期 84 名男伶中，25 岁以下 19 人，仅占比 22.62%。

---

① 周英杰：《汉剧坤伶别纪·琼秀芳》，《罗宾汉报》1948 年 5 月 15 日第 2 版。
② 《汉剧坤伶别纪·陈俊峰》，《罗宾汉报》1948 年 6 月 15 日第 2 版。
③ 古月门市轩主：《联和戏院点将录》，《大楚报》1940 年 3 月 21 日第 5 版。
④ 《汉剧坤伶别纪·花中侠》，《罗宾汉报》1948 年 5 月 23 日第 2 版。
⑤ 《汉剧坤伶别纪·红宝莲》，《罗宾汉报》1948 年 6 月 16 日第 2 版。
⑥ 《当年的红伶，如今的下场》，《汉口导报》1947 年 3 月 28 日。
⑦ 《汉剧坤伶别纪·刘玉楼》，《罗宾汉报》1948 年 6 月 13 日第 2 版。
⑧ 《汉剧演员籍贯年龄录》，《罗宾汉报》1935 年 8 月 9 日第 3 版。

在汉口的戏院中，观众可以自由地、公开地表达对汉剧演出的感受。他们往往以较为挑剔的眼光对待艺人，因此一旦演出中出现一些小纰漏，就有可能出现满堂"倒彩"。但是，无论汉剧艺人在舞台上如何小心谨慎，依然不免会出现些许疏漏。其实，戏院特定的空间情境是演员与观众共同创造的，它不是一成不变的，而是波澜起伏充斥着不确定性的。舞台上的道具、灯光以及音响；演员的嗓音、身段、念白以及动作；观众的文化水平、理解能力以及审美趣味等，都可能对这个互动的敞开的空间产生未知的影响。汉剧坤伶筱洪元，嗓音清亮，韵味醇厚，台步稳重，被"天仙"大舞台倚为台柱。在一次演出《洪羊洞》的过程中，她正聚精会神地演唱，忽然座椅腿折，她猝不及防地在台上跌倒。虽然这只是一场意外，但是观众并不予以理解和宽容。有好事者开始起哄，随后"倒彩"声四起，演出只好临时中止。显然，这样的事故对当事坤伶的声誉会产生较大的消极影响。

自 20 世纪初至 1923 年之前，汉剧保守派的势力很大，虽然尚未有女性正式登上汉剧舞台，但是在业余票社中也可看见她们的身影。这可视作汉剧坤伶的先声。这些艺人多由妓女改行而来。1917 年前后，在保守势力不太强大的沙市和宜昌等地的票社演剧中，也先后出现了亦妓亦优的艺人。①

民间戏曲演出活动往往是与各种各样的民俗文化紧密结合在一起的。除戏院日常演出外，汉剧坤伶还会参演酬神戏、会戏、灯戏、谱戏以及差戏等。酬神戏多邀请大戏班社。不同的会戏，都有各自特定的剧目。如正月玉皇会演《天官赐福》《天下第一桥》等；二月观音会演《观音得道》等。② 前文提及的六月杨泗会，汉阳鹦鹉洲、武昌白沙洲、汉水边各县镇码头的竹木行业都不惜高价邀请汉剧名伶，且以能邀请到汉剧坤伶为荣。③ 汉口城乡每年正月十三至月末，都会玩灯唱戏，是为"灯戏"。武汉及其周边的大姓家族，在宗祠修谱、续谱等之时请戏班唱戏，谓为"谱戏"。文武衙门每逢上任、开印、接差以及举行大典等，都要戏班轮流派名角应差唱戏，一般不给报酬，这就是所谓的"差戏"。④

---

① 魏一峰：《民国时期汉剧坤伶登台与舞台新变——以汉口〈罗宾汉报〉〈戏世界〉为中心的考察》，《戏曲研究》2018 年第 106 辑，第 312 页。

② 《中国戏曲志》编辑委员会：《中国戏曲志·湖北卷》，文化艺术出版社 1993 年版，第 474 页。

③ 英：《生活高涨下堂会要硬币 六月六会戏汉剧演员筹商对策》，《罗宾汉报》1948 年 6 月 19 日第 2 版。

④ 陈志勇：《汉剧与汉派文化》，江苏人民出版社 2020 年版，第 69 页。

此外，汉剧坤伶还会应邀唱堂会。如开业志庆，"本市民权路新开之保康参号，以创业伊始，必须有以志庆，表示热闹之意，是故于十九、二十两日，特邀请汉剧班表演堂会，以资为开幕纪念。昨该号派乌君者，至新市场，与该场办事主任陆桐圃君接洽，笺请现隶该场新舞台演唱之小牡丹花、新牡丹、冷凤仙、严玉声、王文斌、陈素芳等坤角，前往演唱堂会，同时并邀请现出演长乐戏院之张美英、黄三毛、万仙霞、代一鸣等表演。坤伶荟萃，宾朋满座，其盛况可知矣"①。由上可知，参加这次参号开业庆典的有来自新市场、长乐等戏院的小牡丹花、严玉声、张美英等名角。再如为权贵祝寿，"本报特约汉剧名坤旦万盏灯参加祝寿，已见前报。昨得汉总社罗培三君来电，谓已约妥万娘并生角七龄童、小红宝、花衫红宝莲、小生庄燕林、末角盖鑫培，并有当代艺人刘艺舟及其子童子等二十余人，准于十三乘轮来沪，由罗君主持，剧目亦拟定"②。此次张府祝寿堂会，还拟由上海市市音电台播送汉剧三天，这是前所未有的。③

此外，需要指出的是，汉剧坤角的戏服行头大都破烂不堪令人担忧。"汉剧角色缺乏行头，尽人皆知，这次长乐戏院所租的行头，更加破烂不堪，与其说是戏院的行头，不如说是渣滓堆上的破片，除坤角数人和朱陈二伶自备行头外，半新的蟒袍盔甲，连一件也找不出来，可叹！总之，要想吸引多数看热闹的观众，非赶快添置新行头不可。"④

三、互助与竞争

坤伶出师或出科后，一般要搭班演出。在此过程中，往往需要同道中人的支持与帮助。"有人说，'搭班如投胎'，搭得好一切都顺利，搭不好件件遭厄运。"⑤ 可见，在当时搭班并不是一件容易的事。新化科班散班后，陈伯华需要搭班唱戏的机会。当时，在蒙师刘本玉的斡旋下，将赴沙市唱戏的知名坤伶刘玉楼欣然答应让她充任自己的当家贴角。"要知道在这汉剧不景气、艺人生活艰窘、天灾人祸频繁的年代，这种搭班唱戏的机会太难得了！"⑥ 登台唱戏是需要自备戏服和头面的。那时的伶人一般都不会出借自己的戏服头面。其原因有二：一是怕穿旧弄坏了；二是出于禁

---

① 《汉剧堂会·小牡丹花等应聘》，《罗宾汉报》1935 年 4 月 20 日第 2 版。
② 《张府堂会汉剧参加讯》，《戏世界》1936 年 6 月 14 日第 2 版。
③ 《张府堂会汉剧参加讯》，《戏世界》1936 年 6 月 14 日第 2 版。
④ 悲我：《复兴汉剧声浪中：长乐戏院应该注意的三点》，《大楚报》1941 年 2 月 26 日第 3 版。
⑤ 陈伯华、邓家琪、黄靖：《陈伯华舞台艺术》，上海文艺出版社 1988 年版，第 26 页。
⑥ 孟保安：《汉剧大师陈伯华评传》，武汉出版社 2012 年版，第 79 页。

忌，怕人夺了自己的"戏饭碗"。颇有名气的坤伶万盏灯深知新伶人无钱购置戏服头面的窘迫和无奈，毅然将她的新戏服借给了陈伯华。这在当时是非常罕见的侠义和慷慨之举。① 又如张美艳，色艺双佳之花衫，"为人很慷慨，对于同行有困难之处，颇肯解囊相助，虽多金亦无难色，这是一种胜人之处，坤伶中像她这种人却很少"②。

坤伶有的同出师门，如刘金娥、玲牡丹、鲁春艳、张美艳、小小牡丹花、程少秋、陈岫云、云蝴蝶、刘金凤、李绍云、红云裳都是名伶王福林的弟子；红宝莲、红宝英、筱仙娥、云仙子、万仙霞、群仙凤、新凤仙、玲艳秋都是水仙花的弟子；云仙子、琼秀芳、新艳云都是李彩云的弟子；红艳琴、金雅南、王文斌都是王长顺的弟子；程少秋、红艳蝉、红艳芳都是石辉南弟子；李少林、周菊林都是王来保的弟子。有的是（养）姐妹关系，如张美英、张美艳；红牡丹、花芙蓉、花和尚、花兰芳；花中仙、花中艳；程少轩、新仙云；黄大毛、黄仲英、黄三毛；红艳芳、红艳琴；筱金钟、筱金艳；杨小芳、杨小红；吴惠艳、吴惠侠、吴惠英；万洪春、万红艳；程少轩、程少秋、新仙云；吕金龙、刘金凤、刘金屏；红牡丹、花芙蓉、花和尚、花兰芳等。有的是父女关系，如钱文奎和万仙霞；涂宝凤和涂巧云；陈凤钦和陈雏凤；王福林和王艳芳；冷天仙和红云霓；李彩云和李绍云；危松林和幼岁红；黄双喜和新化龙；陈二红和金素芳；邓云凤和邓凤艳；万少一和万红艳；杨桂轩和杨惠保；涂顺桂和涂素云等。有的是兄妹关系，如杨叔岩和杨寿岩等。有的是养母女关系，如盖鑫培和胡玉凤；白燕和花小侠；陈玉燕和陈俊峰；云仙子和红云裳等。此外，青衣万仙霞、须生戴一鸣、小生小俊龙、花旦小牡丹花等被合誉为"四季花"。

每年底，为救济贫困同行和筹集戏院前后台工作人员的薪酬，坤伶们积极参加汉剧大会串。"流光易逝，腊鼓频催，汉市游艺业每届阴历年底，例必举行盛大会串，以为贫苦同业及戏院前后台职员筹资，所谓之弄'年饭米'是也。本年度汉剧同行鉴于一般演员生活寒苦……策动会串戏，以资救济。"③1942年末，经商议，决定于农历十二月廿一日至廿五日在满春剧院演出筹资五天，所有的汉剧名伶都会参加。在这次会串戏中，有四名新进坤伶陈岫云（习贴）、小小牡丹花（习贴）、飞神童（习

---

① 孟保安：《汉剧大师陈伯华评传》，武汉出版社2012年版，第79页。
② 《汉剧坤伶别纪·张美艳沙市作小星》，《罗宾汉报》1948年6月23日第2版。
③ 乔学文：《满春汉剧大会串》，《大楚报》1943年1月21日第4版。

生）以及小彩云（习旦）登台打泡。①

坤伶之间竞争也是很激烈的。王春凤"数年前，在武汉演刀马旦颇负时誉，于水灾后远走襄阳。初以为水退后回汉仍可坐头把交椅，不意杨小芳艺术大进，刀马旦兼演花衫，且年轻貌美，加评剧家墨耕旧主出死力一捧再捧，造成独一无二之武旦。王春凤知来汉无出路，将终老鄂北"②。坤伶涂素云将罗慧兰视为潜在的对手，力图与其抗衡，"涂素云这妮子真聪明，罗慧兰还没有进美成，她就有'对策'了，这几天清晨在戏台上练习踩跷，想从刀马旦里打出一条新出路。不久的将来，她将以武旦的姿态出现，真要和罗慧兰'亮架子'了"③。

除艺术水平之外，坤伶在行头、牌位和戏码等方面也往往会一较高下。如罗慧兰和刘金屏为了在舞台上争风头，各自准备了大批的新行头。"罗慧兰决定加入美成，已定明晚登台打泡，三天戏码，仍为'打花鼓''反八卦''打灶神'，她的'行头'原来就很多，不过刘金屏也有不少的新行头，为了彼此在台上'亮相'，都想出足风头，金屏已经严阵以待，慧兰也正在赶制大批新行头。"④

对于牌位，汉剧坤伶之间也往往不肯相让。在美成戏院重新聘角时，"据刘金屏表示，演唱倒无所谓，只是挂牌成了问题，她不愿屈居于玲牡丹之下，且在挂牌上要将她新近荣膺的汉剧皇后的头衔高高挂上，才诚心满意，但不知美成作何处理"⑤。在大型义演时，同一行当的水平名气相当的坤伶碰到一起，那问题就更多了："剧人因为争牌位，过去闹出许多故事，平时还好办，一到大义演戏时，更要发生其他问题。"⑥"新凤仙"原本是在新市场戏院，挂牌在"新艳云""云仙子"等名伶之下，发展较为缓慢，自从转投"群乐"戏院并挂上"头牌"后，演艺事业突飞猛进，不禁感慨道："不翻不穷，不翻不富，困在新市场，永世不能出头，专门与人家唱贴补角色。"⑦

戏码也是汉剧坤伶必争之焦点。在同一戏院演出，坤伶都希望自己能有机会唱压轴戏，而不想唱开场戏和垫戏。如果被安排唱压轴戏，就说明为戏院所倚重，观众也会不约而同地报以更大的热情并予以更多的关注。

---

① 乔学文：《满春汉剧大会串》，《大楚报》1943年1月21日第4版。

② 暮筠：《王春凤怕杨小芳》，《戏世界》1934年7月26日。

③ 江：《余洪元死了还有两个余洪元》，《汉口导报》1947年9月22日第3版。

④ 寒：《罗慧兰明天开头炮，刘金屏说放马过来》，《汉口导报》1947年9月25日。

⑤ 《焕然一新，美成即将开张大发》，《汉口导报》1948年9月8日。

⑥ 《伶人的性格》，《汉口导报》1948年1月8日。

⑦ 《新凤仙群乐挂头牌》，《罗宾汉报》1948年4月3日。

"幼岁红已不在民众乐园出演，原来她自登台以来，因与同台红鸣声每日戏码不好派，云仙子正在左右为难。恰好幼岁红的父亲危松林秘密接了常德戏院的定洋，即向'民众'汉剧社辞班，云仙子因她与红鸣声暗斗甚烈，她既辞班，也不便挽留。陈春芳袖手旁观，因为红鸣声是他的徒弟，危松林又是老同事，所以也不好讲话。幼岁红现已到了常德，在天声大戏院填九龄童的坑，风头也还不错哩。"① 玲牡丹决定在美成戏院登台唱花旦，与戏院里原本唱花旦的刘金屏发生了冲突："刘金屏就对周天栋提出声明：'明年不唱青衣，要改演花旦戏，而且不唱垫戏！'老周听了这话，把眉头一皱，不好说得，因为玲牡丹那边也说了话：'我是本工花旦，如果别人改了行，戏码排在我前头，我是不干的！'……派戏的管事正为此事着急，老周说：'不要紧！到了那时，看我周老板的板眼！'"② 小红宝与黄小毛之间关于台柱的竞争也较为激烈，她"工须生，是吴少生之徒，艺弱，芳龄二八，曾与小毛争台柱。小毛倒嗓后，小红宝一跃而为坤伶生角牛耳"③。

此外，坤伶之间的竞争从汉剧公会的合作戏中亦可窥见端倪。"《浪子踢球》此剧……因坤旦太多，戏码难排……罗慧兰与花碧兰本工花旦，固可撩骚耍劲，花中侠与琼秀芳原属青衣，难免有'垫底'之悲，芮天雷之韩十五，足够应付。"④

即便是一度帮助过小牡丹花的名伶万盏灯，在后来小牡丹花处处占上风时也有些气愤不过了，希望能有机会扬眉吐气，但是，"事实上呢，万盏灯的戏尽管好，而她们的脸蛋、仪容，甚至一切举止，都没有一个后来居上的小牡丹花值得大家的'抬'，加上万盏灯的母亲寒酸，不会交际应酬，而小牡丹花的母亲一切都比她妈漂亮，能干会说话，会拉场，会要面子，自吹自擂，于是不管内行，外行，捧角的，玩班的，当老板的，做冤大头的都在各个角度赞美亲近抬举小牡丹花。万盏灯同她的一双爹娘，当然都感觉有些气愤不过，急想改变好环境"⑤。

1923—1949 年，武汉地区水灾频繁，兵燹不断。作为新型同业组织的汉剧公会，力图为自己和汉剧艺术在社会中确立新的定位。为了提高汉剧、汉剧艺人的影响力和社会地位，汉剧公会积极组织了多次赈灾义演，

---

① 英：《民众汉剧两坤生斗法》，《罗宾汉报》1948 年 11 月 5 日第 2 版。
② 蝉：《玲牡丹刘金屏准备打架》，《汉口导报》1948 年 1 月 29 日。
③ 播枝主：《三红》，《戏世界》1934 年 2 月 2 日。
④ 《汉剧公会合作戏第三夕评价》，《罗宾汉报》1948 年 12 月 25 日第 2 版。
⑤ 《吴天保已渐与我接近》，《汉口导报》1948 年 5 月 18 日第 2 版。

坤伶们踊跃投身其中。以 1937 年 12 月为界，此前汉剧坤伶在汉剧公会的领导下参与抗日演出和劳军公演；此后她们又在中国共产党的领导下参与抗日募捐和敌后抗日宣传等活动，为中华民族的抗战事业做出了积极贡献。当然，汉剧坤伶积极参与这些活动，也蕴含着重塑自我身份的意味。

第二节　赈 灾 义 演

1931 年夏，长江流域普降暴雨持续数月。湖北境内受灾极为严重，洪水肆虐之下，堤防相继溃决，汉口城区 99% 的区域受灾，俨然成为水乡泽国；武昌则被淹约占 2/3。水灾导致许许多多的房屋坍塌，除少量异常坚固的屋宇外，其他多因此而毁坏，"武汉尽成一片瓦砾厂"[①]。

作为这次大水灾的亲历者，陈伯华后来回忆起来仍心有余悸："武汉遭受的水灾是历史上罕见的，汉口几乎全部淹在浩渺的洪水里，我们进出的通道只能是二楼的窗户，水面飘满了人的尸体。"[②] 蒋介石发表《告被灾同胞书》，认为这是"空前未有之奇灾"[③]，不仅会影响湖北长江一带人民的生活，而且与中华民族整体之生存息息相关。[④] 国民政府高度重视这次"国难"，不仅竭力呼吁国内外共同赈济水灾，而且饬令各级机关积极参与救灾。

在这种背景下，汉口市戏剧同业公会也积极行动起来，组织汉剧、楚剧等艺人在老圃游艺场进行筹赈义演。这次义演所得款项，不取分文，全部捐给湖北水灾善后委员会。当时的《武汉日报》披露了参加义演的汉剧艺人和剧目："汉剧日场：江少屏、冯义长《湘江会》；黄小毛、黄三毛《借赵云》；筱宝侠、筱飞侠《走南阳》；胡侠君、花中侠《双际[祭] 江》；小小侠、洪小亮《集贤村》；筱鸿宝、胡君嘉《捉放曹》；大鸿宝、鸿宝英、朱天奎、杨天佑《八义图》。夜场：全班合演《望春楼》；吴惠英、吴惠艳《龙戏凤》；李四立、严炳奎、何鸣峰、吴桂卿《子龙下山》；朱洪寿、小天佑《小五台》；杨小弟、徐继声、石浑南《辕门斩

① 章博：《论中央政府、地方政府和社会在灾荒救济中的作用——以武汉 1931 年水灾为个案的考察》，转引自王卫平、赵晓阳主编：《近代中国的社会保障与区域社会》，社会科学文献出版社 2013 年版，第 141 页。
② 陈伯华、邓家琪、黄靖：《陈伯华舞台艺术》，上海文艺出版社 1988 年版，第 27 页。
③ 《蒋主席在鄂省府演说》，《申报》1931 年 9 月 2 日，第 4 版。
④ 《蒋主席在鄂省府演说》，《申报》1931 年 9 月 2 日，第 4 版。

子》；大和尚、牡丹花、陶四春《流民图》；刘炳南、姜寿峰《天水关》。"① 在上述戏单中，我们不难发现：第一批汉剧坤伶已经积极参与其中，并进行了男女合演。其中有出身于黄家的黄小毛（三生）、黄三毛（小生）；出身于彭家的大鸿宝（老生）、筱鸿宝（三生）；出身于刘家的筱筱侠（老生）、筱宝侠（花旦）；出身于吴家的吴惠英（三生）、吴惠艳（花旦）等。

　　值得一提的是，此时在傅心一领导下流寓四川的坤伶花牡丹、七龄童、花芙蓉、云仙子、吴惠侠、筱飞侠、陈素秋、杨惠亮、杨惠兰等30余人和男伶一起积极开展赈灾活动。傅心一还与川剧演员张德成共同主办汉剧川剧联合救灾义演，这样既有力地推动了赈济救灾又促进了汉剧和川剧的艺术交流，可谓一举两得。

　　1935 年，武汉又遭水患。7 月份，洪水肆虐，汉江来水量高过历年同期，江汉关水位最高时达 27.58 米。② 被大水包围的武汉有如兵临城下，"人心惶惶，险象万端"。娱乐业大受影响，营业收入一落千丈，平日可"售洋四五百元的戏院，最近仅可售洋几十元"③。汉剧公会多次集合全体艺人，开会商议通过义演筹款赈济灾民。最后，决定于 8 月 18 至 8 月 20 日在新圃露天剧场表演。8 月 17 日的《武汉日报》第一版公布了戏单。在上述戏单中，第一批坤伶筱小侠、筱飞侠、红牡丹、云仙子等赫然在列，第二批坤伶玲仙玉（四旦）、万盏灯（八贴）以及新化龙（六外）等也积极参与了义演。此外，需要提及的是，在这份戏单中未出现的红艳琴（老生）、严玉声（三生）、刘金凤（八贴）以及徐美玲（八贴）等也参加了此后的赈灾演出。

　　对于这次义演中坤伶的舞台表现，署名为"梅"的文章评论曰："红牡丹之公主，艳丽多姿……京白清脆明晰，虽不道地，然较之二百五之京戏旦角，尚有过之。李彩云之太后，当京戏中之陈石头，典型独存。云仙子之四夫人，亦称职无差。"④ "红艳琴之《取成都》，唱工在坤角一末中自属首屈。压轴万盏灯、七龄童之《讨鱼税》，万盏灯之桂英，出色当行，七龄童则嫌臃肿，筱飞侠之教师爷，滑稽可喜。万盏灯彩声特多，已反客为主，足见万伶之名贵。……综计此日聆戏所得，以刘金凤成绩最佳，次则新化龙、严玉声、六岁红、万盏灯、筱菊林、红牡丹、徐美玲等

---

① 《武汉日报》，1932 年 1 月 31 日第 3 版。
② 涂文学：《武汉通史·中华民国卷（上）》，武汉出版社 2006 年版，第 217 页。
③ 《戏世界》，1935 年 7 月 21 日第 2 版。
④ 梅：《汉剧赈灾第一夕》，《武汉日报》1935 年 8 月 20 日第 3 版。

均甚可观，殊满意也。"①

　　同年 8 月，汉剧名伶纷纷前往上海演出以赈灾，万盏灯等坤伶踊跃参与。② 9 月，《戏世界》披露了坤伶吴惠英为湖北赈灾前往重庆义务演戏的消息。"汉剧名坤伶吴惠英最近在重庆鼎新舞台出演，营业颇盛，前台经理颇为器重，顷得该伶来函本月内将为鄂省筹赈演义务戏一星期，收入之款概归筹赈，其他各项杂用费，均各人自备，在重庆坤伶男伶无不欢喜踊跃参加表演，现惠英之父已正筹备，不日就可实现。"③ 吴惠英还拟邀请时在湖北仙桃镇天仙舞台的盖鑫培前往重庆演出。④

　　值得一提的是，汉剧坤伶曾主动要求发起义务戏演出。1936 年，汉剧公会改选。此后，为了体现坤伶与男伶的平等地位，每次召开例会，必召集坤伶参与会议。这是坤伶在汉剧场域中地位提升的明证。1937 年 1 月，汉剧公会召开例会。坤伶万仙霞提议，每年底必举行义务戏一次，以前都是由男伶发起，坤伶处于从属地位，这似乎有违男女平等的精神。现在又逢其时，必须打破惯例，由坤伶发起组织。当时，在座的坤伶纷纷赞同，她们表示虽然不能与男伶相媲美，然而也可稍尽绵薄之力。"汉剧公会兹经坤伶万仙霞提议，本年度义务戏由坤伶发起，当即通过，并推举坤伶代表 24 人。"⑤

　　1947 年，武昌市赤贫贫民有 8000 余人，他们饥寒交迫难以度过严冬。于是，武昌市冬令救济委员会毅然发起筹募救济金活动，"聘请汉剧分散在黄金、胜利、民众乐园等剧场之全部名角牡丹花、周天栋、大和尚、邓云凤、胡桂林、李四立、七龄童、尹春保、刘彦声、杨伯龙、盖鑫培、玲牡丹、九龄童、王菲菲、小玲珑、胡玉凤、李天中、留一笑、盖俊声、泉春艳、王顺东、韩顺来、程少秋、唐庸三等八十余人，至武昌首义公园首义舞台，于本月六、七、八三天，日夜两场义务上演"⑥。这次公演名角不仅全部登台，而且日夜登台。⑦

　　在长期的抗日战争中，汉剧艺人损失不可谓不惨重。不过，每当赈济义演之时，他们都当仁不让非常踊跃。在上述名单中，盖鑫培、七龄童、玲牡丹以及九龄童等是第一、二批坤伶，第三批坤伶小玲珑（七小）、程

　① 梅：《汉剧赈灾第二夕》，《武汉日报》1935 年 8 月 21 日第 3 版。
　② 菊翁：《汉剧名伶来沪演赈灾剧》，《戏世界》1935 年 8 月 18 日第 2 版。
　③ 《汉剧坤伶吴惠英将为鄂省演剧》，《戏世界》1935 年 9 月 26 日第 4 版。
　④ 《汉剧坤伶吴惠英将为鄂省演剧》，《戏世界》1935 年 9 月 26 日第 4 版。
　⑤ 白薇：《汉剧坤伶之义举》，《戏世界》1937 年 1 月 13 日第 3 版。
　⑥ 《武昌救委会义演汉剧——筹募冬赈资金》，《大楚报》1947 年 1 月 6 日第 6 版。
　⑦ 《武昌救委会义演汉剧——筹募冬赈资金》，《大楚报》1947 年 1 月 6 日第 6 版。

少秋（四旦）、胡玉凤（四旦）也积极投身其中。

此外，汉剧坤伶也多次参加汉剧公会筹募资金的公演。1948 年 2 月 5—7 日，汉剧全体艺人在美成剧院联合公演。5 日日戏，玲牡丹、红艳蝉、新艳云、周菊林、谭碧云、童金钟、刘金屏等坤伶参演《大游花园》《打鼓骂曹》等；夜戏，刘金屏等坤伶参演《二王图》《八义图》等剧。① 6 日日戏，筱惠宝、黄仲英、红蝴蝶、玲牡丹等坤伶参演《法场换子》《凤阳花鼓》《凤鸣关》《大保国》以及《溪皇庄》（即《八美跑车》）。6 日夜戏，刘金屏、刘金娥、黄仲英等坤伶参演《贵妃醉酒》《兴汉图》以及《刘璋让位》等剧。7 日日戏，黄仲英、刘金屏、玲牡丹等坤伶参演《火烧七百里》《四郎探母》等剧。② 7 日夜戏，新化龙、玲牡丹等坤伶参演《辕门射戟》《辕门斩子》以及《打渔杀家》等剧。② "至于座价问题，亦经决定：日场楼下俱为一万五，楼上一律一万，夜场楼下分三十五万、十五万、十万三种，楼上则一律五万。如此名角名剧，届时必然轰动武汉，震惊剧坛也。"③

第三节　抗日救国公演

1931 年，日本帝国主义悍然发动侵略中国的"九一八"事变。流寓四川的汉剧艺人闻讯后义愤填膺慷慨激昂。在此背景下，傅心一编写了新的时装剧《男女义勇军》，反映出东北男女青年学生宣传抵制日货，誓将日寇赶出东三省的强烈愿望。此剧以坤伶花牡丹、七龄童、筱筱侠、吴惠英等为主角，还聘请了通俗话剧演员王笑笑饰演日本人，连演数十场，④有力地宣传了救亡图存抗战救国的思想，受到重庆各界人士的欢迎，不少观众受此影响开始抵制甚至烧毁日货。

1932 年"一·二八"事变后，国难当头民众踊跃捐献，汉口剧场同业公会积极组织抗日救国活动。"汉口剧场同业公会，以暴日横行，国难当头，各界民众均争先恐后踊跃捐助救国金，现该会同人……特联合平剧、汉剧、楚剧，以及各种游艺演员，组织抗日救国剧场，表演各种爱国

---

① 《汉口导报》1948 年 2 月 3 日第 3 版。

② 《汉口导报》1948 年 2 月 3 日第 3 版。

③ 《汉口导报》1948 年 2 月 3 日第 3 版。

④ 刘小中：《湖北文史资料·汉剧史料专辑》，湖北省政协文史资料委员会 1998 年版，第 135 页。

戏剧，藉资唤醒民众，至所收戏资，完全充作救国捐。据闻俟场地觅定后，即行开幕。"①

　　在当时的重庆剧场中，汉剧也有相当的影响力，汉剧伶人甚至以不入重庆为耻。虽然四川战事频仍，票价低廉，但坤伶红牡丹、张氏姊妹等依然坚守在戏剧舞台上。"不过近年来因川中战云密布，汉剧中稍有地位之伶人，皆裹足不敢入川。现在重庆稍有地位之汉剧伶人仅一丑角熊克奇与坤伶花旦红牡丹二人而已，其余尚有张氏姊妹数人，以'美'字为派行。不知与坤伶张美英是否姊妹行也。该地普通卖座在三四串文上下，但洋价甚高，较之汉口并不见超过，近年伶人已视为畏途矣。"②

　　1937 年"七七"事变后，汉剧公会在汉口天声舞台进行认购救国公债义演。200 多名汉剧艺人积极参加演出，"有牡丹花、吴天保、邓云凤、新牡丹、徐继声、尹春保、张美英、熊克奇、万盏灯、胡桂林、刘玉楼、大和尚、胡子嘉、严炳奎、严玉声、余春衡、周天栋、刘金凤、杨天佑、李四立、陈凤钦、新化龙、花艳云、花芙蓉等演出《双投唐》《辕门射戟》《三娘教子》《打倒迷信》《辕门斩子》《五凤楼》《清河桥》《乔府求计》《红粉救国》《雷神洞》《宋十回》等"③。从《武汉日报》的相关报道中，可以看到新牡丹、张美英、万盏灯、刘玉楼、严玉声、刘金凤、新化龙、花艳云等众多坤伶的身影。

　　1937 年 12 月，汉剧公会公演抗敌剧《平倭传》。"汉剧公会为扩大抗敌宣传，特烦李一枫君编纂《平倭传》一剧，此剧取材于明代神宗与倭寇丰臣秀吉的战争故事。现定于三、四两晚在天声舞台表演。"④ 观看此剧后，田汉评论道："比起来还是在天声看的《平倭传》有趣，不仅看到了前一时期，我民族敌人——倭寇利用汉奸向我们民族进攻，并且你还可以听得俞大猷说，'强盗也有爱国的心，假使政治清明，民生解决，他们也怎么会去做强盗'？这样的戏可以多写多演。"⑤ 此后，又在长乐戏院举行了湖北全省汉剧大公演。"参加演出者：吴天保、邓云凤、周天栋、万盏灯、张美英、熊克奇、胡桂林、玲牡丹、夏桂斌、李四立。"⑥ 由上可知，坤伶万盏灯、张美英、玲牡丹等踊跃参加了这次汉剧大公演。

①　《剧场同业公会组织抗日救国剧场》，《武汉日报》1932 年 2 月 29 日第 1 版。

②　《重庆之汉剧现状》，《戏世界》1933 年 10 月 28 日。

③　《汉剧公会认购救国公债大会串》，《武汉日报》1937 年 11 月 20 日第 1 版。

④　《汉剧公会公演抗敌剧〈平倭传〉》，《武汉日报》1937 年 12 月 2 日第 1 版。

⑤　田汉：《武汉剧坛印象》，《抗战戏剧》第一卷第三期（1937 年 12 月 16 日出版）。

⑥　《汉剧公会公演抗敌剧〈平倭传〉》，《武汉日报》1937 年 12 月 26 日第 3 版。

此外，汉剧坤伶还积极参加劳军公演。上海、南京相继沦陷后，全国18个戏剧团体，95%以上的戏剧人才，都集中在武汉，并和武汉戏剧界建立了较好的关系。1937年3月，汉口市"剧场同业公会前日举行二次改选大会，选举结果：朱双云、夏荫培、陈立夫三人为常务委员，顾无为、陈文德、苏荣卿为候补执行委员，并互选朱双云为主席云"①。同年8月26日，在汉剧和楚剧艺人的积极推动下，汉口剧业同人战地服务团宣告成立，朱双云任主任，吴天保任汉剧组长，李百川任楚剧组长。9月1日，又组成汉口剧业剧人劳军公演团，确定每星期三由一家戏园进行一次义务公演，依次轮转，以公演收入慰劳抗敌将士。② 1937年11月下旬，该劳军公演团在上海大戏院举行第14次劳军公演，新牡丹、张美英、刘玉楼等多位坤伶参与京剧夜场的客串。"是夜并请有汉剧著名坤伶新牡丹、张美英、刘玉楼、王文斌、新秀兰、花艳秋、张艳秋、严麒麟、黄美云、花艳云等加入客串。"③ 11月20日，"汉剧公会假座天声舞台认购救国公债大会串，汉剧名伶二百余人总动员"，坤伶新牡丹、万盏灯、刘玉楼、严玉声、刘金凤、花艳云、花芙蓉等坤伶参加演出《辕门射戟》《辕门斩子》以及《乔府求计》等剧目。④

1938年1月，汉剧坤伶刘玉楼、花艳秋、凤凰旦、黄美云、张美英、刘金凤等参加了第23次劳军公演。⑤ 同年4月，汉剧坤伶盖鑫培、张美英等在凌霄游艺场参加第35次劳军公演。⑥ 5月26日，汉剧坤伶参与难童教育筹资公演。严玉声、林韵声、谭碧云以及玲牡丹在新市场，万盏灯、刘金凤等在长乐戏院，红宝莲、张美英、万仙霞等在共和戏院，花艳秋、王艳云等在满春戏院积极参与演出。⑦ 9月6日，汉口剧业剧人劳军公演团举行成立一周年纪念会。劳军公演慰问对象是抗战将士家属及受伤官兵，参与此事的共有12家歌剧戏院及2000名演职员工。从1937年7月7日至1938年7月7日的一年时间里，共计举行劳军公演56次，筹款

---

① 啸岚：《汉口市剧场业同业公会改选：朱双云当选主席》，《戏世界》1937年3月23日第2版。
② 武汉市政协文史资料委员会：《武汉大事选录1898—1949》，1990年11月版，第301页。
③ 《汉口名票名伶大会串》，《武汉日报》1937年11月23日第3版。
④ 《汉剧公会认购救国公债大会串》，《武汉日报》1937年11月20日第1版。
⑤ 武汉市文化局史志办公室：《武汉文化史料》（第2辑），内部发行，1983年，第32页。
⑥ 武汉市文化局史志办公室：《武汉文化史料》（第2辑），内部发行，1983年，第33页。
⑦ 武汉市文化局史志办公室：《武汉文化史料》（第2辑），内部发行，1983年，第37页。

5.1 万多元。① 这大大鼓舞了广大人民抗战的勇气并坚定了他们的决心。当然，这其中也饱含着汉剧坤伶的汗水和贡献。

1923—1949 年，汉剧公会组织的赈灾义演、劳军公演和抗日救国公演的次数，超过自身筹集资金的会串演出。这些表演规模宏大，名伶荟萃，精彩纷呈，深深地吸引了广大观众和汉剧戏迷。同时，这些公益演出经由许多报刊媒体广泛报道后，往往会在相当程度上引起世人的关注。毋庸讳言，这对于扩大汉剧坤伶的知名度，提升其社会地位以及树立其正面的社会形象都有着积极作用。因此，虽然报酬较少，但许多汉剧坤伶还是对此抱有较大的热情。

第四节 中国共产党领导下的抗日宣传演出

抗日战争时期，中国共产党始终重视并积极开展文化工作。"七七"事变后，国共第二次合作。1937 年 11 月，国民政府机关迁至武汉，武汉成为临时性的政治中心和军事中心。与此同时，迁到武汉的文化、救亡等各类团体约有 200 个，文化界人士则有 1000 人以上。② 因此，继成为全国抗战政治中心后，武汉又成为全国抗战的文化中心。

为了加强对南方各省的统一领导，大力发展这些地区的抗日运动，1937 年 12 月 23 日，中共中央长江局在武汉正式成立，组成人员主要有王明、周恩来（兼为中共代表团负责人）、秦邦宪（博古）、董必武等。

1938 年 2 月 6 日，国民政府军事委员会政治部正式成立，中共领导人周恩来担任副部长，③ 主管第三厅的工作即抗日宣传动员工作。郭沫若是当时国共两党都可接受的厅长人选，不过，他对到第三厅工作存有顾虑。经过中共中央长江局领导同志尤其是周恩来的说服和解释，郭沫若同意出任第三厅厅长。周恩来还于 2 月下旬致电阳翰笙，催促他尽快从重庆到武汉参加筹建政治部第三厅的工作。④ 1938 年 4 月 1 日，国民政府军事委员会政治部第三厅在武汉昙华林湖北省第一中学成立。⑤ 这样，汇聚到

---

① 《劳军公演团成立一周年纪念会》，《武汉日报》1938 年 9 月 6 日第 1 版。
② 戴知贤、李良志主编：《抗战时期的文化教育》，北京出版社 1995 年版，第 62 页。
③ 朱汇森：《中华民国史事纪要（初稿）——中华民国二十七年一至六月份》，台湾"国史馆"1989 年版，第 156 页。
④ 中共中央文献研究室：《周恩来年谱（1898—1949）》，中央文献出版社 1998 年版，第 414 页。
⑤ 涂文学：《武汉通史·中华民国卷（上）》，武汉出版社 2006 年版，第 258 页。

武汉的各种文化团体就有了一个统一的领导机构。在该厅各处、科干部中有共产党员阳翰笙、田汉、冯乃超等。因为置身于国民党的军事机关中，共产党员所处环境之复杂可想而知。为了在这种环境中坚持独立自主原则，周恩来在第三厅内建立了两个党组织：成立一个由厅、处级干部组成的秘密党小组，由他直接领导。在处级以下的党员中成立一个秘密特别支部。① 政治部第三厅荟萃了当时文化界的300多位精英，被时人誉为"名流内阁"②。"第三厅的组成是中国共产党的民族统一战线政策的胜利，也是和周恩来的领袖才能以及郭沫若的声望分不开的。"③

1937年12月22日至12月25日，汉剧、楚剧、平剧和话剧在光明大戏院（现中南剧场）举行劳军联合公演。演出结束后，发起者之一的中国文艺社宴请旅汉剧团和演出艺人。在宴会期间，酝酿成立中华全国戏剧界抗敌协会。④ 12月31日，在周恩来、郭沫若、田汉等领导下，中华全国戏剧界抗敌协会（1945年抗战胜利后更名为"中华全国戏剧界协会"）在汉口的光明大戏院宣告成立。这是由全国戏剧界救亡协会改组而来的统一战线组织。大会决定，每年10月10日为戏剧节（注：1943年改为每年2月15日）。⑤ 汉剧艺人傅心一、吴天保、唐庸三当选为理事，朱双云、傅心一为常务理事和总务部正、副主任。此后，包括坤伶在内的汉剧艺人在中国共产党的领导和感召下，通过抗战演出、募捐活动以及敌后抗日宣传等方式践行以艺术救亡图存的道路。

一、在武汉进行抗战演出

1937年12月19日，在中国共产党的领导下，武汉文化界抗敌协会成立。协会设有国际宣传委员会、教育工作委员会、电影工作委员会、出版工作委员会、文艺工作委员会、音乐委员会，其后又增设了戏剧工作委员会、农村工作委员会等机构，共有83个文化团体参加协会。⑥ 1938年1月，为了纪念"一·二八"事变，武汉文化界抗敌协会在新市场、满

---

① 阳翰笙：《风雨五十年》，人民文学出版社1986年版，第179页。
② 阳翰笙：《风雨五十年》，人民文学出版社1986年版，第178页。
③ 全国政协文史资料研究委员会：《文史资料选辑》（第34册），中国文史出版社1986年版，第61页。
④ 余文祥：《楚剧进城一百年》，中国档案出版社2001年版，第40页。
⑤ 武汉市文化局史志办公室：《武汉文化史料》（第5辑），内部发行，1985年，第125页。
⑥ 武汉地方志编纂委员会主编：《武汉市志·文化志》，武汉大学出版社1998年版，第327页。

春、天声等 3 个戏院表演抗敌剧目。"汉剧由李四立、陈凤钦、周天栋、吴天保、牡丹花、大和尚、尹春保、刘顺娥、金桂琴、蒋占奎、张美英等演出《哭祖庙》、《打渔杀家》等剧。"① 坤伶金桂琴（六外）、张美英（八贴）等参与了这次演出。其后，在抗敌协会的领导下，汉剧艺人演出了《平倭传》《文天祥》《巾帼英雄》等爱国主义剧目。1938 年初，傅心一组建了一个"共和班"（没有班主的分账戏班）。该班包括坤伶在内有80 余人。为了充分发挥教化的功能，激励民众积极参与抗战，一些坤伶还不辞辛苦地深入偏僻的郊区乡镇出演了《梁红玉》《河山再造》等剧目。同时，还创作了一些抗日爱国的歌曲并在街头广为传唱。② 此外，在田汉的提议下，傅心一带领坤伶花兰芳等在抗敌宣传周演出《打渔杀家》，受到了热烈欢迎。同年 4 月，为了庆祝台儿庄大捷，演出汉剧活报剧《把日寇赶回家去》和汉剧时装剧《老邻居》《最后两弹》，同样深受好评。③

在中共长江局和周恩来的直接领导下，以郭沫若为首的第三厅成立后，将武汉地区的文化救亡运动置于统一领导之下，先后组织和领导了"抗战扩大宣传周""雪耻兵役扩大宣传周"和"七七献金"等声势浩大的运动，使得 1938 年的武汉抗战宣传活动波澜壮阔令人瞩目。④

1938 年 4 月 7 日至 13 日，武汉举办了第二期抗战扩大宣传周，这是第三厅成立后首次领导文化界举办的大型抗日文化宣传活动。1938 年 4 月 4 日，周恩来主持部务会，郭沫若等在会上汇报了扩大宣传周相关的准备工作。⑤ 为扩大这次宣传的规模和影响，他们经过慎重研究决定：一是要扩大宣传的对象，要深入群众特别是要到基层群众中去。二是要到最有意义的地方开展宣传，即到工厂、乡村、前线战壕，提高人们的抗战意识，鼓舞广大官兵奋勇杀敌的勇气。⑥ 此外，他们还对这次宣传周活动进行了精心策划和具体安排，议定每天推出一个重点宣传形式，依次为文字宣传日、口头宣传日、歌咏宣传日、美术宣传日、戏剧宣传日、电影宣传日和游行宣传日，力求将这次宣传活动办得有声有色红红火火，以期收到激发抗战热情的成效。

---

① 《武汉文艺界抗敌协会演抗敌剧》，《武汉日报》1938 年 1 月 28 日第 1 版。
② 刘小中、郭贤栋：《汉剧史研究》，武汉市艺术研究所 1987 年版，第 325 页。
③ 邓家琪等：《汉剧志》，中国戏剧出版社 1993 年版，第 11 页。
④ 涂文学：《武汉通史·中华民国卷（上）》，武汉出版社 2006 年版，第 269 页。
⑤ 中共中央文献研究室：《周恩来年谱（1898—1949）》，中央文献出版社 1998 年版，第414 页。
⑥ 《第二期抗战宣传周》，《新华日报》1938 年 4 月 7 日第 1 版。

4月11日是戏剧日，演出在室内和街头同时进行。室内在新市场、凌霄、长乐、明记、天声、美成、共和、满春等12家剧院进行，上演《岳飞》《卧薪尝胆》《平倭传》《木兰从军》《八百壮士》以及《戚继光》等剧目。汉剧坤伶积极参与其中，如张美英在共和大舞台主演《文天祥》等。① 街头则在汉口、武昌两地的主要广场演出，观众甚为踊跃。②

1938年5月3日至9日，武汉举行了雪耻兵役扩大宣传周活动。这是由政治部第三厅与中央宣传部、中央通讯社、湖北省教育厅等多家单位共同组织的。每天发动800多支宣传队到武汉三镇宣传，尤其侧重于附近农村。③ 汉剧坤伶积极参与剧业剧人劳军公演团进行巡回表演。此外，"雪耻兵役宣传周举行'五·九'化装宣传，汽车游行。明（九日）为雪耻兵役宣传周之第七日，八百余宣传队，除继续沿平汉、粤汉、襄河各线前进从事宣传外，并有楚剧两学会，汉剧公会两大队，随带全部戏装，以旧剧新演之姿态，至贺胜桥一带上演宣传。孩子剧团所组织之抗战西洋镜宣传队，改循武豹公路沿线前进"④。

二、进行抗日捐献和募捐活动

中国共产党不仅是献金运动的发起者和组织者，而且是积极参加者。当时，为了纪念"七七"抗战，1938年7月7日至9日武汉举行了声势浩大的捐献活动，具体献金时间是每天上午9时至下午6时。献金台置放地点有5个：武昌司门口，汉口三民路总理铜像前，汉口江汉关右首，世界影戏院门首，中山路水塔旁。捐献现金和金银饰品等实物略有不同，"民众献金时，由管理员在登记簿上将献金人姓名，献金种类及数目，登记验明后，即由献金人亲自投入箱内"，"金银饰物用品，由献金者写姓名及物品质料数目于纸张上，包好后，交保管员专箱保存"⑤。

"七日为武汉三镇民众献金之第一日。"⑥ 这天上午九时左右，武汉市

① 《武汉第二期抗战宣传周戏剧日》，《（汉口）新华日报》，1938年4月11日第1版。
② 武汉市文化局史志办公室：《武汉文化史料》（第5辑），内部发行，1985年，第129页。
③ 武汉市文化局史志办公室：《武汉文化史料》（第5辑），内部发行，1985年，第130页。
④ 《"五·九"化装宣传汽车游行》，《（汉口）新华日报》1938年5月8日第1版。
⑤ 武汉市文化局史志办公室：《武汉文化史料》（第2辑），内部发行，1983年，第79页。
⑥ 武汉市政协文史学习委员会：《武汉文史资料·保卫大武汉——纪念武汉抗战六十周年专辑》1998年第3辑，第82页。

民争先恐后络绎不绝地来到各献金台前。他们纷纷将所捐献的钱物放入柜中，然后面有喜色地退下，爱国之情溢于言表。① 献金台周围人山人海，水泄不通。献金人群中有农民、工人、人力车夫、店员、小贩等，甚至一些乞丐、妓女也毫不犹豫地加入献金的行列。"华中里与联保里的姑娘们，也络绎地走到水塔侧。其中有一位叫作刘建农的，前天已献呈过十元，昨天更捐了一百元去。'商女不知亡国恨'这句诗，如今应改为'商女亦知亡国恨'。"② 为便于群众捐献，后又增设十几个流动献金台。《新华日报》全体员工节食献金 22.6 元，后又捐献了从伙食中节省下来的100 元。此后，以八路军驻汉办事处全体成员组成的"中共献金团"来到江汉关献金台前，代表中共中央和八路军全体将士当场献金各 1000 元。毛泽东、周恩来、陈绍禹、秦邦宪以及董必武等将他们 7 月份的薪金捐献出来。③ 在献金台前，李克农作了即席演讲，号召后方同胞出钱出力共同抗日。中共献金团的义举，将武汉三镇的献金运动推向了高潮。

1938 年 7 月 7 日，为纪念"七七"事变一周年，武汉戏剧界在报刊媒体上刊登了《十二家歌剧戏院及二千演员职工敬告各界》的启事，告知市民这些戏院将举行慰问出征军人家属、受伤官兵的献金公演，号召人们踊跃购票支持抗战（表 3-1）。

表 3-1　　　　汉口市剧业同人劳军公演团献金表

剧场牌名	献金数目（元）	日期
世界影剧场	934.40	七月六日
	929.30	七月八日
光明影戏院	269.20	七月六日
	240.40	七月八日
新市场	835.10	七月八日
明记大舞台	549.40	七月八日
美成戏院	422.70	七月八日
天声舞台	345.50	七月八日

① 武汉市政协文史学习委员会：《武汉文史资料·保卫大武汉——纪念武汉抗战六十周年专辑》1998 年第 3 辑，第 82 页。
② 武汉市政协文史学习委员会：《武汉文史资料·保卫大武汉——纪念武汉抗战六十周年专辑》1998 年第 3 辑，第 87 页。
③ 韩信夫、姜克夫：《中华民国大事记》，中国文史出版社 1997 年版，第 311 页。

续表

剧场牌名	献金数目（元）	日期
凌霄游艺场	204.80	七月八日
长乐戏院	243.00	七月八日
共和戏院	143.90	七月八日
汉兴戏院	103.80	七月八日
天仙戏院	95.17	七月八日
满春戏院	61.20	七月八日
宁汉戏院	50.00	七月八日
明园	19.65	七月八日
新市场董事会职工	147.55	七月八日
上海剧团节食	3.20	七月八日
合计	5598.27	

注：光明影戏院两天共扣除电费 30 元；资料来源于《中华民国史档案资料汇编》，第五辑，第二编，文化（一），第 60 页。

此前，这些戏院先后举办了 48 次劳军以及救济难民、难童等公演。这一次，戏院经营者捐出房租开支，2000 多名演员职工全部捐出一天的薪酬。[①] 世界影剧院、光明影戏院将 7 月 6 日、8 日两日的收入全部捐赠，其他戏院或游艺场则捐献了 7 月 8 日的全部收入。

鉴于人们献金热情高涨，有关部门发布通告将时间延长两天，"原定三日，兹因各界民众以献金踊跃，多数民众尚抱向隅之憾，纷纷向各献金台或致函本会，要求延长两日（十日、十一日），俾便各界民众均有献金之机会"[②]。

这次献金活动轰动了武汉三镇，短短五天内，参加者高达 50 万人以上，捐献总额超过 100 万元。全国各地、海外的侨胞以及一些外国友人纷纷汇来捐款。在第三厅成立前，国民党政治部也搞过三天募捐，以募得区区四千元而草草收场。这次武汉三镇轰轰烈烈的献金运动，无论是参与人数还是捐献金额，在中国历史上是前所未有的，充分展现了中国人民同仇

① 武汉市政协文史学习委员会：《武汉文史资料·保卫大武汉——纪念武汉抗战六十周年专辑》1998 年第 3 辑，第 82 页。
② 武汉市政协文史学习委员会：《武汉文史资料·保卫大武汉——纪念武汉抗战六十周年专辑》1998 年第 3 辑，第 87 页。

敌忾抗战到底的坚定决心和伟大力量。

为了提高民间艺人的政治觉悟和艺术素养，政治部第三厅动员他们参与抗战宣传活动，同时改造他们的不良习惯。① 1938 年 8 月，为了提高演员们的政治觉悟和加强武京、楚、汉等各剧种的宣传效果，郭沫若和田汉等举办了"战时歌剧演员讲习班"，包括汉剧坤伶在内的 600 多名戏曲艺人积极参与学习。"从全国闻名的优伶到跑龙套（者），大家为了神圣的民族抗战而团结学习了，这情形在中国庞杂的剧界真是开天辟地的事！"②

一天，田汉同志在讲习班的课堂上，建议每人做一件棉背心，写一封信，以此慰问在前线浴血奋战的将士。③ 坤伶花旦韩宝艳毫不犹豫地将自己的金耳环首先捐献出来。汉剧艺人李罗克当时身无分文，急忙脱下羊毛背心向台上一丢，大声说："我捐一件羊毛背心！"见此情景，不少学员纷纷脱下棉衣、背心并捐献出来。已捐献的艺人意犹未尽还在不断捐出钱物。④

在这次寒衣运动的号召下，"汉剧坤伶如张美英、刘金凤两女士各捐 20 元，玲牡丹女士等各捐 5 元，连跑龙套的张华林小朋友也捐 2 角……坤伶黄美云女士的慰劳信也写得很感人：'前方将士们啊，我本是一个女流，心中常抱着牺牲救国的志愿，奈我爹娘再三不允。日本鬼子凶横残暴，我们受了他许多耻辱不能报复。我时刻都在叹息。目前国家存亡只在顷刻，只好修书给我英勇的将士们，希望努力杀退倭奴救国救民，我代全世界民众高呼抗战胜利万岁。汉剧女队员黄美云'"⑤。

1938 年 9 月 18 日，600 多名艺人在早晨冒雨参加一个盛大的纪念会，午后演戏，将一天所得捐献出来。他们一共捐了 1500 多元。"不要忘记，他们之中有不少是每天只拿了三二角钱的跑龙套者啊。"一些捐出了金耳环金戒指的女艺人说："戴在身上不怕烧了皮肤么？前方的将士穿了单衣

---

① 武汉市文化局史志办公室：《武汉文化史料》（第 5 辑），内部发行，1985 年，第 129 页。
② 予冈：《我们的剧场是战场——记武汉剧人大团结》，《十日文萃》1938 年第 3 期，第 18 页。
③ 刘小中：《湖北文史资料·汉剧史料专辑》，湖北省政协文史资料委员会 1998 年版，第 148 页。
④ 刘小中：《湖北文史资料·汉剧史料专辑》，湖北省政协文史资料委员会 1998 年版，第 148 页。
⑤ 田汉：《戏剧界如火如荼地响应寒衣运动》，《大公报》1938 年 9 月 23 日。

在拼杀鬼子。"①

　　在抗战救国热潮的激励下，张美英、新牡丹等大胆提议，坤伶们也要积极行动起来，到各剧场和电影院去卖花卖糖，为宣传抗战和救国献金做出自己的贡献。这一倡议很快得到了数十名汉剧和京剧坤伶的热烈响应。她们统一身穿蓝色旗袍，胸前用白丝线绣着"更新"二字，"表示自己今天已是宣传抗战的爱国文艺女战士，不再是过去的旧戏子。她们手端糖果盘，怀抱一大束鲜花。在剧场、电影院开演之前，一边演唱《义勇军进行曲》《大刀进行曲》，一边卖糖、卖花"②。在抗战宣传的过程中，这些坤伶建立了较为深厚的友谊，其中10位积极分子还结为异性姊妹，一时传为美谈，被时人誉为"爱国艺人十姊妹"。她们是："张美英（汉剧花旦）、云仙子（汉剧青衣）、万盏灯（汉剧花旦）、黑牡丹（汉剧青衣）、花艳云（汉剧花旦）、盖鑫培（汉剧老生）、刘金凤（汉剧花旦）、黄美云（汉剧青衣）以及碧艳云（京剧青衣）和新慧琴（京剧青衣）等。"③正如一些媒体所言："武汉的剧人组织起来了，他们是无形的民众导师，正如班歌中所唱的'我们要把舞台当作炮台，要把剧场当作战场，使每一句词成为杀敌的子弹，使每一位听众拿起救亡的刀枪'"。④

三、积极参与敌后抗日宣传

　　在政治部第三厅成立前后，周恩来、董必武、秦邦宪以及阳翰笙等始终坚持统一战线的领导权，采取了灵活有效的策略与国民党作斗争，争取和动员了广大群众，激励了包括汉剧艺人在内的广大文艺工作者积极参与抗战救亡活动，将文化的触角伸向战区、敌后和前线，从而将其建设成为中共领导下的抗日民族统一战线文化宣传的领导机构和群众运动的战斗堡垒。

　　毋庸置疑，抗战时期的宣传活动是中国近代以来第一次全国性的战时宣传动员。在中共长江局和第三厅的正确领导下，在极其复杂艰难的条件下，包括汉剧艺人在内的广大文艺工作者，在民族大义面前，在面临生死考验之时，坚定不移地遵循中国共产党的指示，集结在神圣的民族抗战的

---

① 予冈：《我们的剧场是战场——记武汉剧人大团结》，《十日文萃》1938年第3期，第18页。

② 刘小中：《湖北文史资料·汉剧史料专辑》，湖北省政协文史资料委员会1998年版，第149页。

③ 刘小中、郭贤栋：《汉剧史研究》，武汉市艺术研究所1987年版，第325页。

④ 予冈：《我们的剧场是战场——记武汉剧人大团结》，《十日文萃》1938年第3期，第18页。

旗帜之下，秉持"剧场即战场，舞台即炮台"的信念，不惜牺牲不畏艰险地奔走在文化宣传战线的前沿上，坚定了人们持久抗战的决心，极大地唤起了人们的抗战热情，[1] 从而广泛地宣传了中国共产党的抗战路线、方针和政策，巩固和发展了抗日民族统一战线，取得了举世瞩目的成绩。

　　1937 年，汉剧公会为了扩大抗敌宣传，决定组织"汉剧流动抗敌宣传队"，请求湖北省政府"鉴核准予备案并分函饬属维护等"。这些宣传队将"编排宣传戏剧，分赴各县市深入乡村表演，以资普遍宣传唤醒民众"[2]。政府审查通过后，下令各县县长在宣传队抵达所辖境内宣传时予以维护协助。随政府训令下发的《汉剧流动抗敌宣传队简章》规定：各流动宣传队在演出时会酌收门票。除伙食杂费外，收入的四分之一用于购买救国公债，四分之一用于劳军，四分之一用于奖励，四分之一用于总队公共支出，其余用作公积金。宣传队以 6 个月为试办期，必要时可续办；各队每周必须汇报收入和演出情形，汇总后报给主管机关备查。[3]

　　1938 年 6 月，安庆陷落，武汉岌岌可危。政治部第三厅正式将各地方剧团组建为流动宣传队，签发番号和军用护照，并补助旅费，帮助它们及时转移到四川、云南、贵州等地区。在周恩来"到后方去做宣传工作"的号召下，汉剧艺人坚守"剧场即战场，舞台即炮台"的信念，积极响应中国共产党团结抗日的号召，在以郭沫若同志为首的第三厅的领导下，在武昌县华林附近的一个秘密地点组织了以傅心一为总队长的抗日宣传总队和 10 个抗敌流动宣传队。[4] 其中，以周天栋为队长的一队中，有陈雏凤、万仙侠、徐美玲、华云飞等坤伶；以留一笑为队长的二队中，有盖鑫培、九龄童、张玉娥、新化龙、花兰芳、红艳蝉、小小牡丹花等坤伶；以江春庭为队长的三队中，有新化姣、闵凤凰等坤伶；以樊笑天为队长的四队中，有盖叫天、花凤珠、郑天霞等坤伶；以朱洪寿为队长的五队中，有刘金屏、刘少华、黄美云等坤伶；以唐庸三为队长的六队中，有韩宝艳等坤伶；以杨九龄为队长的七队中，有张美英、红宝莲、群仙凤等坤伶；以徐春庭为队长的八队中，有李艳琴、何芙蓉等坤伶；以陈二红为队长的九队中，有万盏灯、群秀芳、杨小红等坤伶；以翟双平为队长的十队中，有

①　徐行：《周恩来与抗战初期的政治部第三厅》，《南开学报》2005 年第 4 期，第 8 页。

②　湖北省政府秘书处：《湖北省政府公报》（第 347 期），汉口新民报社 1937 年 12 月 6 日，第 2 页

③　湖北省政府秘书处：《湖北省政府公报》（第 347 期），汉口新民报社 1937 年 12 月 6 日，第 3 页。

④　武汉市文化局史志办公室：《武汉文化史料》（第 5 辑），内部发行，1985 年，第 135 页。

华艳秋、花小秋等坤伶。① 在傅心一、吴天保、唐庸三等的领导下，这些宣传队开始陆续向川渝、湘北以及鄂西等后方大转移。

最先出发的是流动宣传第一队，该队 100 余人由汉口长乐戏院出发，首先来到了沙市。沙市是汉剧的发祥地和著名的"戏迷城"，交通便利，于是成为各文艺团体转进西南的中转站。除第一队外，汉剧第五队、第六队也都经过沙市。此时的沙市，已有鄂西大舞台、大陆戏院等正规剧院。演员们在街头和剧场演出了《淝水之战》《江汉渔歌》《黄花岗七十二烈士》等鼓舞人心、振奋士气的爱国剧目，大大地激发了当地群众的爱国热情，也带动了沙市文艺界的抗敌宣传活动。

经沙市辗转至宜昌后，一部分人坐船到重庆，另一部分人由傅心一带领步行约一个月到达四川万县，再乘船至重庆。12 月 27 日，汉剧一队在重庆大华戏院开始演出。应当说，汉剧在重庆还是有较大市场的。"就地方人口来说，不但这次逃难到重庆的是湖北人最多，其原住在重庆的湖北人也很多，笼统说：重庆的所有的人口中，湖北人几乎就要占百分之七十了"，"就戏剧的本身来说，汉戏比川戏进化，比楚剧完美，比蹦蹦戏高尚，比平剧较易为重庆人所了解，比话剧电影似乎又为大多守旧的群众所留恋"②。"由于川鄂语音相近，川剧中'胡琴'唱的也是与汉剧一样的'西皮二黄'，汉剧的演出剧目大多受到了四川观众好评。除正常演出之外，他们还上街游行宣传抗日，演员们穿上戏装扮成爱国的民族英雄岳飞、文天祥等游行于繁华大街。每到一处，连说带唱带表演，观众无不报以热烈掌声。"③ 坤伶陈雏凤在"大华戏院"演出《刀劈三关》《大登殿》等戏，一鸣惊人。她的嗓音、边音、本音、膛音都具备，扮相大气，台风大方。④

1939 年，经历日寇飞机大轰炸后，汉剧一队于 6 月中旬迁往合川县演出。在合川，他们与京剧同台演出《宝莲灯》，并演出江文白编剧的《钦差大臣》，怒骂汪精卫卖国，却被国民党当局禁演并逐出合川。

1940 年 1 月，《嘉陵江日报》报道，汉剧一队自入川以来，演出颇受各界欢迎，"兹该队于廿日抵碚，当晚开始公演，数日来观众颇为拥挤。该队所表演之各种戏剧，多利用旧调，编为抗战新词，祈以唤醒民众，提

①　刘小中、郭贤栋：《汉剧史研究》，武汉市艺术研究所 1987 年版，第 326~328 页。

②　《汉剧在四川的优良历史与成就》，《汉口导报》1946 年 9 月 13 日第 3 版。

③　方月仿：《汉剧抗敌流动宣传队　返汉六十年记》，《戏剧之家》2005 年第 4 期，第 25 页。

④　大冶县政协文史资料委员会：《大冶文史资料》（第 4 辑），1989 年 10 月，第 76 页。

高民族意识，发扬抗战精神，技术颇精，设备亦颇完备云。汉一队由于受到北碚嘉陵江三峡乡村建设实验区广大人民的欢迎，从此便以该地为根据地，连续进行了两年多的宣传演出活动"①。

1940年2月，一些坤伶还积极参加北碚志愿兵运动的宣传活动。2月10日早晨，北碚各界人士在民众体育场第四次欢送本地士兵参军。送到嘉陵江畔时，陈雏凤、夏小侠等3名坤伶亲手分送点心给入伍的志愿兵。②

1941年，在北碚演出的汉剧一队，"某日，因内部账务不清，队员啧有烦言，涉及领导者。越日，该队队长哭诉教部社教司某科长，科长大怒，即来碚召集全体队员训话，最精彩者有谓：'国家有国家的秘密，你们知不知道？队上有什么特殊的用度，自有负责人秉公办理，也没有告诉众人的必要，你们要是再不服从队长，我是马上做一个公文，把你们一齐送壮丁队！'队员闻声变色，不敢发一言，于是风潮顿息"③。

1942年，傅心一等在北碚开办了"汉"字科班，以李天桂、黄春兰以及凤凰旦（坤伶）等为科班老师，为汉剧培养了一批后继人才。"招收小学程度之男女生予以三年训练，内分学科术科及一般课程，该班于上年四月开班，并已在北碚青木关等处公演，颇获好评，现有学生二十六名，教职员七名，本年四月起更由教部月增补助费二千元，俾充实设备加强训练。"④

1943年1月，吴天保率领汉剧一队从北碚来到富有光荣革命传统的涪陵，在县城国光戏院（今五一剧场）演出。坤伶陈雏凤、周素云、新化姣、夏中侠等参与其中。她们不仅演出了《卧薪尝胆》《梁红玉擂鼓战金兵》《江汉渔歌》以及《岳飞》等反抗侵略的历史剧目，而且上演了《大审玉堂春》《五娘行程》《斩黄袍》以及《李陵碑》等传统剧目。⑤ 这次在国光戏院演出，上座率高，场场客满。石柱县有人不辞辛劳跋山涉水到涪陵观看演出。吴天保、刘玉楼、夏小侠等一亮相，剧场内的掌声立即就响起来了。观众称赞夏小侠的动作好看，刘玉楼能唱，唱腔好听，陈雏

① 涪陵区政协文史资料委员会：《涪陵文史资料》（第十三辑），重庆市鹏程印务有限公司2005年版，第168~169页。
② 大冶县政协文史资料委员会：《大冶文史资料》（第4辑），1989年10月，第76页。
③ 泊：《汉剧在北碚》，《汉口导报》1946年7月1日第3版。
④ 《社教动态：汉剧宣传队在涪陵宣传公演》，《社会教育季刊（重庆）》1943年第1卷第21期，第99页。
⑤ 涪陵区政协文史资料委员会：《涪陵文史资料》（第十三辑），重庆市鹏程印务有限公司2005年版，第170页。

凤也唱得好。①

　　为鼓舞抗敌将士，丰富部队生活，汉剧一队还积极到当地驻军进行慰问演出。每周星期日义务为部队加演早场，从 7 点半至 11 点半；下午、晚上仍然照常演出。此外，1944 年元旦，夏小侠、夏中侠、陈雏凤、新艳云、罗惠兰等坤伶应邀到成都广播电台播送汉剧《包胥复国》。她们还参演了《卧薪尝胆》《江汉渔歌》等剧目。②

　　汉剧二队于 1938 年 8 月由武汉抵达长沙，他们不顾疲劳争分夺秒地在街头和剧场演出，以《梁红玉》《卧薪尝胆》等剧目激发民众抗战的热情。不幸的是，此后遭到狂轰滥炸，100 多人的队伍损失大半，只剩下 30 多人，实在难以维持下去，只好于 1940 年 7 月 29 日宣告解散。三队在沙洋、襄樊、豫西南一带，遭敌机轰炸，贫困交加，伤亡惨重，但仍坚持演出《岳飞精忠报国》《戚继光》等洋溢着爱国主义光辉的优秀剧目。

　　五队、六队和七队是在武汉沦陷前离开的。五队在沙市鄂西舞台演出，六队在沙市大陆戏院演出。"两队演员阵容整齐，在街头演活报剧，高唱《班歌》《义勇军进行曲》《大刀进行曲》等，深受广大观众的欢迎。除《卧薪尝胆》《平倭传》《江汉渔歌》等抗击外患的优秀剧目外，他们还上演了许多现代戏，如《傀儡皇帝》《血战潜江》《送歌上前线》《可怜的我》《转变民心》等。"③

　　1938 年 11 月底，在荆沙的戏剧团体成立了"中华全国戏剧界抗敌协会荆沙分会"，推选汉剧六队队长唐庸三为会长。"各剧种宣传队每周两次联合义演为抗敌捐款。此活动共演 30 余场，场场爆满。"④

　　五、六队经沙市时，参加了京、楚剧的联合演出，有《平倭传》和时装剧《傀儡皇帝》《转变民心》等剧目。名丑大和尚将《瞎子闹店》《流民图》等戏改编，注入抗日内容，深受欢迎。"武汉失守后，荆沙岌岌可危。中华全国戏剧界抗敌协会荆沙分会会长唐庸三将沙市几家汉剧坤伶集中，组成两个'荆沙抗敌流动宣传队'，向湖南等地转进演出。"⑤

---

①　涪陵区政协文史资料委员会：《涪陵文史资料》（第十三辑），重庆市鹏程印务有限公司 2005 年版，第 171 页。

②　大冶县政协文史资料委员会：《大冶文史资料》（第 4 辑），1989 年 10 月，第 77 页。

③　刘小中：《湖北文史资料·汉剧史料专辑》，湖北省政协文史资料委员会 1998 年版，第 155 页。

④　中国人民政治协商会议湖北省荆州市委员会学习文史委员会：《荆州文史资料》（第 3 辑），荆州市政协学习文史委员会 2000 年版，第 168 页。

⑤　中国人民政治协商会议湖北省荆州市委员会学习文史委员会：《荆州文史资料》（第 3 辑），荆州市政协学习文史委员会 2000 年版，第 169 页。

1939—1943 年，滞留在新堤（今洪湖市）的汉剧艺人李罗克、万盏灯等组织了班社演出，魏平原、李彩云、大和尚、牡丹花、董金林、严玉声（坤伶）等名伶先后到新堤演出。于是，新堤一时成为沦陷区汉剧艺人的集中地。① 新堤大戏院"为适应市民之需求，及繁华市面起见，特将院内修饰一新，并敦聘汉剧宿将李彩云、大和尚、魏平原、蒋占奎及名坤伶严玉声、陶云龙、杨小红、陈梅芳、张艳秋等著名角色，连日排演历史名剧，且因与富丽堂皇光彩夺目之布景相辉映，牡丹绿叶，互相衬托，颇得各界赞赏，故每日座位均告拥挤，现闻该院为求博得社会更良好之奖评计，复派员赴汉加聘多数名角，大约不日可以来堤配演"②。同月 17 日，新堤大戏院发布告示称，魏平原、李彩云、大和尚等男性名伶，以及严玉声、杨小红、陈芳梅、张艳秋等坤伶，将于 10 月 18 日至 11 月 24 日演出《战马超》《祭长江》《兴大汉》等剧目。③

对于这次在新堤大戏院演出的汉剧坤伶，作者"东篱"在 1942 年 11 月 28 日题为《群仙凤媲美云仙子，严玉声赛过七龄童》的文章中作了评论。群仙凤，"嗓音清亮，唱工极好，其中两段'二簧'，一字一句，宛如晓莺出谷，婉转悠扬，令人悦耳怡神，兼之做工老练稳到，表情下力，两别薛母，不知博得多少富于情感的娘儿们暗弹珠泪，所以一曲甫罢，掌声如雷，汉剧坤伶青衣，若群伶者，实寥寥不可多得"④。压轴戏为《四郎探母》，严玉声扮演四郎，陈芳梅扮演公主，可谓"珠联璧合"。"陈伶出落得艳丽俊俏，举止大方，和婉中兼露聪慧，灵敏中蕴含柔情，毫无风骚做作，恰贴合公主身份，惜其嗓音稍滞，未免有美中不足之感。"⑤ 严玉声天生金嗓，声音洪亮，吐字清晰，做工稳健，实是汉剧三生行当中的佼佼者。⑥ 当然，也有个别坤伶表演不尽如人意，如小凤凰娇小伶俐，嗓音亦佳，不过咬字含糊，表情欠妥，做工有些慌忙。

1938 年 10 月，武汉沦陷后，市面萧条，各剧院门前冷落。"侵入武汉的日寇先头部队司令池田龙带着警卫在中山大道一带'巡视'，走进新市场（今民众乐园）。见场内乱七八糟，所有的剧场，都是东一堆、西一

① 邓家琪等：《汉剧志》，中国戏剧出版社 1993 年版，第 12 页。
② 湖北省志《文艺志》编辑室：《文艺志·资料选辑（二）》，1983 年版，第 152～153 页。
③ 湖北省志《文艺志》编辑室：《文艺志·资料选辑（二）》，1983 年版，第 153～154 页。
④ 湖北省志《文艺志》编辑室：《文艺志·资料选辑（二）》，1983 年版，第 155 页。
⑤ 湖北省志《文艺志》编辑室：《文艺志·资料选辑（二）》，1983 年版，第 155 页。
⑥ 湖北省志《文艺志》编辑室：《文艺志·资料选辑（二）》，1983 年版，第 155 页。

伙的住着无家可归的艺人、茶房、工人。"① "马路上白日里尽是日军穿梭来往，未晚，路人绝迹，入夜形同鬼域，阴森之状持续半年余，因此新市场迟迟不能营业。"②

1939年7月，在汉口新市场依然有汉剧戏班演出。"闻自九日起，门票买一张送一张，等于不买门票一样。"③ 此外，新市场还拟在后花园建设一座大剧场，届时聘请陈春芳以及坤伶七龄童、玲牡丹等演出露天汉剧。

武汉沦陷后，一些未能加入抗敌流动宣传队的汉剧艺人，为生活所迫，在汉正街联合戏院进行演出。不过，由于角色不全，演出往往不尽如人意。1942年，白玉山组建模范汉剧团后，这种状况得到改观。"至卅一年由白玉山组织模范汉剧团，在满春戏园出演，此时角色相当强硬，于是一般渴别数年，未过戏瘾之戏迷诸君，趋之若鹜，又兼组织得法，汉剧当时的营业发展，远非其他各戏园所能及。"④

不过，好景不长，1944年秋武汉遭到大轰炸后，汉剧艺人四处逃避。翌年，他们返回武汉，满春戏园却已经被拆掉。汉剧的黄金时代也一去不复返了。1948年，"汉口市剧人联合会已于本月八日正式成立，各情早志本报，惟关于理事长一席，迄今尚未产生，因汉平剧人一致推举梁次珊为理事长，可是汉剧同人方面则一致推选吴天保，或周天栋，双方拘在谦让中，致理事长一席迄今尚未表决人选，爰汉剧同人让平剧为客气，而平剧同人让汉剧之理由，为平剧在汉均为流动性质，汉伶长期在汉，对会务必多贡献更可负责。故日内此理长一席人选，当可揭晓也"⑤。

在宜昌，汉剧班社的情况也不容乐观。刘玉楼、徐万春等组织的"汉剧复兴社"，因通货膨胀而亏了2.4万元。"到一九四九年上半年，演员每人每天只能领到三斤米，后来又改为吃大锅饭，另发给演员每人一角钱打零用（跑龙套的还没有）。到最后，班子没法开演，班底干脆住到台上，这里摆个灶，那里放口锅。"⑥

抗战期间，汉剧艺人以舞台为炮台不遗余力地进行抗日宣传。不幸的是，在这一时期，汉剧艺人伤亡惨重元气大伤，余洪元、钱文奎等100多

---

① 武汉市文化局史志办公室：《武汉文化史料》（第3辑），内部发行，1983年，第91页。
② 《汉口忆旧》（第三辑），武汉市政协文史资料委员会1994年版，第113页。
③ 《新市场门票买一张送一张》，《大楚报》1939年7月9日第3版。
④ 文云：《环境不良造成汉剧落伍》，《汉口导报》1946年6月28日第3版。
⑤ 陈剑萍：《汉剧联会理长一席谦让未决》，《真报》1948年4月15日第4版。
⑥ 中国人民政治协商会议宜昌市文史资料研究委员会：《宜昌市文史资料》（第2辑）1984年第4期，第109页。

名名伶死亡，一般艺人死亡高达 200 名。10 个汉剧抗敌流动宣传队，除一队还幸存 20 多人外，其他 9 个队都已散班，艺人流落异乡，有的改行另谋出路，有的自行组班苦苦支撑。① 在抗战期间，死亡坤伶中较有声誉的有一末筱洪元、余小岩、张美琴、玲娃娃、小云龙；三生筱洪亮、筱红保、筱云亮、陆文亮；四旦云仙子、玲仙玉、兰凤秋和新兰芳；七小周云鹏、刘艳侠；八贴云蝴蝶、韩宝艳、花芙蓉、新牡丹、花艳秋、玉艳芳、闵凤凰以及鲁春艳等。② 1946 年，坤伶中年长者多因老病辍演，年轻者如七岁红、胡玉凤、九龄童、玲牡丹、程少秋以及刘金娥等，"虽差能叫座，然较之老伶工不逮远也"③，包括坤伶在内的汉剧人才短缺断层，使得汉剧在此后相当长的时间内在低谷中徘徊。

严玉声之子李玖久回忆：先进入戏班演戏，随后进入了田汉等举办的艺人训练班，后来一直在武汉演戏。来往的也只有田汉派到演剧队做工作的共产党人。当时是国共合作时期，田汉等都有国民党军衔，穿军装。包括母亲在内的大多数坤伶完全按照周恩来号召，到后方去，不为日寇歌舞升平。20 世纪 60 年代，他亲眼见过母亲严玉声保留的当时国民政府军事委员会政治部第三厅颁发给她的两张奖状。"文革"期间，田汉等受到了批判，母亲偷偷将这两张珍贵的奖状烧掉。

需要说明的是，个别坤伶如花艳秋因甘心媚敌而死得极不光彩。她出演于黄石石灰窑，颇受欢迎。"当时该地为工矿场所，为我方轰炸之目标，花娘鉴于危险过甚，屡想返汉，无奈该地敌伪机关之某长与她结不解缘，绝对不准其返汉，致某次空袭时，花娘临时逃避山上，被炸身死，血肉横飞，惨不忍睹。"④

在汉剧前后三批坤伶中，八贴行当的人数最多。因此，从八贴行当坤伶人数的消长，可大致窥知 1923—1949 年坤伶盛衰变迁之轨迹。八贴，也称"花衫"，扮演者以身段活泼口齿伶俐为佳。坤伶在此行当具有得天独厚的优势。在抗战之前的 1932 年，花衫行当人才济济，名伶荟萃，小牡丹花、万盏灯、刘金凤、张美英、新牡丹、云蝴蝶等纷纷出演于凌霄、共和、宝宝、新新等大大小小的汉剧戏院。抗战胜利后，汉剧地盘大为缩

---

① 刘小中：《湖北文史资料·汉剧史料专辑》，湖北省政协文史资料委员会 1998 年版，第 154~156 页。

② 刘小中：《湖北文史资料·汉剧史料专辑》，湖北省政协文史资料委员会 1998 年版，第 340~341 页。

③ 《汉剧人才寥若晨星》，《汉口导报》1946 年 6 月 1 日第 3 版。

④ 英：《汉剧坤伶别纪·花艳秋媚敌吃炸弹》，《罗宾汉报》1948 年 7 月 1 日第 2 版。

减。从坤角名伶来看，只有刘金屏、刘金娥力撑危局。①

当然，我们也应当注意到：1931 年，湘鄂赣省苏维埃政府宣告成立。在政府的动员下，汉剧艺人积极参加红军，并先后在阳新、通山、广济等地成立了龙港新戏团、燕厦新戏团（后合并为鄂东南新戏团）以及复兴等新戏团。这些戏团以唱汉剧为主，以演出表现苏区生活、群众疾苦、革命战争的胜利以及苏维埃政权的建设，先后编演了《解朗辉遇难》《罗伟就义》以及《活捉张辉瓒》等许多现代汉剧。②

抗战胜利后，国民党政府悍然发动全面内战。这一时期，通货膨胀日益严重，各种苛捐杂税纷至沓来，剧院的娱乐税由 15% 上升到 30%。此外，还有劳军义演、所得税以及"弹压"招待费等。在当时的汉口，戏剧活动呈现整体性的消沉态势。"第一点，当然由于整个社会浮动不安所致，其次，捐税的窒息不能说没有关系，干戏剧工作的人，依靠戏剧业为生活的人，要担负百分之五十以上的捐税，和百分之二几的高利。以乞食方式所得，请问还能剩余几何？"③ "观众的低级，文化的贫乏，却不能不承认这是剧运衰微的第三个重大因素。"④ "再就广大的地方戏来说，它们已经失去了广大的群众，汉剧和楚剧，形成了小市民层的玩偶，小市民层的没落，它们也将随之没落。"⑤

迨至 1948 年，汉剧的演出地盘仅有 3 个，且处境艰难。"汉剧今日在汉出演的共有三组，其一是由夏桂斌弟兄领导的第一队，出演长乐戏院，其二是夏荫梧们合组的三义剧院，出演天声舞台，其三则是受聘民众乐园，出演该园三楼的胡桂林、陈春芳们。长乐位在汉口上段，人们称组班于此者为'下流派'，民乐地点适中，其所有演员也就是'中间派'之称。至其艺术则三组演员各有千秋，而今日处境困难则为一也。"⑥ 一些汉剧戏院因经营惨淡，无奈之下则直接裁人或停演。"黄金汉戏已汰除名角一大批，计有周天栋、刘顺娥、红艳蝉、袁双林、红艳霞等"，"汉正街之长乐汉剧，卖座奇惨，前后台之伙食亦无法维持，有即日停演讯"。不久，长乐汉剧正式停演。⑦

在此形势下，一些汉剧艺人纷纷离开武汉，前往九江、天门等地谋求

---

① 老戏迷：《谈汉剧花衫人才之盛衰》，《罗宾汉报》1948 年 1 月 12 日第 2 版。
② 杨德萱：《汉剧图文志》，湖北美术出版社 2012 年版，第 15 页。
③ 林素：《没有戏剧的汉口》，《武汉日报》1947 年 2 月 2 日第 10 版。
④ 林素：《没有戏剧的汉口》，《武汉日报》1947 年 2 月 2 日第 10 版。
⑤ 林素：《没有戏剧的汉口》，《武汉日报》1947 年 2 月 2 日第 10 版。
⑥ 何如：《汉剧三派：上进·中间·下流》，《汉口导报》1948 年 8 月 7 日第 3 版。
⑦ 《汉口导报》1946 年 8 月 4 日、10 日、14 日。

发展。在九江，杨伯龙领导的汉剧班社取得了不俗的成绩。"由杨伯龙领导之长乐汉剧团，自在九江青年乐园演出以来，颇受当地爱好汉戏者之热烈欢迎，伯龙已由九江征途，寄鸿告我，每日可售座至百万元左右，其阵容亦相当坚强，用志于次，以告汉上关心之汉剧周郎，计一末盖鑫培，三生曹大毛，四旦刘振仙，五丑大和尚，七小杨伯龙，八贴王艳燕等。"①在天门，黄仲英领导的汉剧班社不断吸收新成员，阵容也在逐步增强，"天门光华戏社，原演汉剧，由黄仲英领导，现为加强阵容计，由沙市邀请徐继声、樊笑天等加入演唱，兹闻徐等一行，已抵天门，日内即登台露演云"②。

由于汉剧艺人生活艰难，无心提高技艺，演出质量低劣，导致营业每况愈下。一些艺人陷入吃喝嫖赌和吸食毒品中难以自拔；一些艺人下乡演出，在省内跑乡班，不时遭到县、乡政府抓丁、派款和"地头蛇"的各种盘剥和迫害，生存艰难，最终大多班散人去。1948年，黄石、应城、天门、襄樊等地汉剧班社也先后遭到解散。艺人们或回武汉另谋出路，或改行务农，坤伶则先后嫁人。沙市的汉剧班流落湖南洞庭湖一带，勉强支撑。宜昌30多人的汉剧班，在极端困难的情况下，力克时艰，未曾散班。至1950年，湖北全省仅有宜昌、武汉美成、新长乐、共和舞台、新市场等6个汉剧班社，人数300余人。③

综上所述，自20世纪30年代以来，面对频仍的自然灾害和兵燹战祸，处于社会组织结构最底端的弱势群体汉剧坤伶，大多数没有畏缩逃避或者怨天尤人，而是积极地参与赈灾义演、劳军公演以及抗日宣传等活动之中，为在水深火热中苦苦挣扎的国人带来了勇气和希望。更值得我们称道的是，全面抗战爆发后，在民族大义面前，在面临生死考验之时，许多坤伶遵循中国共产党的指示，秉持"剧场即战场，舞台即炮台"的信念，义无反顾地进行艰苦卓绝的敌后抗日宣传活动。有些坤伶甚至在敌后抗战宣传中失去了宝贵的生命。她们的行为和事迹永远值得我们铭记！

毋庸置疑，汉剧坤伶参与赈灾义演、劳军公演以及抗日宣传等活动，对于提升坤伶的知名度和扩大汉剧的影响力显然是有着积极作用的。如果从社会心理学的层面来分析，就不难发现其中还蕴含着在补偿心理作用下

---

① 琦：《汉剧在九江》，《汉口导报》1946年6月20日第3版。
② 琦：《汉剧在天门》，《汉口导报》1946年6月21日第3版。
③ 邓家琪等：《汉剧志》，中国戏剧出版社1993年版，第12页。

重塑自身形象的策略和动机。

补偿是人们的自我心理防御机制之一。弗洛伊德认为，补偿心理源于个体遇到挫折后的心理防御机制。所谓"心理防御机制"，"是指一个人面对应激、目标受挫、创伤、丧失、冲突等心理上的种种困难，心理平衡遭到破坏，感到困扰、不适应，甚至体验到痛苦的折磨时，其'自我'就潜意识地运用一些防御措施来保护自己的机制"[1]。当个体由于主客观条件的限制或者身心问题以致目标不能实现时，就会有意识地采取其他能够获得成功的活动来弥补因失败而带来自卑、痛苦和焦虑，从而实现新的心理平衡，这就是补偿。如果在补偿的过程中，个体的新目标和新活动既符合社会规范又能实现个人价值，这种补偿就是积极性补偿。反之，则为消极性补偿。[2] 阿德勒一针见血地指出，自卑源于在现实生活中萌生的肉体或精神等方面的所有不完美的感觉。自卑心理一旦产生，必然会促使个体进行补偿。[3]

汉剧坤伶大多出身寒微，有的甚至为妓院所收养，这种人生经历使得她们有着较为深重的自卑感。后又从事被人鄙视的"下九流"职业，在公共空间展示女性身体，更为儒家正统观念所不容。在时人的心目中，她们低于京剧坤伶一等。一些坤伶生活不检点、技艺低下等使得汉剧坤伶群体社会形象更加负面，社会地位更加低下，几乎与娼妓无异。因此，较为深重的自卑感始终萦绕着她们而挥之不去。

不过，在自然灾害和战争兵燹袭来的时候，汉剧坤伶在深重的危机中看到了重塑自身身份的曙光。她们积极参与赈灾义演，参与劳军公演，参与抗日宣传等。在参与这些活动的过程中，她们感觉到社会对自己真真切切的需要和尊重。这种需要不是居高临下的，这种尊重不是逢场作戏的。在这些活动中，她们真正发挥了汉剧"高台教化"的功能。她们意识到自己不再是那被人人贱视的"臭戏子"，而是能够为民族和国家做出自己贡献的人。正如当张美英、云仙子、万盏灯等坤伶被媒体誉为"爱国艺人十姊妹"时，她们意识到自己是爱国主义文艺战士。[4] 这种自我身份脱胎换骨式的演变，使得长期积压在心头的自卑感逐渐消融瓦解。正是在这个过程中，汉剧坤伶的自卑心理被义演、公演和抗战宣传所带来的成就感所补偿，从而在一定程度上不仅达到了新的心理平衡，而且卓有成效地在

① 肖旭：《社会心理学》，电子科技大学出版社2013年版，第163页。
② 肖旭：《社会心理学》，电子科技大学出版社2013年版，第163页。
③ ［奥］阿德勒：《自卑与超越》，作家出版社1986年版，第46页。
④ 刘小中、郭贤栋：《汉剧史研究》，武汉市艺术研究所1987年版，第325页。

民众心中树立起了正面形象。

第五节　汉剧坤伶的艺术特征与艺术贡献

自 20 世纪 20 年代汉剧坤伶崛起以来，迨至 30 年代初，汉剧没有坤伶就不能组班，坤伶在汉剧场域中日益占据重要位置，这种情形一直持续到 40 年代初。对此，当时知名剧评人梦梅曾从行当的角度这样评述道："自从女子唱汉戏以来，时至今日，汉剧坤伶已经占据了一个位置了，不特三生八贴四旦，有很多人材，就是很难工的一末、六外、五丑，也有一二人材；可见汉剧坤伶的力量不可忽视。"① 不过，她们在十个脚色行当中分布并不均匀，主要集中于四旦、八贴等女性角色行当，当然九夫角色也有坤伶来承担，但仅有寥寥数人而已。

一、汉剧坤伶的艺术特征

汉剧将扮演中年妇女者称为"旦"，也称"正旦"。较之年轻者，归于八贴；较之年迈者，则归于九夫。四旦以唱功为重，表演端正大方，戏路较宽。四旦约可分为三派：一是徐娘派，如《失子惊疯》中的胡氏，《武家坡》中的王宝钏；闺秀类，如《二度梅》中的陈杏元，《游西湖》中的白素贞；滑稽类（俗称彩旦），如《宋十回》中的阎婆，《玉堂春》中的老鸨。八贴即花旦，以做工为主，主要有青衫类和花衫类，前者如《八义图》中的程婴娘子；后者如《大合银牌》中的韩大娘（泼辣），《花田错》中的春兰（玲珑），《连环计》中的貂蝉（静婉）。此外，还有刀马旦等。② 汉剧坤伶的艺术特征主要体现在以下几个方面：

（一）坤角唱腔的华丽婉转

戏曲唱腔和其他各门类的音乐有所不同，它要求唱腔具有歌唱性、抒情性的同时还要兼具叙述性和戏剧性。汉剧赖以形成的地理环境、语言环境、心理环境等，直接影响着汉剧的形成和发展。汉剧舞台语音以武汉方言的四声与中州韵结合而成，唱词多为七字句或十字句，讲究平仄押韵。

---

① 梦梅：《梦梅剧话·告汉剧公会当局》，《罗宾汉报》1935 年 8 月 26 日第 2 版。
② 扬宗珙：《续汉剧丛谈》，《武汉文史文丛》（第四辑），中国档案出版社 2004 年版，第 125 页。

唱腔以西皮、二黄为主，另有反二黄、平板以及少量的杂腔小调。西皮顿挫有力，长于表现欢快炽烈的情感和豪迈雄壮的气概。二黄平稳浑厚，长于表现悲伤哀愁的情感。反二黄起伏跌宕长于表现悲壮凄凉的情感。平板婉转流畅既适合叙事又长于抒情。汉剧的唱腔既体现了湖北本土的特色，也体现了唱腔本身的艺术价值。① 从汉剧旦角女腔来看，汉剧唱腔的华彩程度已经高出其他的地方戏曲。这种华彩性是经过几代汉剧坤伶对唱腔坚持不懈的改革而逐渐形成的。如李绍云，"所演《祭江》《祭塔》比别的坤伶要强一点，其嗓音很好，天赋一种韵味，每到悲切之处，真是杏雨口风，令人泪落，山峡猿啼，我也销魂"②。再如花小侠，"天赋珠喉，韵味颇浓，如嚼橄榄，回味无穷，喷吐煞尾诸音，清脆动听，所谓字正腔圆者，堪以喻之矣"③。

　　楚剧唱词多为三字句或七字句或五字句。唱腔以黄陂音为基础，由黄陂、汉口两种语音结合而成，可分为正调类、小调类和高腔类。旦角唱腔轻柔婉转，乡土味浓，演唱采用语言音乐化的方法，使得旋律流畅悦耳。京剧舞台语音为"中州韵，湖广音"，唱词为五字句或七字句或十字句，唱腔主要有二黄、西皮，常用的还有南梆子、四平调、吹腔等，特点是曲调丰富，旋律优美，节奏起伏，变化鲜明。京剧唱腔还根据剧情和人物有所变化，同时按字行腔，讲究"吐字""送音""收声""归韵"等艺术技巧，要求字正腔圆，又讲究韵味，注重声情并茂。④ 越剧唱词只有上、下两句。其唱腔源于佛曲和嵊县民歌、小调，在此基础上又吸收了杭州、湖州的"湖调"以及绍兴大班的曲调，进入上海后产生了适合女声演唱的"四工调"。1943年，袁雪芬在此基础上，吸收京剧二黄的过门而创造了"尺调腔"。它适用于高中低各个音域，演员可根据自身嗓音灵活运用，也可在快、中、慢各种板式间变化速度节奏，⑤ 经过不断的丰富和完善，其成为越剧的主腔。这种全新的尺调腔，便于表达当时群众淤积在心里的悲愤与反抗情绪。昆曲大多数使用定场诗词、四六句，唱腔缠绵婉转、柔曼悠远，通常在旋律中使用装饰性花腔，带有吴侬软语的特点。⑥ 袁忠玉认为，唱腔是按照各剧种的声腔特色来表演的，发声、演唱技巧等

① 包小慧：《论汉剧的审美价值》，武汉音乐学院2006年硕士学位论文，第21~22页。
② 慕耘：《我对于汉剧几位坤伶》，《戏世界》1934年5月30日。
③ 宾：《汉兴聆歌·花小侠的是隽品》，《罗宾汉报》1935年4月6日第4版。
④ 吴秋林：《吴秋林文集》（第2卷），中央民族大学出版社2018年版，第293页。
⑤ 宇锦：《袁雪芬和越剧艺术》，《秘书》2011年第4期，第43页。
⑥ 袁媛：《昆曲在当代的继承与发展》，《北方音乐》2020年第24期，第42页。

迥然不同。每个剧种都有自己的风格，这些艺术风格都是原始形成的。

在一次采访中，陈伯华说："其实，唱就是舞台上的艺术夸张。唱就是心灵在说话。心灵说话观众听不到。唱要好听，动作要好看。以唱为主，以做为辅。因此，唱还是蛮要紧的。我的徒子徒孙中，你们的雷老师（雷金玉）唱得最好。"随后，雷金玉应陈伯华的要求现场唱了《二度梅》中的几句。陈伯华对唱腔的革新，既遵循传统特色，又敢于突破创新，大胆融合，善于根据不同的人物设计不同的唱段，突破了传统的腔体，美化了旋律，丰富了腔调和更新了唱法，① 唱腔华丽委婉细腻而流畅，② 创立了独具风格的"陈派"唱腔，对汉剧旦行的唱腔发展有突出的贡献。比较汉剧和京剧《宇宙锋》中赵艳容的唱段，就可发现汉剧的唱腔明显要比京剧长，在反二黄基本唱腔上进行了旋律加花处理，因而音符密集，音程级进多，汉剧音乐因而变得婉转华丽。③

此外，需要提及的是，汉剧旦角十分注重声音造型，运用它来刻画人物，表现人物性格特点。袁忠玉认为，汉剧对声音造型的讲究程度是其他剧种所不及的。如花旦中的"娃娃旦"发音极尖、极细，带有撒娇的意味；"泼辣旦"多用"边夹本"的嗓子说话，边音、本音、膛音都要出来；"闺门旦"多用韵白，讲究韵味等。

（二）人物塑造的形神兼备

《活捉三郎》这个戏取材于《水浒传》，是说阎惜娇被宋江杀死以后，她的阴魂不散，飘到她心爱的三郎（张文远）身边，以实现他们当初山盟海誓的愿望。这个戏是汉剧艺术大师牡丹花和大和尚的精心杰作。它对演员的表演技巧要求很高。万盏灯曾在这个戏中饰演阎惜娇。她认为，剧中的阎惜娇亦人亦鬼。作为人，她热爱自己的心上人；作为鬼，她的肉体已经消失，只是一个阴魂。既要塑造一个令人耳目一新的鬼的形象，又要表现她作为一个女性丰富而细腻的内心世界。有鉴于此，万盏灯在表演中，采用了"身子直立，双手下垂，耸肩甩发，掣劲亮相，眼睛藏珠漏白，台步轻快地奔向张文远"等动作，④ 将这个亦人亦鬼的形象表现得淋漓尽致。

---

① 武汉汉剧院编，傅学清、彩麟记谱：《陈伯华唱腔选》，上海文艺出版社 1981 年版，第 3 页。
② 陈伯华、邓家琪、黄靖：《陈伯华舞台艺术》，上海文艺出版社 1988 年版，第 290 页。
③ 包小慧：《论汉剧的审美价值》，武汉音乐学院 2006 年硕士学位论文，第 23 页。
④ 万盏灯：《舞台生涯六十年》，《武汉文史资料》1989 年第 1 辑，第 103 页。

汉剧八贴泰斗董瑶阶认为，舞台上花旦扮演人物的真功夫在于"手、眼、身、法、步、肩、肘、腰、胯、膝"十个字上，其中眼神居于首位，有眼，天宽地阔，无眼寸步难行，眼到心到，相随心转。受其影响，小牡丹花非常注重眼神的运用，在《宇宙锋》中，她所饰演的赵艳容在装疯之后，"用单对眼、双对眼、平视、横扫等许多不同的眼神，既表现出了赵艳容的疯态，同时又传递出了赵艳容的内心真情"①。小牡丹花所塑造的赵艳容，"从人物出发，准确地把握人物性格主线，在此基础上具体而细微地捕捉赵艳容在规定情境中的心态和心理流程，她既吸取了梅派凝重、坚定、勇敢的人物形象特点，又吸取和继承了李彩云粗犷的风格和情节，经过匠心独运的创造，塑造了一位不谙世事，较为幼稚，但勇敢、机智的独具风格的年轻妇女形象。因而，这个形象充分体现了汉剧艺术的审美特征"②。万盏灯、小牡丹花等汉剧坤伶突破了早期戏曲艺人只一味照搬照抄的表演程式，③ 她们所塑造的人物形象形神兼备惟妙惟肖。

（三）舞台动作的新颖细腻

汉剧坤伶的舞台动作颇有特色，耐人寻味。"做工之细腻，上楼下楼，出门进门，步子地位之严格，以及做活尺寸之讲究……赵桐珊（芙蓉草）曾谓余曰，平剧花旦能运用汉剧八贴之做派于一炉，虽梆子花旦亦难及也。"④ 如小牡丹花，"演《百花亭》，醉酒之神情，春意荡漾，俨如真境。又如《活捉》之'翻眼'、'耸肩'……诸端，演来逼肖，几声鬼啸，令人不寒而栗"⑤。新牡丹，"此妮子走围场，姿态颇佳，扬鞭勒马极精细，几个枪面翻身，敏捷漂亮。最后一个仰腰摊势，头点脚跟极佳，当博得唱彩声不少，观者咸称此姝前途可造"⑥。《打花鼓》是一出重头的小花旦戏，"注重手眼，手法要灵活，处处要与身段吻合，眼神得有劲，一顾一盼要合乎剧情。所以要唱这出戏，不但要占全手眼身法步，而且要熟悉牌子"⑦。李绍云、小牡丹花等坤伶演来，手、眼、身、法、步

① 马素芬：《汉剧艺术大师陈伯华研究》，湖北大学 2013 年硕士学位论文，第 28 页。
② 黄靖：《论陈伯华表演艺术流派的形成（下）》，《戏曲艺术》1998 年第 3 期。
③ 李松、冯紫璇：《1950 年代陈伯华与汉剧〈宇宙锋〉的艺术革新》，《湖北社会科学》2021 年第 2 期，第 110~112 页。
④ 朱伟明、陈志勇：《汉剧研究资料汇编（1822—1949）》，武汉出版社 2012 年版，第 520 页。
⑤ 晴川阁主：《为筱牡丹花致游神先生》，《罗宾汉报》1935 年 6 月 23 日第 3 版。
⑥ 戏迷：《观长乐〈八本姜子牙〉》，《罗宾汉报》1935 年 12 月 2 日第 3 版。
⑦ 古愚：《〈打花鼓〉在汉剧中》，《戏世界》1934 年 5 月 8 日。

等丝丝入扣，将人物塑造得栩栩如生。

为了演活潘金莲，万盏灯、玲牡丹等采用扶门嗟叹、捶腿搓脚、抓挠头皮、眼神无目的地四处搜索等动作将她出场时失魂落魄的样子刻画得入木三分。为了将潘巧云狡猾的性格和虚伪的手段淋漓尽致地表现出来，万盏灯借助索线，运用踢线、抛线、挽线、勾线、抓线、挑线、弹线等技巧来演出。当然，她对待杨雄、石秀和和尚裴如海的眼神也完全不同。万盏灯、玲牡丹、花碧兰以及胡春艳对此有着深刻的体会。在《霸王别姬》中，小牡丹花演虞姬，"楚歌四起，妃子掩啼绣幕，抱恨罗畔，遂拔剑而起，按剑而听，一种忠贞节烈之气，溢于蛾眉顰蹙之间"①，举手投足之间展现了虞姬的痛苦和坚贞。"唱至悲哀处，有如猿泣，子夜鹃声，柔肠百断，倍觉咽鸣。舞至急处，有如万马奔腾，惊鸿醒燕，钗光剑影，饶人入胜。"② 小牡丹花饰演的虞姬在表演上的亮点是舞蹈动作的新颖。小牡丹花主工青衣、花旦，即以唱工戏为主，对于武旦一行较少涉及。但为了演活虞姬这个人物，她向京剧名旦梅兰芳等学习舞剑。这一段"舞剑"，不仅吸收了京剧和汉剧武旦演员的身段动作，而且充分发挥自身优势，既做且唱，载歌载舞，新颖别致。③

与汉剧不同，京剧大师梅兰芳在"兰花指"的基础上，创造出含苞、避风、承露、垂露、握蒂、含香、吐蕊、护蕊、映水、弄姿等49种各具优美造型的指法，极大地丰富了京剧旦行的"手法"。在《贵妃醉酒》中，他通过"观花""闻花""掐花"等做功，表现出杨玉环复杂的心态。通过折扇的闭合，配合着优美的身段和婉转的唱腔展示出她不同的姿态与情绪。"贵妃的雍容醉态；赵艳容的假意装疯；西施的多愁善感与林黛玉的凄凉悲秋，他都能以各种不同的眼神表情，配以醉步、云步、抖袖等精确的表演身段把人物的内心世界细致入微、淋漓尽致地表现出来。"④

在舞台动作上，即使是跑圆场，剧目不同旦角也有所不同。坤角刘金凤对此作了以下总结："武旦，步幅大，下满脚板，磕膝头往前弓，突显一个'快'字；青衣，步子小，用半脚板，动脚踝，上身立腰，突显一个'稳'字；步子要'碎'，前脚掌落地，拔后跟，腰要随着步子的频率

① 晴川阁主：《小牡丹花〈别姬〉赞》，《罗宾汉报》1935 年 11 月 20 日第 3 版。
② 晴川阁主：《小牡丹花〈别姬〉赞》，《罗宾汉报》1935 年 11 月 20 日第 3 版。
③ 马素芬：《汉剧艺术大师陈伯华研究》，湖北大学 2013 年硕士学位论文，第 15 页。
④ 王立宁：《由〈贵妃醉酒〉来看梅兰芳表演艺术的美学特征》，河北师范大学 2009 年版，第 32 页。

扭动，不是像青衣那样不动，突显一个'飘'字。"①

二、汉剧坤伶的艺术贡献

1923—1949 年，活跃在舞台上的汉剧坤伶不仅突破了汉剧场域原有的局限，而且不落窠臼大胆创新，对汉剧艺术的发展做出了自己的贡献，主要表现在以下几个方面。

（一）打破了男伶独霸汉剧舞台的局面

1900—1923 年，汉剧迎来了它的黄金发展时期。1923 年前，汉剧坤伶尚未出现，舞台上男伶一统天下，女性角色亦由男伶扮演，并逐渐形成了包括老郎神崇拜在内的基本信仰和相对稳定的游戏规则。男伶们往往会不自觉地确认和参与这些游戏规则及其"再生产"，从而维系汉剧场域的动态平衡并确立起它有别于其他"社会小世界"的畛域边界。在这个场域中，以余洪元、朱洪寿等为首的男性名伶，采取种种策略极力抵制坤伶的进入。但是，时势之变迁不以个人意志为转移。在汉剧场域之外，由于妇女解放运动、国民大革命以及媒体的传播，男女平等观念逐渐深入人心，中国妇女地位日益提高，这一切持续而坚韧地冲击着汉剧场域的堤防。

1926 年 10 月，在傅心一的支持下，汉剧坤伶得以绕开余洪元等的阻挠登记入会，从而打破了对她们身体的空间圈限，最终获得合法登台的资格。随着时代的发展，人们思想观念和审美需求逐渐转变，坤伶在汉剧场域中的地位日益提升并在两性博弈中渐占优势，男伶一统天下的格局也逐渐转换为"阴盛阳衰"局面。即使余洪元、老牡丹花等名伶亦难以与其争锋，余洪元屈尊降低票价、老牡丹花将压轴戏让给小牡丹花即是这种格局转换的明证。1934 年 10 月，余洪元亲自到长乐戏院接洽搭班演出，当时戏院营业极佳，竟然遭到婉言谢绝，其原因在于新牡丹、谭碧云、万仙侠、黄春兰等坤伶能够吸引不少人气。② 此时的汉剧坤伶有着不可阻挡的欣欣向荣之势。"小牡丹花隶京汉舞台出演，连日卖座皆满，营业为之大振。"③ 同时出演于京汉舞台的老牡丹花董瑶阶，只得将压轴戏让给小牡丹花，观众们对小牡丹花的表演也极为满意。十多年来，汉剧男性名伶陈

---

① 何祚欢：《汉剧舞台艺术口述史》（下），武汉出版社 2018 年版，第 217 页。
② 芸芸：《余洪元"狗"价值二角》，《戏世界》1933 年 10 月 19 日。
③ 侦探：《小牡丹花压倒老牡丹花》，《戏世界》1934 年 6 月 12 日。

望喜、张天喜、小连生、余洪奎、余洪元、李彩云等相继辍演或去世，一些坤伶趁机崛起，戏院剧场为追求利益招徕顾客往往将她们倚为台柱。虽然自 1931 年以来汉剧日益式微使得男伶和坤伶都在衰减，但是这种坤伶占据优势地位"阴盛阳衰"的局面一直持续到民国后期。

（二）突破剧种与角色行当的壁垒

在舞台表演上，汉剧坤伶大胆创新，突破了许多局限，主要体现在：一是融合京剧，反串楚剧。二是实现了旦角与贴角、唱工与做工的融合。在融合京剧方面，现以汉剧全本《玉堂春》为例予以说明。汉剧全本《玉堂春》原来是没有《起解》这一折的。"有一次，唱三生的名演员七龄童（本名叶慧珊）看了京剧的《起解》，觉得很好，就把剧本拿来，和我商量把这一折加到汉剧的《玉堂春》里。万盏灯根据汉剧的特点，琢磨了一些唱腔和动作，就把京剧的《起解》移植到汉剧里来了。她扮演苏三，受到了大家的好评。此后，汉剧全本《玉堂春》就一直沿用这个路子进行演出。"① 在反串楚剧方面，一些汉剧坤伶也大胆尝试。"反串楚戏《送香茶》，陈梅芳的保童，万洪春的月英，程少轩的张氏，陈梅芳唱得很够味，而体态亦儒雅风流。"② 红艳蝉"此时出演于群乐戏院，时常反串楚剧，颇有叫座力"③。

在旦角与贴角的统一上，陈伯华等汉剧坤伶勇于创新并取得了显著成效。汉剧十大行当每个行当都有不同的表演程式和表演要求，在陈伯华之前，无人跨越行当之间畛域。花旦以念功和做功为主，对于唱功的要求并不严苛，主要通过演员的眼神、肢体动作来展现其魅力；而青衣则以唱功为主，且内容繁重，行动少而求稳健。随着艺术眼界的开阔，陈伯华开始尝试将不同行当融合在一起进行表演，这其中尝试最成功的就是将贴角的表演融合到旦角的表演当中。《宇宙锋》原是一部注重唱功的青衣戏。陈伯华原是花旦出身，也正是《宇宙锋》这部戏，让她跨行学习了青衣。"在二三十年代，'隔行如隔山'，行当的分野是泾渭分明的，一般演员不是非不得已也决不会轻易地换行，何况我那时已是有名的贴角'三鼎甲'之一，换了行如稍有不慎，就会弄巧成拙身败名裂。"④ 陈伯华结合自身嗓音条件和个人喜好，在 1934 年左右开始学演《宇宙锋》等青衣戏。

① 万盏灯：《舞台生涯六十年》，《武汉文史资料》1989 年第 1 辑，第 103 页。
② 乔学文：《〈送香茶〉来个真接吻》，《江汉晚报》1942 年 7 月 24 日第 3 版。
③ 《汉剧坤伶别纪·红艳蝉》，《罗宾汉报》1948 年 4 月 10 日第 2 版。
④ 陈伯华、邓家琪、黄靖：《陈伯华舞台艺术》，上海文艺出版社 1988 年版，第 36 页。

"从生活出发，活用程式，她大胆地突破了旦、贴行当的局限，将两者有机糅合一起，并且根据人物和剧情的需要，吸收了多种新的艺术因素后，巧妙地借用了鬼魂、花脸、小生行的程式动作，将人物内在的情绪外化为舞台动作，做到了生活真实与艺术真实的辩证统一，使程式化的动作有坚实的底蕴而充满活力。"[1] 袁忠玉提及，陈院长（注：陈伯华）青衣花旦都能演，能在《宇宙锋》演青衣，能在《柜中缘》中演"娃娃旦"，的确是一个突破。这一行当的跨越对于陈伯华而言，意味着舞台造诣尤其是唱功技艺的深度探索，以及个人风格的调整与转变。同时，也反映了五四新文化运动之后西方文化思想和形式对国内文艺的强烈影响，以及艺人由于震荡与焦虑而在潜移默化中对原有规范的改良与革新。[2]

在唱工与做工的统一方面，陈伯华等汉剧坤伶也进行了积极探索。在陈伯华以前，汉剧的唱工与做工是分开的。四旦重唱工，八贴重做工。陈伯华意识到唱工与做工是不能完全分割开来的。在《霸王别姬》中，她尝试将唱工与做工统一起来。除了发挥唱腔方面的优势外，她大胆向京剧名旦学习"舞剑"，最终获得成功一时声名鹊起。在扮演《贵妃醉酒》中的杨贵妃时，她特意加上了几段身段飘曳的舞蹈动作，如下腰、衔杯、跳凤、卧云、闻花、观鱼等，能够更加真切地表现出杨贵妃内心无限的幽怨之情，更加准确地塑造出了一个深宫怨妇的形象。[3]

（三）开创了汉剧旦行和贴行表演的新局面

汉剧坤伶崛起之前，旦行和贴行也为男伶所把持。20 世纪 20—40 年代，通过师徒形式和科班形式先后培养了三批汉剧坤伶。第一批汉剧坤伶中，八贴最多，共计 12 人，占比 30.77%；青衣 4 人，占比 10.26%；第二批八贴人数最多，达 17 人，占比 25.37%；四旦 14 人，占比 20.90%；第三批八贴人数最多，达 28 人，占比 27.45%；四旦 22 人，占比 21.57%。不过，1928 年之前，汉剧坤伶虽然已经出现，但并没有得到社会大众的认可。这种情形直到 1928 年新化女子科班出现才得以改观。这个科班有 50 余人，除五丑张奇怪为男性外，其余皆为女性。该科班为社会培养了一大批优秀坤伶，其中四旦有新化凤（高凤兰）、新化仙（夏中侠）、新化姣（陈富贵）、新化义（兰凤秋）等；八贴有新化钗（陈伯

---

① 黄靖：《论陈伯华表演艺术流派的形成（下）》，《戏曲艺术》1998 年第 3 期。
② 李松、冯紫璇：《1950 年代陈伯华与汉剧〈宇宙锋〉的艺术革新》，《湖北社会科学》2021 年第 2 期，第 108 页。
③ 马素芬：《汉剧艺术大师陈伯华研究》，湖北大学 2013 年硕士学位论文，第 33 页。

华）、新化兰（凤凰旦）等。

就四旦而言，当时男角名伶有过山鸟、李彩云、冷天仙和邓云凤等。坤角名伶为数众多，主要有陈伯华、云仙子、李绍云、万仙霞、玲仙玉、谭碧云、红云霓、胡玉凤等。就八贴而言，当时男角名伶有赛黄陂、郑大苟、钟华卿、牡丹花以及小翠喜等。此行知名坤伶主要有黄大毛、张美英、万盏灯、陈伯华、凤凰旦、陈素秋、玲牡丹、刘金娥、刘金屏、新牡丹等。随着汉剧坤伶队伍的逐渐壮大，男伶们也开始改变了对坤伶的看法，他们主动与坤伶合作，如 1934 年，朱洪寿主动与杨小红合演《二进宫》等。随着时间的推移，旦行和贴行的男伶或故去或离开，八贴行当几为汉剧坤伶所垄断。20 世纪 30 年代末 40 年代初，坤伶在汉剧舞台上具有举足轻重的影响，在四旦、八贴行当中为最多，花旦行当几为其所垄断。一些坤伶在技艺上追求上精益求精不遗余力，在生活中洁身自好，独处端静寡言谨守闺律，如严玉声、代一鸣、万仙霞以及刘金凤等。在坤伶群体的努力下，汉剧旦角和贴角的地位得到了提高。随着时代的发展，人们思想观念的转变，审美需求的变化，再加之陈伯华、万盏灯、刘金凤等优秀坤伶的出现，汉剧旦行和贴行表演的新局面得以打开。

汉剧最初以三生行为"铁扁担"行，后来，因为余洪元的出现，汉剧一末行地位日益提升，成为与三生行平分秋色的行当。袁忠玉指出，汉剧与其他剧种不同，它是行当艺术，行当对坤伶是有所限制的。其他如京剧是角儿艺术，而楚剧、越剧等以剧目为主。陈伯华等汉剧坤伶则将四旦行发展成为与一末、二生行并驾齐驱的行当。因而，汉剧"铁扁担"行从生行发展到末行，再到旦行，从舞台上以男伶为主发展到以坤伶为主，这是汉剧发展的必然趋势。①

第六节　汉剧坤伶的生活状况

汉剧坤伶之间的收入差距较为悬殊。汉剧坤伶的主要收入来源是包银。所谓包银，就是戏班班主或戏院经理人根据协议支付给所聘的艺人一定期限的薪酬，一般是用红纸包着。与一般人士相比，坤伶收入还是比较可观的。坤伶的婚姻大多不尽如人意，她们婚恋主要对象是富商和同行。她们往往被社会上层人士纳为小妾，或与同行结为正式夫妻。在

---

① 马素芬：《汉剧艺术大师陈伯华研究》，湖北大学 2013 年硕士学位论文，第 27 页。

特殊的社会环境下，有些坤伶还染上"赌博""吸毒"等恶习，甚至变相卖淫。

一、坤伶的收入

我国戏曲行业的薪酬分配模式经历了较为复杂的演变过程。从支付形式来看，大多以金钱支付，但也有以实物冲抵戏金的。普通戏班伶人薪酬实行"包银制"。"包银"一词，最早出现于清代杨懋建的《梦华琐簿》。汉剧在乡班时期，戏班的盈亏、演员包银的多少都与场子主方无关。进入剧场时代后，随着工商业的发展和戏园之间的竞争日益激烈，汉口戏园的经营体制由班、园分立向班、园合一的体制转变。① 与此同时，包银制在汉口各大剧场广泛实行，成为统一的薪酬发放制度。在班、园合一后，艺人只拿由戏院厘定的"包银"。汉剧界比较常见的是以 40 天或 45 天为一期发放包银，也有半年期或一年期的。② 可见，"包银"是市场经济下作为戏院雇员的汉剧伶人的劳动力价格。③ 因此，它不可避免地要受到价值规律的影响。

在 19 世纪末 20 世纪初，汉剧伶人的生活十分艰辛，即使是名伶，一个月的包银不过二三十串钱，而配角贴补者的包银从来没有超过 10 串钱的。不过，因为那时生活成本较低，倒也自在。1912 年后，"一等角色每月收入四五十元，二三路配角，月入十二元或八元，现在仍然如此，且几乎日配五六曲戏，声嘶力竭'费力不赚钱'"④，其他如"龙套"等的收入更是让人不忍言之。"近六年来，新化班养成一般坤伶后，势力大张，大有取男伶而代之之势，男伶因之益不复振。查其原因有二：坤伶非妓女改途，即系龟鸨之女或养女，良家子女极少，故目下坤伶暗操副业的大有人在，既具亦娼亦优的资格，卖弄风情，捧场的人当然不少，戏园为迎合社会上一般人低级趣味计，所有生旦末等正角，大皆改用坤角，俾资号召。"⑤ 唱正角的坤伶，"月得包银百元或六十元，等而下之，亦有十余元的，再因争妍斗丽，酬应也不能免，好在她们生财有道。生活方面比较，

---

① 傅才武：《近代化进程中的汉口文化娱乐业（1861—1949）》，华中师范大学 2004 年博士学位论文，第 182 页。

② 陈志勇：《汉剧与汉派文化》，江苏人民出版社 2020 年版，第 77 页。

③ 傅才武：《近代化进程中的汉口文化娱乐业（1861—1949）》，华中师范大学 2004 年博士学位论文，第 153 页。

④ 《汉剧伶人生活谈》，《华安》1934 年第 2 卷第 6 期，第 29 页。

⑤ 《汉剧伶人生活谈》，《华安》1934 年第 2 卷第 6 期，第 29 页。

男伶总差一等"①。

1923—1949 年，包银是汉剧坤伶的主要收入来源。"包银"之多寡，既与坤伶的行当、道艺水平以及观众满意度等关系密切，又要受到戏院戏票销售情况的直接影响。因上述不确定因素的存在，在坤伶内部不免出现收入不均的现象。如金×南因容貌欠佳不善交际，"与郭玉峰等赴团风，唱当家老生，成绩还不错，当时和她同去的坤伶如华云飞、陈宝林、花中侠、陶云霞、花中艳等均饱载而归，只有她除了包银以外，别无收获"②。随着汉口戏剧商业化运作的成熟和伶人不断明星化的趋势，坤伶中的名角儿、台柱子的收入也就水涨船高，坤伶之间的收入差距更加悬殊。"昔年伶人之份，尚合范围。近年则以伶人身份提高，其份因之暴涨……于是票友下海者乃益多矣。"③ 需要提及的是，除包银外，一些知名坤伶还有其他收入。幼岁红声称，因她的《文素臣》唱得好，前后台拆账时，还每天额外提取 2 元作为奖励支付给她。

不过，与普通人士相比，汉剧坤伶的收入还是相当可观的。如万仙霞，"现出演新市场，每月包银八十元，极受新市场董事会器重。……其夫供职于平汉铁路，每月薪俸甚微，因不敷家用，仙霞不得已乃鬻艺扶助之"④。每月包银 80 元，在 1934 年汉剧艺人的收入中只能算是中下等，但比起她丈夫的收入，已经是非常可观了。⑤ 同年，小红宝每月包银则高达 180 元，"小毛倒嗓后，小红宝一跃而为坤伶生角牛耳，出演于新汉舞台，包银一百八十元"⑥。离开武汉到地方演出的坤伶，收入相对要高一些。同年在黄石演出的戴一鸣，每月包银则有 290 元。"受黄石剧场之聘，包银二百九十元一月，出演以来极受该地人士欢迎。"⑦ 在物价飞涨的 1947 年，一些知名坤伶的包银依然较为可观。"现在玲牡丹的环境是非常的优裕的，不赚包银，也能维持生活，比如这次美成要聘她，而玲小姐偏要二十万元钱（注：当时法币大贬值）一天，自然这座庙也供不起她这个大菩萨。"⑧

一些名气不大的汉剧坤伶，劳苦奔波收入微薄，甚至在身怀六甲之时

---

① 《汉剧伶人生活谈》，《华安》1934 年第 2 卷第 6 期，第 29~30 页。
② 《汉剧坤伶别纪·金雅南》，《罗宾汉报》1948 年 6 月 27 日第 2 版。
③ 舫自平寄：《霓裳絮语》，《罗宾汉报》1935 年 4 月 13 日第 3 版。
④ 《万仙霞小纪》，《戏世界》1934 年 1 月 14 日。
⑤ 郑维维：《社会史视角下的汉剧（1912—1949）》，人民出版社 2016 年版，第 178 页。
⑥ 播枝主：《三红》，《戏世界》1934 年 2 月 2 日。
⑦ 国琏：《戴一鸣声震黄石港》，《戏世界》1934 年 4 月 6 日。
⑧ 伶：《汉剧红坤伶玲牡丹狮子大开口》，《真报》1947 年 10 月 1 日第 4 版。

为了包银还不得不坚守在舞台上。如红宝莲，"数年来东跑西奔，更显得人老色衰，况且又有几个小孩，更受苦不堪。记得去年热季的时候，身怀有孕，还在美成唱戏，大腹便便，实在危险，倒是周天栋，看见他可怜，命他回家待产，包银照常支取，刚刚一返家，就产了小孩，总算没有在台上出彩。别个坤角穿金带银，住的高楼大厦，只有他是辛苦一生，没有享受过舒适生活，坤角也是有幸与不幸的"①。

当时的知名坤伶，因拥有丰厚的文化资本和社会资本的缘故，享有较高的待遇。"演员之稍负声誉者，如红艳琴、严玉声等，每一出场，即有人打扇，执大毛扇，手不停挥，设转身不慎，即和挥扇者对碰，虽云去暑，实有碍美观……唱戏者不只彼数人，岂角色怕热，他人不怕热耶？此种惯习，宜早改去，而于台之两边，装设电扇以代之。"②

在武汉，伶人之间竞争十分激烈，有些坤伶为养家糊口，不得不改走乡班，"汉剧坤角花衫张美艳偕其姨侄女张玉芬，后日搭轮往随州某园表演，誓言这次出门永不回汉，专走乡班云"③。抗战胜利后，活跃在汉剧舞台上的坤伶屈指可数。由于沉重的苛捐杂税，她们在汉口无法生存，只能纷纷奔走于穷乡僻壤之间。④ 如筱津侠，"去岁在民众乐园献艺，因包银入不敷出，改走乡班，所得之包银悉数养家，在坤伶中，他的环境是最苦的一个了"⑤。小小牡丹花为了生计，与丈夫同行刘小中组成乡班，"因为在乡间受尽风霜之苦，脸面晒得漆黑。……他可算是个苦坤伶花衫罢了"⑥。名噪一时的黄小毛，"如今已有四十开外的年龄了，此地无地盘发展，兼之个性特强，不甘屈居人下，今春应聘民众乐园汉剧社，为了种种的原因，忽辞班辍演，现在已出演某地乡班去了，决定唱戏到老，了此余生"⑦。宋洪生"光复以后，专走乡班，什么天门、沔阳、仙桃、咸宁、石灰窑这些码头都跑过，卖艺以维持全家生活"⑧。

武汉失守后，汉剧艺人大多转移到后方，汉剧公会停止活动。抗战刚刚结束时，汉剧艺人生活均十分艰难。1946年6月，周天栋等提议恢复汉剧公会，由唐庸三代理会务。初拟由全体汉剧艺人各捐两天的包银，但

---

① 《汉剧坤伶别纪·红宝莲》，《罗宾汉报》1948年6月16日第2版。
② 齐天大圣：《新市场汉剧改良之我见》，《罗宾汉报》1935年7月26日第3版。
③ 《罗宾汉报》1935年4月13日第3版。
④ 陈伯华：《忘不了汉剧》，《武汉文史资料》1998年第4辑。
⑤ 《汉剧坤伶别纪·筱津侠》，《罗宾汉报》1948年6月8日第2版。
⑥ 《汉剧坤伶别纪·小小牡丹花》，《罗宾汉报》1948年5月31日第2版。
⑦ 英杰：《汉剧坤伶别纪·黄仲英》，《罗宾汉报》1948年5月13日第2版。
⑧ 《汉剧坤伶别纪·宋洪生》，《罗宾汉报》1948年5月18日第2版。

是他们的包银收入尚不足维持自身生活，只好通过公演来筹款。"现该会想出最后一个筹款办法，请出杨伯龙、董春祥两演员分向怡怡、楚风两票房联络，公演筹款戏三天，公演地点，已定为黄金大戏院，戏码与日期，刻在商讨中。"①

由上可知，待遇优厚风光阔绰被倚为台柱子的坤伶毕竟只是少数。虽然相对而言比男伶的状况要好，但大多数坤伶收入依然微薄，她们像汉口其他底层民众一样，为糊口度日不得不奔波忙碌于各大戏院、茶楼之间。需要指出的是，即使是在汉剧的黄金时期，能够长期在大戏院搭班演出的坤伶亦不多见。在竞争激烈、包银微薄的情况下，一些坤伶如筱津侠和小小牡丹花等不得不改走乡班。她们为了养家糊口不得不颠沛流离于汉口与附近的乡镇村邑之间。当然，还有些坤伶的状况更令人揪心，因一时难以搭上合适的戏班，生活日益窘迫，甚至陷入困境。②

此外，武汉的水灾等也给汉剧坤伶的收入带来一定的消极影响。"在大水声中，市面的萧条更倍于往昔。武汉各游艺场、电影院、戏园的营业，因受着水灾声浪的影响，竟一落千丈，平日可售洋四五百元的戏园，最近仅可售几十元。现被水包围的武汉，有如兵临城下的形势，人心惶惶险象万端，纵有嫦娥之舞清丽之状也无陶情乐意的心绪了。……各园老板莫不叫苦连天。"③ 毋庸置疑，当戏院的收入因水灾等而锐减时，坤伶们的收入自然随之而骤降。

抗战胜利后，经济凋敝，民众困苦，汉剧衰落，汉剧坤伶的生活日益窘迫。名伶严玉声回到武汉，由于在抗战时人员伤亡失去了自己的班底，只好只身进入当时黄鹤楼下的乃园剧场搭班演出，这样担任主角的机会就不多了。由于收入微薄，被迫离婚后只好搬到乃园剧场旁的一间用芦席做的房屋里居住。严玉声之子李玖久说："当时离开家时的情景我还历历在目。为了两个孩子，母亲不得不带着我和弟弟四九坚持演出，有时到黄鹤楼上清唱，以维持生计。随后到蔡店、汉川一带搭班演出。"

二、坤伶的婚恋

1923—1949 年，坤伶的婚恋情况也往往不尽如人意。在当时，由于

---

① 《汉剧公会即告成立》，《汉口导报》1946 年 5 月 15 日第 3 版。
② 任晓飞：《民国时期汉口戏曲艺人群体探微》，《武汉文博》2013 年第 2 期，第 6 页。
③ 啸云：《大水声中武汉剧界 有如兵临城下险象万端》，《戏世界》1935 年 7 月 21 日第二版。

世俗观念的影响，"购妓女为妻者甚少，纳为妾者，往往有之"①。汉剧坤伶中有一部分是娼门或人家的养女，被纳为小妾的现象在第一批坤伶中尤为显著。黄家的黄大毛是第一批坤伶中的"三鼎甲"状元花旦，1933年她被湖北督军肖耀南之子肖福成霸占为妾；黄小毛被武汉红帮头子看中沦为小妾。李家的花和尚，"自从脱离李家之后，没有甚大发展，依然卖艺为生，现在已与某内行同居，暂时没有唱戏了"②。同样出身的七龄童和盖鑫培，却坚持独身主义。如七龄童，"她抱的是独身主义，谈不上嫁人二字，与新化龙、李惠卿同称坤伶三杰，现在的神气，还是不男不女，长年穿着蓝布衣褂，与别人的派不同"③。七龄童性格豪爽，女扮男装，终身不嫁，人称"七少爷"。④

需要说明的是，这些艺人们的婚姻大多不能自主，收养者之所以收养并培养她们，其目的在于赚钱。1947年，就发生了坤伶陈岫云与新堤郑某私奔之事。郑某"他原是岫云的'旧客家'，大概人已到了新堤。现在已有人在她妈面前'摸水性'，问她妈要几多钱，她妈是要先把岫云弄得见了面，再来谈条件，这又是一笔好买卖，听说还有人在旁边捞油水"⑤。陈岫云的养母虽然已获得养老费若干，但此事依然诉讼不断。"此时还未正式结婚，陈娘之母，至今犹望她重返家中。此事已在法院数度涉讼，成为未决之案。"⑥

无独有偶，汉剧坤伶小洪亮则因与人私奔被其养母控告并被羁押，以致不能在新市场大舞台演出。"汉剧坤伶老生小洪亮，近因与其姘夫陈贵记肉店主人偕逃，被其养母指控诱拐窃盗等罪于法院，小洪亮遂暂被羁押，斯时方将出演汉口新市场大舞台之时代汉剧社，因已聘定小洪亮，包银亦已付给，今该伶因案羁延，恐届特不克登台，故已决先向该伶母女提出交涉。"⑦

从坤伶自身角度来看，她们想找一个普通人结婚，要比男伶娶一个非优伶的女子困难得多。严玉声之子李玖久回忆，她的母亲婚姻很不幸。生父李蔚兰是武汉彭刘杨路的一个学校的老师，与母亲自主结婚。即使有了

---

① ［日］辻听花：《菊谱翻新调：百年前日本人眼中的中国戏曲》，浙江古籍出版社2011年版，第87页。
② 《汉剧坤伶别纪·花和尚》，《罗宾汉报》1948年6月14日第2版。
③ 《汉剧坤伶别纪·七龄童》，《罗宾汉报》1948年4月4日第2版。
④ 邓家琪等：《汉剧志》，中国戏剧出版社1993年版，第258页。
⑤ 寒蝉：《陈岫云新堤做买卖》，《汉口导报》1947年10月28日。
⑥ 《汉剧坤伶别纪·陈岫云》，《罗宾汉报》1948年5月5日第2版。
⑦ 《汉剧坤伶小洪亮多事之秋》，《社会日报》1936年8月6日第3版。

孩子，李蔚兰家乡新洲李集的族人，得知他娶了一个"戏子"后，依然威逼他与母亲离婚。除贞节观念作祟外，也有坤伶自身的原因。"至若少年坤伶，声貌并皆佳妙，顾客无不注意。而此等坤伶，类皆待字未娶，所以声誉既隆之后，往往丑名外扬……坤伶正式结婚者甚少，或有情夫，或秘密鬻色，否则孤独消遣。"① 此言大致不差。现以《罗宾汉报》刊有别纪小传的 73 名坤伶为据分析之。其中未到婚恋年龄或无婚恋信息的有周菊林、王燕燕、李少林等 16 人；已结婚但婚恋对象不明的有新艳云、吕金龙、邓凤艳等 5 人。剔除上述 21 人，还剩下 52 人。其中，与同行存在同居或婚恋关系的有刘玉楼、红宝莲、筱仙娥、黄振芳以及小小牡丹花等 16 人，占总数的 30.77%；与商人存在同居或婚恋关系（大多做小妾）的有张美艳、花中艳、陈宝林以及黄美云等 18 人，占 34.62%；奉行独身主义的有七龄童、盖鑫培和红艳蝉等 3 人，占 5.77%。其他如嫁给闻人黄联宾的李绍云，嫁给名流范某的黄仲英，嫁给军官刘骥的小牡丹花，嫁给电台事务员的鲁春艳，等等。由上可知，汉剧坤伶的婚恋主要对象是富商和同行。如幼岁红在武汉沦陷的时候，出演于汉口民众乐园，曾与一同行热恋过。她们与同行往往是结为正式夫妻。如涂巧云与唱小生的刘文笙；小小牡丹花与丑行的刘小中结婚并组成夫妻剧团跑乡班唱戏。她们与富商，往往是成为对方的小妾并被金屋藏娇不再登台。汉剧艺人贾振南等认为，由于新化科班是相对封闭的，出科后的坤伶嫁人相对容易。

不过，其中亦有充当第三者的坤伶。新××喜欢与同行交往，外行难以得到她的青睐，"在最近数年中，与唱小生的彭文祥，打得火热，由热恋而姘居，无奈彭文祥已有前妻红宝莲，为这事情，时闹醋海风波，红宝莲与他势不两立，仇深似海，现在这个事情，还没有闹清楚。他无形中做了彭文祥的夫人了，而彭文祥对他们二人都不能割舍，又造成一个势难兼顾的局面，他们的把戏，不晓得闹到那一天为止"②。

当然，也有坤伶在丈夫去世后执意守寡。黄美云"到沙市献奏，就被当地一家金号的老板看中了，不惜花费重大的代价，将她纳为小妾，她从此有了归宿。谁知好景不长，这个老板忽然得病，呜呼哀哉了。她觉得自己的命太苦，立志守节不嫁人，今年已有三十岁左右，有两个小孩了，生活可维持，可惜没有男人，就很可怜哩"③。无独有偶，坤伶黄仲英也

---

① ［日］辻听花：《菊谱翻新调：百年前日本人眼中的中国戏曲》，浙江古籍出版社 2011 年版，第 87 页。
② 《汉剧坤伶别纪·新化蕊》，《罗宾汉报》1948 年 6 月 19 日第 2 版。
③ 《汉剧坤伶别纪·黄美云》，《罗宾汉报》1948 年 7 月 5 日第 2 版。

是丈夫死后不肯再嫁的。

此外，作为梨园子弟的坤伶，其婚恋可能会受其父辈的左右和影响。如王艳芳是名伶王福林之女，"王福林在世的时候，声明她女儿不嫁内行，所以与一个姓黄的结了婚"。① 嫁给外行的坤伶，除为维持生活者（如万仙霞等）外，一般不会再登台。如老伶工李彩云之女李绍云，"战前已下嫁于闻人黄联宾君为室，夫妇伉俪情深，今后不易登台，实难重睹色相矣"②。嫁给军官刘骥的小牡丹花亦是如此。

三、坤伶的恶习

日人辻听花声称："优伶之气质，轻浮活泼，多有一种特性。近朱者赤，近墨者黑，相习成风。其不染有恶习者，百不一见。"③ 对伶人之通病，一些媒体也予以披露："旧剧伶人有一种通病，就是懒和爱俏。懒，不说是不唱重码，连戏里应做的动作，他也是无精打采，潦草塞责。更可恶的是偷词抢板，每一遇到僻词，必定设法减去一段或一句，掩饰周到的倒还情有可原。惟有不善偷词的，也欢喜来这一套，以致弄得前后不能连贯。至于爱俏，不但装束服饰，不按规则，就是行腔咬字，也要翻花样，谈到阴阳尖团，他们是不管的，这却是大毛病，希望他们或她们要改善迁好。"④

虽然在汉剧坤伶中举止端庄私生活严肃者不乏其人，如小牡丹花、代一鸣、罗惠兰、胡玉凤和筱津侠等，但是许多坤伶在不知不觉中染上了种种恶习，如"赌博""吸毒"甚至卖淫。

在汉剧坤伶圈中，赌博、吸毒确实屡见不鲜。七龄童、叶慧珊等打牌赌博，"三五天，不散场……平生所赚的包银，完全消耗在这牌的内面"⑤。"黄氏三毛"之一的黄仲英嗜赌成性。又如周菊林，"他的嗜好也欢喜打牌，每每在后台与刘金娥、新砚云抹纸牌，由此可见其很爱这一道了"⑥。其他坤伶如陈岫云、红艳蝉等莫不如此。

在百无聊赖之中，有些坤伶开始吸食毒品。在当时的汉剧场域中，吸食鸦片可谓司空见惯。"汉剧伶人沉溺于黑海中者，不知凡几……尤以一

---

① 《汉剧坤伶别纪·王艳芳》，《罗宾汉报》1948 年 6 月 28 日第 2 版。
② 《汉剧坤伶别纪·李绍云》，《罗宾汉报》1948 年 5 月 17 日第 2 版。
③ ［日］辻听花：《菊谱翻新调：百年前日本人眼中的中国戏曲》，浙江古籍出版社 2011 年版，第 87 页。
④ 雯白：《旧剧伶人之通病》，《戏世界》1935 年 12 月 6 日第 3 版。
⑤ 《汉剧坤伶别纪·七龄童》，《罗宾汉报》1948 年 4 月 4 日第 2 版。
⑥ 《汉剧坤伶别纪·周菊林》，《罗宾汉报》1948 年 4 月 8 日第 2 版。

般不知死活之小伶工，亦莫不视烟窟为安乐窝。"① 一些汉剧伶人，即使终年不能丰衣足食，但也不觉得窘迫，汲汲于满足吸食鸦片的欲望。因此，不时向后台经理或股东索要金钱，以应付吸食鸦片的需要，甚至不惜典当自己的戏服行头。"他们如此不求上进，荒唐愚蠢到这种地步，实在是咎由自取啊！"②

当年红极一时的汉剧坤伶翘楚万盏灯，竟因吸食毒品在黄冈县所属的新洲被逮捕并押至县府法办。"按万伶幼时出身满春幼女社科班，与小牡丹花、张美英，为当时坤伶花衫三杰之一，且万盏灯之道艺，实超过诸坤伶。当年不知颠倒几许顾曲者，后来不幸染上恶嗜好，又专事倒贴功夫，平生无积蓄。以后人老珠黄，嗜好极深，艺事日非，武汉无叫座能力，只好向外埠乡班谋出路。上月在新洲地方献艺，在官店吸毒被捕入狱，一代红坤伶，竟如此下场，令人为之浩叹。"③ 坤伶徐慧宝因吸食鸦片，竟然将唱戏的行头全部卖掉，"与万盏灯同出一辙，走上邪路，染上阿芙蓉嗜好，将所有行头等项，完全卖掉一空"④。此外，王剑培、王文斌以及谭碧云等也先后染上毒瘾。吸食鸦片不仅会影响汉剧坤伶的艺术生涯，而且会对她们身心健康带来极大的损害。如坤伶凤凰旦，"如今可是谈不得了，黑瘦的面颊，缩在毛领大衣里面，活像一只狗熊。戒烟，吸烟，反复几次，现在又在重庆戒了烟，天晓得"⑤。

更有甚者，一些坤伶自甘堕落出卖色相。她们除登台演出之外，还私下"出条子、应堂差，在家里也'做花头'"⑥。"某伶前年确实应过某人的条子到旅馆里去。"⑦ 一般坤伶"争以色相示人，毫不研究艺术，卖身卖艺者流，蜂拥而起，艺术平庸之辈，若肯牺牲色相，必芳誉鹊起，红极一时"⑧。上述种种，导致时人多鄙视汉剧坤伶，认为她们低于京剧坤伶一等。在这样的氛围中，即使有少数洁身自好品行端正者亦不免要受池鱼之殃。"中国社会向来是轻视伶人的，一般伶人在行为方面不加检点，这不光影响自己的人格，而影响剧艺的发展的地方更大。汉剧班的伶人，尤其坤伶，不以技艺为职业，反而以色相博衣用；人多不以欣赏艺术为观

---

① 乔学文：《汉剧漫谈·吸鸦片烟的一群》，《江汉晚报》1942 年 9 月 16 日第 3 版。
② 乔学文：《汉剧漫谈·吸鸦片烟的一群》，《江汉晚报》1942 年 9 月 16 日第 3 版。
③ 《汉剧伶人消息三则》，《罗宾汉报》1947 年 8 月 13 日第 2 版。
④ 英杰：《汉剧坤伶别纪·徐慧宝》，《罗宾汉报》1948 年 5 月 20 日第 2 版。
⑤ 《当年的坤伶，如今的下场》，《汉口导报》1947 年 3 月 28 日。
⑥ 《梦梅闲话·论汉剧坤伶之价值》，《罗宾汉报》1935 年 5 月 17 日第 3 版。
⑦ 《梦梅闲话·论汉剧坤伶之价值》，《罗宾汉报》1935 年 5 月 17 日第 3 版。
⑧ 《十日戏剧》第 1 卷第 6 期（1937 年 4 月 10 日出版）。

剧之目的，反而以剧场为投桃报李之公所。"①

　　汉剧坤伶崛起之时，戏曲艺人即使是名伶也得不到应有的尊重，"'巫医乐师，百工之人'，为人所不齿，'王八戏子吹鼓手'之流更得不到社会的尊重，尤其是戏子，只要你稍有名气，唱不得也要你唱"②。其实，汉剧坤伶对自己的社会地位是相当清楚的。在男尊女卑的社会氛围中，她们沦为公开场合中男性欲望的投射对象。同时，因在公共空间演出，又不得不与权贵、商贾、市民甚至流氓地痞等邪恶势力曲意周旋。在与社会各阶层的互动中，她们往往处于被凌辱与剥削的境地。不过，她们能够获得较普通人而言不菲的收入。根据美国人本主义心理学家马斯洛的需求层次理论，在她们的基本生活需求得到满足后，时时刻刻面临着来自社会的凌辱而得不到有效的保护的现实处境，使得她们安全需求萌生并日益强烈。因此，当她们成名，或者获得一定的社会资本后，她们都急于摆脱"女戏子"这种低下的社会身份。此时，归属的需求也就应运而生了。这一点在她们的婚姻上有所体现。她们不甘心低贱的地位和厌恶汉剧场域内的残酷竞争，因而往往在年纪尚轻容貌未衰之时，通过选择婚姻的方式来实现自身安全和归属需求的满足。正因如此，她们的演艺生涯一般而言较为短暂。她们的婚恋对象主要是富商和同行。因此，成为富商的姨太太是许多坤伶的婚姻归宿，较之"女戏子"，其处境显然有较大的改善。不过，"这一普遍性选择，反而固化了社会对她们的蔑视"③。与同行结为正式夫妻，于坤伶而言也是较为合适的选择，在婚姻关系中地位较姨太太为高。再者，他们不仅可以在舞台上和生活中互相支持，而且可借助熟悉汉剧场域中游戏规则的优势共同化解风险和防范侵害。当然，选择同行结婚，也是汉剧坤伶人际关系网络空间较具封闭性的一种体现。

　　有些汉剧坤伶无力改变自己的社会地位，就开始自轻自贱起来。"旧剧与旧剧从业者的社会地位，委实是很落寞的。只为社会薄待他们，有的歪曲了自己的人生观，生活在这个环境里，轻视所操的职业，作为玩世的手段，于是他们的苦闷、烦恼、悲哀与不幸，从不会获得社会的了解、人类的同情。"④ 在社会普遍轻视的氛围中，她们感到迷茫无助，自卑感和宿命感挥之不去，不知不觉地染上"赌博""吸毒"等恶习，甚至出

---

① 金锷：《汉剧改进的几点建议》，《罗宾汉报》1949 年 7 月 10 日第 2 版。
② 恕知：《我与吴天保》，《汉口导报》1947 年 5 月 3 日。
③ 柏奕旻：《近年海内外"坤伶登台"研究热的反思》，《美育学刊》2017 年第 4 期，第 106 页。
④ 《旧剧人的社会地位》，《汉口导报》1948 年 1 月 11 日第 3 版。

卖肉体。

从心理层面来分析，这些坤伶之所以"赌博""吸毒"甚至卖淫，其原因在于，在现实生活的每个人在内心深处都有着某种自卑感，这种自卑感往往源于与他人的相互比较。① 但与此同时，"人天生有种向上发展的心理，就如埋在土里的种子要钻出地面，沐浴阳光一样。所以，没有人甘愿长期忍受这种自卑感"②。处于社会最底层的汉剧坤伶，为了生存需要，不得不忍受世俗鄙夷的眼光强颜欢笑地周旋于各种势力之间。在与他人的比较中，自卑感逐渐萌生并日渐强烈。为了摆脱这种令人不安的自卑状态，她们有意无意地开始了对优越感的追求并进行心理补偿。心理补偿可分为以下两种类型：一种是积极性的心理补偿，另一种是消极性的心理补偿。积极性的心理补偿，是建立在对人生价值和生命意义的正确把握基础之上的，通过积极主动脚踏实地的努力来改善自己的人生境遇，"在个人获得成功的同时，也对团体和社会做出贡献"③；而消极性的心理补偿则是反其道而行之，个人丧失了改善自己人生境遇的信心和希望，自暴自弃得过且过，妄图以自我麻醉的方式来实现对内心深处的自卑的超越。但是由于引发其自卑的处境长期难以改变，因而自卑感日益凝结固化，最终形成了一种"自卑情结"。④ 虽然经过多年的努力，但是汉剧坤伶大多依然既不能改变被人贱视的社会地位，又不能超越引发自卑感的特定的社会环境，于是，许多汉剧坤伶采取消极性补偿方式，如"赌博""吸毒"等，企图在自我麻醉和自我欺骗中超越自卑感，结果却是陷入更深的自卑并最终形成更为严重的"自卑情结"。

需要说明的是，20 世纪 30 年代以来，包括坤伶在内的汉剧艺人积极参与赈灾义演、劳军公演以及敌后抗日宣传，为社会公益和民族抗战做出了自己应有的贡献。各级政府和社会各界也采取了一些措施提高艺人的地位。在抗战初期，洪深、田汉、老舍等知名人士，一再呼吁废除汉剧艺人拜干爹等陋习。汉口市剧人联合会也力求消除封建时代的"戏子"蔑称，"一天天由人们的口头笔下变为'演员''先生''艺术家'了，'戏子街'联合会所在地，也早因全国戏剧界洪深、田汉、吴天保、王若愚等

---

① ［奥］阿德勒著、李章勇译：《自卑与超越》，中国华侨出版社 2015 年版，第 33 页。
② ［奥］阿德勒著、李章勇译：《自卑与超越》，中国华侨出版社 2015 年版，第 33 页。
③ 余海超：《浅析阿德勒个体心理学理论的基本内涵》，《吉林广播电视大学学报》2009 年第 6 期，第 47 页。
④ 余海超：《浅析阿德勒个体心理学理论的基本内涵》，《吉林广播电视大学学报》2009 年第 6 期，第 47 页。

人向中央政府申请改为人和街了"①。在艺人、社会各界和政府的共同努力下，汉剧伶人的社会形象有所改善社会地位有所提升，轻视伶人尤其是坤伶的社会风气也在一定程度上得以扭转。一些伶人及其亲友开始主动让子女学习汉剧。汉剧老旦泰斗陈凤钦听从友人的建议，也将具有唱戏天赋的女儿送去学戏。

---

① 《提高艺员地位，"戏子"改称"人和"》，《汉口导报》1948 年 8 月 9 日。

第四章　汉剧坤伶的舞台表现与成名之道

滥觞于明朝万历年间的汉剧，发展至清朝嘉庆末年，逐渐形成分工明晰的十大行当。这十大行当既界限分明又互相支撑，在唱、念、做、打方面均有相应的艺术规范。在舞台实践中，汉剧坤伶中能够跨行演出者可谓凤毛麟角。汉剧坤伶的舞台表现大体可分为以艺立身和以色媚俗两种类型。面对复杂险恶的社会环境，坤伶欲在汉剧场域中崭露头角一举成名，既需要技艺、容貌、惯习等自身条件作为基础，更需要遵循特定的运作程序和强大社会资本的奥援。因此，虽然有些坤伶凭借姣好的容貌迅速走红，但大多昙花一现不能持久。

第一节　汉剧的脚色行当和艺术规范

汉剧"脚色行当"一词最早见于汉口文升堂、文雅堂、三元堂刊印的《新镌楚曲十种》一书中。其中，《英雄志》已出现了14种角色：外、末、正生、老生、小生、夫、贴旦、正旦、净、二净、花脸、副、丑、杂。迨至清嘉庆末年，根据所扮演人物的年龄、性别、性格以及行腔等的差异，汉剧形成了分工明晰、规范严谨的十大行当：一末、二净、三生、四旦、五丑、六外、七小、八贴、九夫、十杂。[1] 这一分工定型后一直沿用至今。对这种脚色的详细划分最早出现在成书于道光年间的《汉口竹枝词》中。作者叶调元将"末、净、生、外、小、夫、杂"这七行的14名著名艺人，按照后世成型的十大行当的顺序进行排列。"旦、丑、贴"三行在书中他处可以互见互补。[2]

有些特殊的剧目，需要演员较多，那么这十个行当就分别配以副手，

---

①　邓家琪等：《汉剧志》，中国戏剧出版社1993年版，第138页。

②　朱伟明、陈志勇、孙向峰：《汉剧史论稿》，人民出版社2016年版，第164页。

称为副行。① 因此，每行又有正、副之分，当家演员为正，贴补演员为副。在十大行当中，"末、丑、夫用本嗓（俗称'膛音'）；生以本嗓为主，并夹用边音（俗称'本夹边'）"②；净、杂用边嗓；旦、小生用小嗓。正常情况下，十大行当应正副齐全，有 20 多名演员（不包括龙套在内）。但江湖戏班一般只有生、外、末、小生 8 人，花脸 5 人（包括三花脸，即丑），旦行 5 人，共计 18 人，被称为"十八筒网子"。这 18 人，可以演出各种大小剧目。③ 现将相关情况制成下表（表4-1）。

表 4-1　　　　　　　　　汉剧的脚色行当与坤伶代表

行当	饰演人物	坤伶代表	贴补	备注
一末	年高德劭的正面人物，如帝王、宰相、高官、学士、贤士、义仆等	红艳琴、盖鑫培、黄小毛、筱洪元、张美琴、刘玉楼等	二老生	
二净	忠臣、名将等	白小保、新化义	粉彩	江湖戏班无此贴补
三生	庄重威严、忠诚耿直的中年人物	七龄童、筱鸿宝、黄小毛、戴一鸣、严玉声、杨小红、童金钟、吴惠英等	坨罗帽	
四旦	大家闺秀、中年妇女、皇后王妃和贞女烈妇	陈伯华、云仙子、杨小琴、万仙霞、玲仙玉、谭碧云、红云霓、胡玉凤等	二小姐	
五丑	扮演贫婆、幼娃、奸吏以及昏聩的帝王等不同的角色	花和尚、周素哈、刘滑稽、小别林等	扎头将	
六外	重做工的中年人物	新化龙、李惠卿、冯少南等	六六外	
七小	文武兼备风流倜傥的青年才俊	吴惠侠、周菊林、刘艳侠、李少林等	宗太保	由杨宗保与《沙陀国》的大太保得名

①　程芸、胡非玄：《荆楚戏剧》，武汉出版社 2014 年版，第 40 页。
②　王磊：《浅谈汉剧在河南的流变》，《吉林省教育学院学报》2010 年第 6 期，第 31 页。
③　邓家琪等：《汉剧志》，中国戏剧出版社 1993 年版，第 140 页。

续表

行当	饰演人物	坤伶代表	贴补	备注
八贴	年轻活泼的少女、风骚泼辣的少妇	黄大毛、万盏灯、陈伯华、凤凰旦、陈素秋、张美英、玲牡丹、刘金娥、刘金屏、新牡丹等	跷旦	
九夫	老年妇女	王子林、张汉老	婆老旦	江湖班无此贴补
十杂	勇猛憨直的武将、飞扬跋扈的权臣	一声雷（宋洪生），后改三生	四七郎	由《二进宫》的杨四郎和杨七郎得名

汉剧的十大行当各有其艺术规范，现一一胪陈如下：

一末，古之"副末"，又称"末脚""末泥"，即老生，须发为白或灰白者为多，必须在唱、做两方面都充分表现出苍老衰迈的特点。多扮演年迈的帝王将相、学士、义仆等，"末角贵乎苍老"。用丹田中正音，"运嗓以苍劲不涉于沙，浓厚不泥于滞为可贵"①，"行腔以苍老为主，其吐音之运用，皆运气于丹田，行腔于上膛"②，"末角不能使观众落泪变色者，必非名角"③。

二净，古之"副净"，又称"副靖"，即花面，以唱工为重，多扮演谏臣、名将等性格刚直的人物。相当于京剧的铜锤花脸。以唱边音为主，行"背弓"腔，难度大。声音洪亮，"多表现人物叱咤风云的气派和刚强的个性"④。用音不事雕琢，字音古朴，韵味淳厚。⑤ 对练气尤为注重，以气、音、腔为标准将其分为上、中、下三乘。⑥

三生，即生角、正生，多带黑须，重视唱工。多扮演慷慨激昂、肃穆忠贞的正面人物。"唱做并重，多挑大梁。历来重唱，用正嗓，以膛音

---

① 拙翁：《汉剧摭谭》（一），《半月戏剧》1938 年第 1 卷第 6 期，第 9 页。
② 髯口：《汉剧丛谈·论汉剧十脚》，《大楚报》1940 年 2 月 19 日第 3 版。
③ 春风馆主：《由汉剧落后之原因谈到十脚》，《戏剧旬刊》1936 年第 5 期，第 4 页。
④ 扬宗琪：《续汉剧丛谈》，《武汉文史文丛》第四辑，中国档案出版社 2004 年版，第 116 页。
⑤ 髯口：《汉剧丛谈·论汉剧十脚》，《大楚报》1940 年 2 月 19 日第 3 版。
⑥ 春风馆主：《由汉剧落后之原因谈到十脚》，《戏剧旬刊》1936 年第 5 期，第 4 页。

（即丹田正音）为正宗，不尚边音，多扮演中年男子挂须者。"① "有刚锐之气，吐音宜清越。"② 因三生重唱，故称之为"铁扁担行"。

四旦，即正旦，多扮演大家闺秀、皇后王妃以及贞女烈妇等。以唱功为重，表演端正凝重，娟秀大方。原以扮演居于九夫（老旦）和八贴（小旦）之间的中年妇女为主，后渐与八贴中的青衣合并，主要扮演闺门旦。"戏路较宽，以唱工戏为主，即所谓'青衣'。用小嗓。"③

五丑，即丑角，应工剧目很宽，可扮演贫婆、幼童、昏君以及奸吏等不同类型的脚色。以诙谐风趣为主，应用唱、做、念、打诸项技能。用正嗓，做工繁重。不仅要熟悉多种地方语言，还要擅长插科打诨、垫戏凑角。因此，"历来汉剧戏班有'丑不到，不开锣'之俗"④。

六外，即外脚，挂须，重做工，戏路较宽。相当于京剧中的做工老生。能够胜任此行者，非练达人情世故并能模仿刻画不可。而外角所演的剧目多贴近人们的社会生活，因此滥竽充数者实在难以胜任。按照汉剧班社之惯例，六外的戏份不多，因此从事这一行当的伶人寥若晨星。⑤

七小，即小生，包括文武小生，不挂须，唱做并重，用小嗓，声调逼窄清脆，亦有跌宕。"其唱也，宜调高峭拔，切忌柔弱，柔弱则近乎青衣，无英武之概矣，与花衫贴戏，宜稳重，不可轻浮。"⑥

八贴，即花旦，以做工为主，对手、眼、身、法、步的要求很高。"专饰淫娃泼妇、俏婢幼女一流人物。"⑦ 她们所演剧目大多源于历史故事和民间传说，如《失金钗》《打花鼓》等。演出的剧目有一定的局限性，除《水浒》《四郎探母》等京剧和汉剧相同剧目外，其他像《惊梦》《葬花》以及《奔月》等剧目不适合八贴出演。⑧

九夫，即老旦。多扮演老年妇女，做工要有苍老挺拔之神态，步履沉重，发音用正嗓，接近一末但要柔和一些，表演上有贫富之分。⑨ 九夫主

① 扬宗珙：《续汉剧丛谈》，《武汉文史文丛》第四辑，中国档案出版社2004年版，第8页。
② 春风馆主：《由汉剧落后之原因谈到十脚》，《戏剧旬刊》1936年第5期，第4页。
③ 扬宗珙：《续汉剧丛谈》，《武汉文史文丛》第四辑，中国档案出版社2004年版，第111页。
④ 扬宗珙：《续汉剧丛谈》，《武汉文史文丛》第四辑，中国档案出版社2004年版，第121页。
⑤ 剑云：《汉剧外角谈》，《十日戏剧》第一卷第3期（1937年3月7日出版）。
⑥ 醒梦：《论汉剧七小一行》，《罗宾汉报》1935年9月2日第3版。
⑦ 戴琢璋：《平汉剧角色之类别》，《罗宾汉报》1946年11月18日第3版。
⑧ 戴琢璋：《平汉剧角色之类别》，《罗宾汉报》1946年11月18日第3版。
⑨ 邓家琪等：《汉剧志》，中国戏剧出版社1993年版，第139页。

唱戏不多，但在唱腔上很别致，若断若续，不高不低，有气无力，故有"断藤腔""吊气腔"之称。[①] 此外，凡属剧中有后台答话，也均由九夫应工。

十杂，即做工花面。多扮演勇猛憨直的武将和飞扬跋扈的权臣，如《破洛阳》之马武、《芦花荡》之张飞等。二净主唱，十杂主做。这一行当"重工架，重雄浑，兼工滑稽"[②]。杂角若扮演霸王项羽，则非要宏大的"吼"声和"虎"音不可。[③]

值得一提的是，汉剧班社后台忌说"梦"（梦与祖师优孟的"梦"音近，犯上）、"伞"（伞与散班的"散"音近，故称"伞"为雨盖）等字，1929 年以前亦不准女性进入后台。十大行当在后台各有座次。五丑在后台不加禁忌，可以随便落座。其他九行必须严格遵循成规：四旦、八贴、九夫坐大衣箱，一末、三生、六外以及七小坐靠箱（二衣箱），二净、十杂坐盔箱，龙套坐碎杂箱。[④] 这些规定便于演员装扮和有序进出，能够避免因座次不明而导致的混乱局面，从而有效地保障戏院后台的秩序。这是汉剧班社在长期实践中所形成的经验，也是戏院后台制度逐步完善化和科学化的一个重要标志。[⑤]

汉剧十大脚色行当既分工明晰界限分明又彼此配合，聚合成一个成熟而完备的系统。"汉剧行当划分之界线，较任何戏剧为谨严。例如老生一角，汉剧中分'生'、'末'、'外'三行，其性质则大相径庭，不稍含混。（尝见早年京剧剧本，其中亦有外末等名称，可知京戏确出自汉剧也）。"[⑥] 在行当上，汉剧继承和发扬了宋金元杂剧、明代昆曲和弋阳腔等的艺术特色。如继承了宋金元杂剧以"末"为主的特点，自乾隆年间开始陆续进京的汉调艺人大多是"末"角。在现存传统剧目中，"由末担纲主演或者有末登场的剧目超过半数"[⑦] 即是例证。此外，一末、三生和七小在服饰化妆、身段台步、演唱技艺上对昆曲和弋阳腔多有继承；四旦、

① 扬宗珙：《续汉剧丛谈》，《武汉文史文丛》第四辑，中国档案出版社 2004 年版，第 127 页。
② 扬宗珙：《续汉剧丛谈》，《武汉文史文丛》第四辑，中国档案出版社 2004 年版，第 128 页。
③ 草木：《汉剧·平剧及其他》，《物调旬刊》1948 年第 50 期，第 25 页。
④ 扬铎：《汉剧史考》，武汉市文联戏剧部、武汉汉剧院艺术室 1982 年版（内部资料），第 27 页。
⑤ 傅才武：《近代化进程中的汉口文化娱乐业（1861—1949），华中师范大学 2004 年博士学位论文，第 59 页。
⑥ 拙翁：《汉剧撷谈》（一），《半月戏剧》1938 年第 1 卷第 6 期，第 9 页。
⑦ 郑传寅：《汉剧的形成、贡献与困境》，《长江文艺评论》2021 年第 3 期，第 106 页。

八贴和九夫之区分，与昆曲、弋阳腔的行当划分亦有相似或相近之处。[①]京剧原称京戏，北京改名北平后，遂称平剧。京剧将汉剧十大脚色缩并为五种：生（末、生、外、小）、旦（旦、贴、夫）、净（净、杂）、末（末）、丑（丑）五种。[②] 因进京搭班的汉调艺人以末为主，如米应先、余三胜以及王洪贵等，这导致了"创生期及成熟期的京剧以老生为主的艺术形态"，而且"在徽汉融合上，汉调起了主导作用"[③]。不过，汉剧十大脚色行当，"相对于昆曲脚色体制而言，它具有分工明晰的特点；相对于京剧脚色体制而言，它又有分行均整的特点"[④]。

第二节　以艺立身者独当一面

追至20世纪30年代末40年代初，坤伶在汉剧舞台上具有举足轻重的影响。不过，她们在十个脚色行当中分布并不均匀，主要集中于四旦、八贴、一末、三生、七小等5个行当，在四旦、八贴行当中为最多，花旦行当几为其所垄断；其次是一末、三生、七小。五丑、六外行当人数相对较少，二净、九夫、十杂均仅有寥寥数人。

就一末而言，当时男伶名角辈出，有胡双喜、余洪元、刘炳南、胡桂林、余春衡以及魏平原等，尤以余洪元成就卓越，且为排斥坤伶最有力者。坤伶要置身其间并受观众认同实属不易。一末坤伶红艳琴、刘玉楼和盖鑫培在舞台上被观众誉为"鼎足三分"。红艳琴脍炙人口的拿手好戏是《兴汉图》《李陵碑》等，刘玉楼则为《文公走雪》《打囚车》等，盖鑫培为《白帝城》《广华山》和《洪羊洞》等。红艳琴"嗓音非常充足，淳厚有味，无尖音沙音之弊，演王帽戏是其拿手，义仆戏亦颇不弱，在今日汉剧坤伶中，首屈一指，实非过誉"[⑤]。"压轴为《取成都》，红艳琴之刘璋，扮相台步，非一般野狐参禅者所可比拟"[⑥]，"红艳琴去乔玄，扮相台步，脱掉脂粉气，数段唱词及说白，令人击节。"[⑦] 又如盖鑫培，"原名胡秋朋，在汉剧坤伶一末中，论起艺事，确系一隽品，□顾其曲，十数年

---

①　郑传寅：《汉剧的形成、贡献与困境》，《长江文艺评论》2021年第3期，第106页。

②　草木：《汉剧·平剧及其他》，《物调旬刊》1948年第50期，第25页。

③　郑传寅：《汉剧的形成、贡献与困境》，《长江文艺评论》2021年第3期，第106页。

④　柯琦：《汉剧脚色体制研究》，湖北大学2013年硕士学位论文，第1页。

⑤　齐天大圣：《新市场：汉剧伶人点将录》，《罗宾汉报》1935年9月24日第3版。

⑥　齐天大圣：《新市场一夕记》，《罗宾汉报》1935年7月19日第3版。

⑦　齐天大圣：《听歌拾零》，《罗宾汉报》1935年7月30日第3版。

于兹，觉其做工老到，不逾绳墨，举手投足，皆有是处，嗓音醇厚，味殊隽永，能戏有《兴汉图》《天水关》《取成都》等。每一演来，无不使座前周郎，为之赞叹不止"①。刘玉楼也颇负时誉，善于刻画人物个性，擅长老生行当难度较大的唱功戏。她的《兴汉图》以鼻音韵腔取胜，别具一格，② 表现了人物苍老衰迈的特点。

就三生而言，当时男伶名角有小玉堂、钱文奎、吴天保、周天栋、陈春芳、黄桂卿、徐继声以及尹春保等，其中以吴天保成就最为卓越。七龄童、筱鸿宝是当时坤角三生行之翘楚。"七龄童的资格很老，当年与筱鸿宝、黄小毛齐名。在台上的道艺，一般坤伶三生，都不能在她的头上占上风。"③ 筱鸿宝天资聪颖，她的三生行当戏《辕门斩子》《四郎探母》和《哭祖庙》等演得与当时三生男角名伶分庭抗礼，跷旦戏《盗旗马》《杀四门》等演得有些男角跷旦望尘莫及。此外，她唱腔高昂、台步稳重，大胆闯禁区，成为汉剧第一个"女关公"，是坤角三生行当之魁首。④ 坤伶代一鸣，"嗓音天赋，扮相雍容，极合须生身份……在武汉甚为驰名，风头驾乎七龄童、七岁红之上，后与吴天保同台，风头十足。……在台上（汉剧）毫不偷腔减句，西皮垛子，完全模仿吴天保之唱法……所歌出之句字正腔圆，较其他坤伶须生，实胜一筹"⑤。"严玉声之刘备，脸上身上，到处有戏，在《甘露寺》国太面相时，所唱快垛子，若腾蛟起凤，滚絮飞花，实良材也。"⑥ 坤伶花小侠，"坤伶三生中之有数人材也。在本报我也介绍过了多次，她实在是一块美玉，论扮相是再好没有，台风是够得上'帅'字，'眼神'是特别的好。伶人中以眼神著名的，本来就难得，而坤伶中更不易找，像小侠'眼神'之能和她的唱做身段相呼应，实在是可贵的一回事，这也就是增加她台风'帅'的一点"⑦。

就四旦而言，当时男角名伶有出山鸟、李彩云、冷天仙和邓云凤等。坤角名伶为数众多，主要有陈伯华、云仙子、李绍云、万仙霞、玲仙玉、谭碧云、红云霓、胡玉凤等。陈伯华"对于表情，不火不瘟，为其长处，且唱工说白，俱臻上乘。某次见伊演《玉堂春》，唱'藤条打断三数根'，'知心人儿不知情'等句，声泪俱下，令人击节，在公堂一声'大人

① 姓乔：《汉口伶工小识·盖鑫培》，《汉口导报》1948年6月3日第3版。
② 刘小中、郭贤栋：《汉剧史研究》，武汉市艺术研究所1987年版，第309页。
③ 《汉剧坤伶别纪·七龄童》，《罗宾汉报》1948年4月4日第2版。
④ 刘小中、郭贤栋：《汉剧史研究》，武汉市艺术研究所1987年版，第309页。
⑤ 《汉剧坤伶别纪·代一鸣》，《罗宾汉报》1948年5月25日第2版。
⑥ 齐天大圣：《听歌拾零》，《罗宾汉报》1935年7月30日第3版。
⑦ 梦梅：《汉兴戏园角色点将录》，《罗宾汉报》1935年5月8日第3版。

哪……'叫头清脆有劲，非有真实艺术者，曷克臻此"①。云仙子、杨小琴皆习四旦，前者拜名伶青衣水仙花为师，后者拜名伶青衣陈月仙为师，又受到李彩云的熏陶，兼有闺门小姐、名门夫人之风，两人各具特色，红极一时。② 在青衣行当首屈一指的是李绍云，"所演《祭江》《祭塔》比别的坤伶要强一点，其嗓音很好，天赋一种韵味，每到悲切之处，真是杏雨口风，令人泪落，山峡猿啼，我也销魂"③。"绍云在台上演大家闺秀戏，最为相宜，因其举止端庄，做工表情，雅而不俗。"④ 此外，万仙霞的嗓子也很好，《祭江》《祭塔》等都是她的拿手好戏。⑤

就五丑而言，当时男角名伶有汪天中、大和尚、熊克奇以及赵小长等。坤伶则有花和尚、周素哈、刘滑稽、小别林等。花和尚"一小就有滑稽的天才，口齿伶俐，所以李少卿就把他拜在名丑某某的名下，习丑行，不过坤角唱丑角，不比唱老生花旦，是难得唱好的"⑥。

就六外而言，易学而难精，当时男角名伶有陈旺喜、杨天佑、金桂琴、汪天龙等。坤伶则仅有新化龙、李惠卿、冯少南等数人。新化龙"工六外，扮相儒雅，台风潇洒，有出神逸世之慨。唱工秉天赋珠喉，玉润流利，念做尤为特色。出演新市场以来，极博一般顾曲周郎之欢迎。前夕串演凌霄，与红艳芳配饰《玉堂春》之刘秉义，体贴剧情，恰到妙处，掌声雷动非无因也"⑦。

就七小而言，当时习者众，精者少，男角名伶有荣金林、黄双喜、俞俊卿和李四立等。坤角名伶则有吴惠侠、周菊林、周云鹏、刘艳侠以及李少林等。吴惠侠"扮相英俊，接受能力强，唱腔和功架的功底深厚，唱腔重虎音，边本合群，吐字清晰，刚健有力，以靠把戏取胜。其拿手戏《讨州战荡》《辕门射戟》等。她表演大方，气概儒雅，精进无懈，深受观众喜爱。登台后红极一时，称之为第一批坤伶小生之魁首"⑧。周菊林"原名小菊林，她是王来保的弟子，与李少林是师兄师弟，可算得是坤伶小生后起之秀。扮相很秀俊，个子也不长不短，嗓音很响亮，两目很

① 齐天大圣：《替筱牡丹花鸣不平》，《罗宾汉报》1935年6月21日第3版。
② 刘小中、郭贤栋：《汉剧史研究》，武汉市艺术研究所1987年版，第310页。
③ 慕耘：《我对于汉剧几位坤伶》，《戏世界》1934年5月30日。
④ 英杰：《汉剧坤伶别纪·李绍云》，《罗宾汉报》1948年5月17日第2版。
⑤ 慕耘：《我对于汉剧几位坤伶》，《戏世界》1934年5月30日。
⑥ 《汉剧坤伶别纪·花和尚》，《罗宾汉报》1948年6月14日第2版。
⑦ 陶：《志新化龙》，《罗宾汉报》1935年2月17日第2版。
⑧ 刘小中、郭贤栋：《汉剧史研究》，武汉市艺术研究所1987年版，第310~311页。

有神"①。

就八贴而言，当时男角名伶有赛黄陂、郑大苟、钟华卿、牡丹花以及小翠喜等，以牡丹花（董瑶阶）成就最为卓越。"习青衣者不能习花旦，故汉剧之青衣须具'言不露齿'、'行不露足'之条件，花衫须风骚泼辣四者皆备。是故青衣与花旦有显著之分别也。"② 此行知名坤伶主要有黄大毛、张美英、万盏灯、陈伯华、凤凰旦、陈素秋、玲牡丹、刘金娥、刘金屏、新牡丹等。黄大毛是第一批坤伶中的状元花旦，"她长得漂亮伶俐，身材好，皮肤好，尤其是一双水灵灵的眼睛'媚'死人。演风骚戏，只要把嘴一歪，就叫台下的观众'收骨头'，大家都被她迷住了"③。"黄大毛为个中翘楚。忆民二十一年秋，渠出演于天声舞台时，年已近三旬，扮类二十许人，唱做均到好处，妖冶动人。"④ 张美英有第二批坤伶中状元花旦之美誉，擅长风流大娘戏，"《打灶神》《大合银牌》《坐楼杀惜》等为其杰作，塑造了潘金莲、潘巧云、阎惜姣三个淫妇，形象活脱，性格迥异，继承了牡丹花的表演特点"⑤，"其表情细腻，戏情体贴入微，均陈[呈]自然色彩"⑥。万盏灯是第二批坤伶"三鼎甲"中之榜眼花旦，"若说张美英是花衫行领袖，那万盏灯则是花衫行之第一人。其《凤仪亭》更佳，勾引吕布的一种眼风和神情确实是好极了"⑦。万盏灯的拿手戏主要有《翠屏山》《凤仪亭》《活捉三郎》以及反串戏《哭祖庙》《白门楼》等。有人对八贴行当中的坤伶进行了总体评价："工花衫者，除男角董瑶阶（老牡丹花），已适人之黄大毛外，当推万盏灯为首席，做能状喜忧哀乐，惟妙惟肖；唱则字正腔圆，如珠走盘，惜稍缺媚荡，如动情等戏，不及张美英之味长。陈佩珍（小牡丹花）人称上选，唱工与嗓音均不及万伶熟练，惟悲戏则胜任有余。红艳芳身材扮相，本居他伶之上，但性惯懒，不大肯卖力，花芙蓉、云蝴蝶、凤凰旦、小仙娥、花艳云、刘金凤等，均堪称职，可望上进。徐美玲、何亚芬、花兰芳、红宝莲、筱宝侠、韩宝艳、杨小艳诸伶，则未为完材，尚待研究深造也。"⑧ 袁忠玉认为，刘金凤扮演《赵氏孤儿》中舍子救孤的程婴娘子，能运用四功五法将其

---

① 《汉剧坤伶别纪·周菊林》，《罗宾汉报》1948年4月8日第2版。

② 剑云：《汉伶杂谈》，《戏剧旬刊》1936年第19期。

③ 陈伯华：《女演员的惊恐和受辱》，《武汉文史资料》1998年第4辑。

④ 老戏迷：《谈汉剧花衫人才之盛衰》，《罗宾汉报》1948年1月12日第2版。

⑤ 刘小中、郭贤栋：《汉剧史研究》，武汉市艺术研究所1987年版，第317页。

⑥ 耿人情：《汉剧见闻录·张美英一大一小》，《太阳灯》1933年5月25日第2版。

⑦ 慕耘：《我对于汉剧几位坤伶》，《戏世界》1934年5月30日。

⑧ 敏皆：《论汉班花衫》，《罗宾汉报》1935年6月7日第3版。

思想斗争表现得淋漓尽致。旦类的九夫虽有王子林、张汉老；花脸类二净虽有白小保、新化义，十杂虽有一声雷（宋洪生），但既未闻名于时又少见于文献记载，故付之阙如。

一些媒体对品行端正技艺精湛的汉剧坤伶也不乏褒扬之词。万仙霞，为名红生兼须生钱文奎之亲女，"相貌魁梧，饶有男儿气。习青衣，能戏数十出，如《祭江》《断桥》《南天门》《六月雪》《宝莲灯》《金殿装疯》皆得意佳作。为人和蔼恭谦，待人接物知情达理"[1]。"戴一鸣饰《临江会》之关公，扮相英武，做工稳重，所绘丹凤眼、卧蚕眉、赤面美髯，均极神似，为坤伶界所罕见者"，"继则筱牡丹花与小惠芳合演《庆顶珠》，花伶饰桂英，惠芳饰萧恩，《打渔》一场，船物荡漾，各立舟头舟尾，身段耸落，扮相似立真船中无异"[2]。玲牡丹是王福林的弟子，"在今日汉剧坤伶中，如果我们把手指搬起来数一数，不算数一也算是数二的人物，除了身体儿稍嫌肥硕，似嫌美中不足外，其余如唱、做、身段、表情等，都到了炉火纯青的地步，值得我们赞许的，她纯系以艺术，争取地位，决不卖淫浪风骚，一味迎合低级，尤其是她的腰腿工夫，在一般花衫中，也许不容易多见"[3]。坤伶刘振仙，"作戏循规矩依老路，正旦眼不斜视，身不轻浮，殊难逆料，可喜。作戏实宜如此，苟在台上作交际场，违题远矣。小妮子循李彩云之典型犹存，观其步法之稳重，足趾与跟并下，不似他伶之踹脚尖跷，以便凸臀，而博肉感"[4]。

当然，对一些汉剧坤伶即使是名伶如果行头破旧演出敷衍草率，媒体也会予以严厉批评："游黄鹤楼经共和，观花××之拿手《雷峰塔》。入场购票需花六毛大洋。然行头太坏，不堪入目，如乞褴衫，令人三日呕；戏不认真。"[5]

第三节　以色求名者风骚媚俗

从民国时期的社会环境来看，坤伶被人轻视是毋庸置疑的事实。即使

① 莲梅：《万仙霞小史》，《戏世界》1934 年 1 月 14 日。
② 晴川阁主：《新市场鸟鸣花香》，《戏世界》1934 年 1 月 30 日。
③ 伶：《汉剧红坤伶玲牡丹狮子大开口》，《真报》1947 年 10 月 1 日第 4 版。
④ 张慕华：《聆歌批判·黄鸣振刘振仙〈走雪〉印象记》，《大楚报》1940 年 2 月 19 日第 3 版。
⑤ 兴汉图：《共和营业衰落之概况》，《戏世界》1934 年 6 月 21 日。

是在北京、上海等地，也同样如此。在汉剧坤伶中确有一些技艺高超、大可媲美男角者，但绝大部分技艺欠佳。因此，有人评论说，坤伶在艺术上确实不及男伶。所以，技艺不精的坤伶较为适合在掷骰子之类玩笑闹剧中搔首弄姿卖弄风情。稍见技艺功力的正戏，她们大多不能胜任，因此不为世人所推重。当时，"有'看坤角唱戏，而绝不能领教其艺'之说"①。

一般汉剧坤伶，入科班者较少，亦无家学渊源，多延请师傅至家说戏，舞台经验不足。一些坤伶尤其娼门出身者，急于成名赚钱，往往学戏一两年就登台演出。"坤伶多延师至家说戏，舞台经验绝少，且只习三五句正工戏（汉剧坤伶无习里子者）即贸然登台。规矩既非深习，动作多逾范围，艺术二字，绝谈不上。"② 因此，社会普遍认为，她们大多以色示人，满足人们特别是男性的感官需求和好奇心而已。

一些剧评人对坤伶在台上风骚浪荡的行为表现十分不满，认为她们是败坏道德损害汉剧之典型。本来，"汉剧之在内地，欧风未渐，妇女道德尚未全泯，舞台旦角不掀口红，不使飞眼……凭一音一字取，犹同光间京剧之青衣也"③。不过，近年来，青衣也在汉剧舞台上大扭其屁股，或者抛媚眼，在他们看来，这与汉口闹市中奇装异服招摇过市的寡妇行径相类似，但台下叫好声不绝于耳。④

当时，社会上逐渐形成"重色轻艺"的评价机制。一些狎优者、捧角者并不具备欣赏汉剧艺术的素养，他们往往冲着汉剧坤伶之"色"而去。一些坤伶即使在道艺上有着较为明显的不足，但也会因面容姣好受到追捧而一夜走红。如某坤伶学的是三生，表演起来慌里慌张的，言行举止较为幼稚，只是因为色相好，干爹干哥挤破了门。⑤ 由上可知，这些观众的捧场叫好并不是出于对坤伶艺术水平的激赏，而是无原则地为捧而捧。在此情形下，一些扮相不佳的坤伶往往难获认同而处境窘迫。如红宝莲，"他是水仙花的弟子，唱青衣嗓子勉强可支持，就是扮相不大好，所以生平没有跑过红吃过香，总是二路青衣"⑥。

不过，也有剧评人对坤伶在台上的风骚表现另有一番看法，如认为张美英实得汉剧艺术的个中三昧。"台上作艺能道人所不敢道，为人所不敢

---

① 生：《坤角的玩意，只在其色，不在其艺》，《汉口导报》1947 年 7 月 4 日。

② 《亦娼亦优的汉剧坤伶》，《镜》1933 年 7 月 2 日。

③ 犟口：《汉剧丛谈·论汉剧十脚》，《大楚报》1940 年 2 月 19 日第 3 版。

④ 犟口：《汉剧丛谈·论汉剧十脚》，《大楚报》1940 年 2 月 19 日第 3 版。

⑤ 胡非玄：《近代汉口狎优之风及其对汉剧发展的影响》，《中国戏曲学院学报》2010 年第 2 期，第 61 页。

⑥ 《汉剧坤伶别纪·红宝莲》，《罗宾汉报》1948 年 6 月 16 日第 2 版。

为，颇得一般人之欢迎，人谓美英'舍得'。予谓适方合乎艺术之条件也。盖台上要脸，处处拘泥，必不能切合剧中人身份；台上不要脸，方可以言体贴入微。要脸者不要脸，不要脸者正是要脸，美英得乎个中三昧矣。"①

第四节　坤伶的"媚"与干爹义母的运作

对于汉剧坤伶而言，登台唱戏并成为名角才是正途。在当时的情势下，一名坤伶如何才能当红并由此名利双收成为人生赢家呢？一位不"红"的坤伶如是道："三句不离本行，戏班里开场锣鼓叫'打通'。我在这篇东西的前面，似乎也要说几句话。我是一个不'红'的唱汉戏的女伶，但我知道一些'红女伶'的故事，以及她们所以走红的原因。一个女伶能够红，也就是总拥有多数的观众，这委实不是偶然的，丢开'道艺'不谈，除了具有一副漂亮的面孔与俊俏的姿态以外，最重要的因素，是姿态里头要有一份魅力！一种迷惑观众的伎俩，或扒住'捧客'的手段。"②

这位坤伶口中的"迷惑观众的伎俩"、"扒住'捧客'的手段"，在许多当红坤伶如黄大毛、玲牡丹等身上有着生动的体现。黄大毛，不仅是文武全才的青衣花旦，而且工媚善笑。小仙侠妖娆多姿，娇媚动人，剧评人"齐天大圣"不无揶揄地写道："小仙侠去递诗丫头，一颦一笑，百媚横生，坤伶之'脸皮厚'、'舍得做'者，以余观察，只小伶一人而已。"③万红艳"是个坤伶花衫后起之秀，她是万少一的姑娘，万洪春的妹妹，王春风的徒弟。今年已有十七岁了，论扮相赛过后辈一切坤伶花衫，长得千娇百媚，有一对迷人的酒窝。……她的风流戏唱得好，很受人欢迎"④。花云凤"姓周，名玉莲，系已故名花旦筱天香之高足，工花旦，身材修短合度，扮相妩媚，风骚戏，最为擅长，前几年的时候，也曾出过风头。他现在已有二十多岁了，在天门、沔阳、九江、武穴都演过，不过汉口演得很少，在台上演戏，显得妖冶动人"⑤。这些坤伶大多擅长风流戏，顾

---

①　陶：《志张美英》，《罗宾汉报》1935 年 2 月 22 日第 2 版。

②　《汉剧女伶生活写真·打通》，《罗宾汉报》1948 年 1 月 5 日第 2 版。

③　齐天大圣：《长乐归来记诸伶》，《罗宾汉报》1935 年 6 月 14 日第 3 版。

④　《汉剧坤伶别纪·万红艳》，《罗宾汉报》1948 年 5 月 2 日第 2 版。

⑤　《汉剧坤伶别纪·花云凤》，《罗宾汉报》1948 年 6 月 17 日第 2 版。

盼生辉，"媚"力十足，她们"脸皮厚""舍得做"，才使得观众神魂颠倒欲罢不能念念不忘。这种"扒客"的手段的确不容小觑。在一次演出中，深受观众喜爱的黄大毛因病不能登台，但观众吼声如洪非要见到她不可，无奈之下，她只好拖着病体在别人的搀扶下出来致谢。观众见到她后就满意地离开戏院。①

其实，初出茅庐的坤伶"道艺"往往并不十分精湛，声名也往往不为人所知。寂寂无名的小辈如何才能获得广大观众和戏迷的青睐，从而在汉剧场域中拥有一席之地呢？原来，她们是通过"拜干爹""拜干哥"这条捷径来达到其目的的。其运作的大体步骤如下：先通过拜干爹干哥、打茶围等方式结交权贵巨贾；在坤伶登台前干爹干哥们纷纷出动为其大造声势；打泡演出时，干爹干哥们则在台下不遗余力地捧场叫好，以便炮制出其技艺精湛的现场效果；登台成功后，坤伶们依然与干爹干哥们保持亲密关系，以此巩固她们在汉剧场域中的地位和声誉。② 为坤伶捧场和运作，干爹们大多乐此不疲。一则小故事揭示了其中的秘密："锦娥的妈满脸赔笑对龙大爹说道：'干爹，你家的干姑娘明天登台陪你打泡，那要特别的照顾！伢们不要你家给她撑面子，谁给她撑面子呢？要是一炮打红了，有了名气，还不是干爹的名气吗？'"③

剧评人"惠民"以《妙芳妙香改期登台 忙坏干爹累煞干哥》为题，撰文描述了干爹干哥在坤伶成名过程中奔走忙碌的情形："汉剧新进坤伶人材冷妙芳、冷妙香前一度打泡于新舞台，颇受观众所欢迎。……二妙自打泡于新市场后，深为该场诸公赞许，故特聘之加入汉班出演，前拟于十六日登台，临时因某故未果，今改于本月二十登台，首夕戏目妙芳、妙香合演《失金钗》，日第二夕妙芳唱《打花鼓》，妙香演《写书》，日第三夕合演《拾玉镯》。届时必忙煞一般干爹干哥为之捧场也。"④

毋庸置疑，干爹们在汉剧坤伶成名过程中往往发挥着较为关键的作用。坤角登台之前，干爹就忙碌起来了，要为她置办行头衣服等；登台三天，干爹每日要亲临戏园捧场叫好。张×艳，"一对水汪汪的眼睛，很是迷人，十年前在汉口登台，麻醉了许多'干'字号人物，风流韵事，时

① 郭莹、郑维维：《汉剧与民国时期汉口社会生活》，《光明日报》2013年1月24日第11版。
② 胡非玄：《近代汉口狎优之风及其对汉剧发展的影响》，《中国戏曲学院学报》2010年第2期，第60页。
③ 颠倒生：《江汉女伶艳闻录》，《汉口导报》1947年4月16日。
④ 惠民：《妙芳妙香改期登台 忙坏干爹累煞干哥》，《罗宾汉报》1935年6月18日第2版。

有所闻"①。陈××，"不但扮相美妙，艺事尤深窥门径，届期前往护法之干哥干爹，定必不少云。总之演古筹资，一为谋本身福利，一为复兴汉剧，不容忽视也。"② 王××，"也出过大风头，曾出演汉正街长乐及新市场，每晚必有干字号的人物，前往捧场"③。雪××，"能戏不多，虽有许多干爹和干哥哥捧她，但一般人都觉得她的道艺不及雪艳云"④。名伶红艳琴初次登台时，前往舞台捧场者众多，摩肩接踵水泄不通，场面极为壮观，不过以干爹干哥等"干"字号人物居大半。⑤ 在护法干爹的操持和运作下，即使在道艺上有所欠缺，也会一夜走红，如"七岁红"，在舞台上举止慌张，台步幼稚，但是她面庞圆润别有风韵，干爹干哥们在她登台时纷纷为她喝彩叫好。⑥

当然，一些义母也能发挥类似干爹的重要作用。新牡丹"一经粉墨，举座惊赏……出演新市场以来，极博佳誉，允为后进中之隽品，未来企望，不可限量"⑦。其实，新牡丹的成名之路并不顺利，她幼习清唱却未能走红。后来，她被"陈大娘"（陈伯华之母）收为义女。"后拜汉剧坤旦筱牡丹花之母名下为义女，随之习艺，故易陈姓，更名新牡丹。筱牡丹花本名佩珍，新牡丹依序呼之佩琳，自易姓习艺，与其义姐同出入，乃陈大娘（筱牡丹花之母）善于教化，尤精化妆术，应酬接物，更具丰富经验，仅数年功夫，两筱牡丹花（牡丹与新牡丹）相继成人，迎风招展，娇艳轻盈，颇为汉上周郎所赞许。"⑧ 陈大娘熟谙汉剧艺术场域中的种种或明或暗的规则，在化妆术和待人接物等方面也有着丰富的经验。她长袖善舞，在她的调教和运作下，新牡丹在汉剧场域中的文化资本和社会资本也得以迅速扩大，因而很快蹿红成为一时之名角。这样的策略，此前也曾运用到小牡丹花的身上，"小牡丹花十六岁生日，其母请夏惠民君为伊介绍其女拜本市女闻人为义母"⑨。显然，小牡丹花陈伯华在其母的运作下，拜汉口市女闻人为义母，其社会资本无疑因此得以扩张，同时有利于在对

① 《汉剧坤伶别纪·张美艳》，《罗宾汉报》1948 年 6 月 23 日第 2 版。
② 乔学文：《满春汉剧大会串》，《大楚报》1943 年 1 月 21 日第 4 版。
③ 《汉剧坤伶别纪·王文斌》，《罗宾汉报》1948 年 6 月 20 日第 2 版。
④ 糊涂：《漫谈现代汉剧社的阵容》，《罗宾汉报》1941 年 3 月 2 日第 3 版。
⑤ 鹤琴：《汉剧坤伶私生活·一对姐妹花艳琴艳芳》，《罗宾汉报》1935 年 10 月 6 日第 3 版。
⑥ 摩登名士：《汉剧坤伶秘史·红艳霞》，《罗宾汉报》1935 年 4 月 14 日第 3 版。
⑦ 陶：《志新牡丹》，《罗宾汉报》1935 年 2 月 19 日第 2 版。
⑧ 《新牡丹落花有主 金龟婿惜玉藏娇》，《罗宾汉报》1946 年 3 月 14 日第 2 版。
⑨ 《小牡丹花拜干母记》，《戏世界》1934 年 4 月 8 日。

坤伶而言险象环生的社会环境中得到更好的发展。

第五节　剧评人的力捧和媒体的渲染

汉剧伶人的成名走红，自然离不开社会资本的支撑和相关人士的力捧。即使是一代伶王余洪元也不例外，他也曾有过同样的经历。最初，余洪元搭上了汉口的"福兴班"，不仅班主袁心荀竭尽全力地为他四处宣扬，那些从事贸易的咸宁老乡也对他大加赞扬。这些老乡在汉口多从事棉花、海味等贸易，在他们的竭力捧场下，余洪元的名字很快就红遍汉江了。① 此外，剧评人扬铎的力捧也引人注目。"在捧余的人中最突出的是扬铎，他既为余洪元修饰剧本，又促成余洪元建立汉剧公会，使其提高威望。"②

汉剧坤伶的成名也不例外，不仅需要自身具有漂亮的面孔、婀娜的身段等，而且需要有头有脸神通广大的干爹或义母作为靠山。此外，剧评人和媒体的作用也不容忽视。对坤伶品评较多的剧评人有耿人情、梦梅、英杰、齐天大圣、墨耕旧主以及乔学文等，报道坤伶较多的媒体主要有《罗宾汉报》《太阳灯》《汉口导报》《大楚报》等报纸以及《戏世界》《十日戏剧》等杂志。

现以剧评人墨耕旧主对黄三毛、杨小芳的捧场为例。对于黄三毛，墨耕旧主极为喜爱，不仅力捧，而且将她介绍到《论报》石社长门下做女弟子，学习绘画和书法，在当时传为佳话。③ 不仅如此，剧评人之间还互通声气交相推引。墨耕旧主的好友齐天大圣，也不惜笔墨赞扬："黄三毛，工七小，伊姊大毛、小毛走红的时候，该伶亦在学戏，但年龄尚轻，乃一黄毛丫头，取名银枝。后该姊等先后脱离舞台，伊单人独骑……他的好处，是幼工有底，腰腿带劲，台风潇洒，脸上有戏，文武场面，举手投足，悉能中节。"④ 有一次，齐天大圣不无揶揄地写道："黄三毛之金光圣母，双峰高耸，秋水盈盈，含情脉脉，老友墨耕旧主若在座，必定叫声好

---

① 阿芹：《余洪元小志》，《罗宾汉报》1935 年 9 月 7 日第 3 版。
② 答恕之：《武汉汉剧人物·余洪元》，《武汉文化史料》（第 1 辑），内部发行，1983 年，第 91 页。
③ 齐天大圣：《不堪回首话三毛》，《罗宾汉报》1935 年 5 月 26 日第 3 版。
④ 齐天大圣：《不堪回首话三毛》，《罗宾汉报》1935 年 5 月 26 日第 3 版。

也。"①

　　对于杨小芳的捧，墨耕旧主更是不遗余力。杨小芳，"生性聪慧，进步异常神速，其面容之娇丽，尤非人力所能为，故每贴一花衫戏，无不满堂彩声，要为后起之秀，常与诸名伶配演重头戏，牡丹花演《翠屏山》《杀子报》，则银儿与金定两角，必属之小芳，有烘云托月之妙"②。在他的《汉剧伶人品咏》之《神品》篇中，将余洪元、董瑶阶、李彩云等名伶列于前三，杨小芳紧随其后位居第四，可谓用心良苦。墨耕旧主认为，刀马旦（通称"跷子"），一直以来是八贴行当的附庸，内外行均不重视。在京剧中，享有盛誉的刀马旦只有阎岚秋（九阵风）等数人。在汉剧界，杨小芳可谓刀马旦的第一人。此前，虽有吴翠仙等伶人以花衫兼擅刀马薄负时誉，但多以冶荡见长吸引观众。杨小芳则是"蕙质天生，峥嵘秀拔，于刀马旦戏，无所不能，能无不妙。扮相亦明亦秀，宜喜宜嗔，最可贵者尤在'艳而不俗'"③。杨小芳"不轻颦，不妄笑，处处顾念戏情，绝无画蛇添足之处"④，一切皆得"自然"之旨。在舞台上，本为配角的刀马旦，因杨小芳精湛的技艺往往收到反客为主的舞台效果。"《劈三关》、《斩宗保》、《界牌关》，刀马旦皆为配角，独小芳演来，无不反宾为主，使人自然注意。其唱工之动听，表情之细致，起打之干净，边式之美观，实不许他人望其项背……为人知礼重义，尝与侪辈叙谈，深以家寒失学为耻，屡有抛伶而读之志。"⑤

　　墨耕旧主虽然一再力捧杨小芳，但是还似乎意犹未尽。于是，他再次发文，不仅饶有兴趣地将她与其他武旦如吴翠仙、小春兰以及王春风等一一比较，而且对"信园君"的批评表示不满："吴由花旦改行不足深论。小春兰能戏太少，小家气派。王春风名噪一时，实为野狐参禅，中外不中内，其坏处，唱带土，打嫌粗，做太麻，跷不稳，今远走襄阳谷城。惟出类拔萃之杨小芳，信园君奈何以无可取之处目之，小芳扮相之媚丽，跷工之稳健，起打跷马之边式，细致体贴之表情，有谁能及之。愚素爱捧，故捧之。"⑥

　　在墨耕旧主的影响下，其好友一发盦和齐天大圣也撰文大加赞扬。一

---

① 齐天大圣：《长乐归来记诸伶》，《罗宾汉报》1936年3月21日第1版。
② 墨耕旧主：《谈杨小芳》，《太阳灯》1932年10月11日第4版。
③ 墨耕旧主：《汉剧伶人品咏》，《太阳灯》1933年1月13日第3版。
④ 墨耕旧主：《汉剧伶人品咏》，《太阳灯》1933年1月13日第3版。
⑤ 墨耕旧主：《汉剧伶人品咏》，《太阳灯》1933年1月13日第3版。
⑥ 墨耕旧主：《谈汉剧武旦》，《戏世界》1934年7月30日。

发盒"余不识杨……其刀马旦一行已众口交誉，实则尚能花衫戏，最有《拾玉镯》、《闹金阶》等，小儿女其真娇羞之状，神妙无比。又见其演《刺巴杰》、《虫八蜡庙》，爽利矫捷，亦属不同凡响"①。齐天大圣撰文写道："初次改行有此成绩，不失庸中佼佼。"②

其他剧评人也各有自己捧场的对象，如梦梅、英、齐天大圣对花小侠大加赞扬。梦梅称赞花小侠演出态度严谨认真："小侠演戏之长处，在极认真，不敷衍，而且无坤气，台风则飘洒无比，此不特在坤伶中难得，即男伶中求如此完材者，也不多见。"③齐天大圣对她的扮相、台步以及唱腔一一加以褒扬："上月×日，送友人梅花楼主赴湘，返家之时，道经黄鹤楼，见汉兴挂着该伶《四郎探母》木牌，乃购票入座。值小侠去杨延辉出场，观她扮相非常大方，台步亦很老练，一段西皮，字字清晰，响遏行云，宜乎梦梅先生，誉伊为隽材，主张伊改习京戏也。"④英则对其做工大加推崇，"小侠饰蒯彻，'装疯'一场，惟肖惟妙，做工潇洒，颇有'女周天栋'之称。常反串小生，六外诸戏，简直成了一个戏包袱。"⑤

1923—1949年间，各种汉剧演出的广告、小道消息以及八卦传闻等充斥着汉口各类报刊媒体。一些专门性的戏曲报刊如《戏世界》等也相继出现。各种报刊记者对伶人的生活猎奇式的报道、文人的剧评以及形形色色的捧角文章和笔战等，使得部分坤伶迅速走红，成为人们茶余饭后津津乐道的话题。

一些报社为了吸引民众提高发行量，还别出心裁地举办由公众推选汉剧皇后的活动。如1948年民风报社发起"汉剧坤伶甄选皇后亚后大会"，"昨日为本市民风报社发出之汉剧坤伶竞选皇后亚后大会，会址假'民众'三楼汉剧场，除到有各有关人士外，并有剧联理事长吴天保，理事王若愚、唐庸三、彭天唐、夏桂武等"⑥。有1000多人参加了这次别开生面的盛会，最终的结果是：坤伶刘金屏以2043票获得皇后宝座，刘金娥则以1508票成为亚后。⑦刘金屏、刘金娥高票当选为汉剧坤伶的皇后亚后，无疑极大地提升了她们的文化资本和象征资本，从而有利于她们在汉

---

①　一发盒：《多材多艺之杨小芳》，《戏世界》1934年8月1日。

②　齐天大圣：《有望于杨筱芳者》，《罗宾汉报》1935年6月29日第2版。

③　梦梅：《花小侠宜改习平剧》，《罗宾汉报》1935年4月30日第3版。

④　齐天大圣：《谈谈汉戏坤伶》，《罗宾汉报》1935年5月29日第3版。

⑤　英：《汉剧坤伶别纪·花小侠被称"女周天栋"》，《罗宾汉报》1948年6月29日第2版。

⑥　江：《汉剧皇后昨日选出》，《汉口导报》1948年8月21日第3版。

⑦　江：《汉剧皇后昨日选出》，《汉口导报》1948年8月21日第3版。

剧场域的竞争中占据有利地位。据袁忠玉等回忆，刘金屏的本嗓非常圆润，膛音、边音之间没有明显的界限。她表演的可塑性非常强，也从不要他人作曲，自己创腔，把情感贯穿进去。毋庸置疑，报刊媒体的这些活动，无论是正面的还是负面的，都在较大程度上引发了社会公众的关注，从而有效地提升了当事坤伶的知名度。

第六节　筱牡丹花和万盏灯的名伶之路

1923—1949 年，汉剧坤伶多达数百人，想一夜成名者不乏其人，但真正能够称得上名伶者却屈指可数。这既与当时险恶复杂的社会环境、坤伶较为短暂的艺术生涯等密切关联，更离不开坤伶的自身条件、主观努力及其所能获得和利用的社会资本。

20 世纪 30 年代，一些坤伶在汉剧舞台上崭露头角。其中，有被誉为"坤伶三杰"的林韵声（一末）、严玉声（三生）和玲牡丹（八贴）。她们长期活跃在汉口新市场三楼汉剧剧场的舞台上。林韵声师承胡桂林，嗓音苍劲，扮演《兴汉图》中的刘备形象十分逼真，在 1938 年武汉沦陷时离开了舞台。严玉声嗓音嘹亮，以《打鼓骂曹》声震当年的武汉汉剧剧坛。玲牡丹扮相俊美，身段丰润，嗓音清脆，她的代表作有《大合银牌》《摘花戏主》等。[①]

小牡丹花和万盏灯在这些坤伶中较具有代表性，她们的成名之路和人生历程值得我们考察和反思。

陈伯华（1919—2015），原名陈佩珍，艺名新化钗、筱牡丹花（小牡丹花），"兼工四旦、八贴，仿京戏梅派，冶青衣花衫于一炉，为汉剧别开生面的特色人物"[②]。9 岁进新化科班习八贴，深受蒙师刘本玉喜爱和呵护。

坐科时，因经费紧张，陈伯华等坤伶一边在科班学戏，一边在满春等戏院登台公演或者唱堂会。后来，因难以在汉口与汉剧名伶争地盘，又在师傅们带领下东下九江闯荡江湖。在九江演出时，陈伯华出演了自己学会的所有戏码，但大部分时间是在跑龙套。[③] 不过，她不甘落后，总想有一

---

① 《汉口忆旧》（第四辑），武汉市政协文史资料委员会 1996 年版，第 69 页。
② 扬铎：《汉剧在武汉六十年》，中国档案出版社 2001 年版，第 100 页。
③ 陈伯华、邓家琪、黄靖：《陈伯华舞台艺术》，上海文艺出版社 1988 年版，第 20 页。

天挑大梁，"每天不是默就是练，在台上就是看，不愿随意地抛洒宝贵的时间。久而久之，我不仅学会了几出我应工行当的新戏，还静观默会了别人的戏"①。在一次《打侄上坟》演出时，陈伯华抓住了一个机会上场顶角反串小生，竟取得出人意料的成功。从此以后，科班戏码就少不了她的正戏。

出科后，陈伯华将年迈的恩师刘本玉接到家中传授技艺。刘本玉不仅是一位汉剧严师，而且注重因材施教循循善诱。"记得我学娃娃旦戏时，喜欢拿衣衫下沿摆弄和用嘴轻轻咬，是下意识的，母亲看见了就将我的手一打，叫我莫这样，可他连忙说道：'完了，你把她的'灵气'打乱了。她这是在做戏，做得蛮真啊。'"② 在刘本玉的精心培育下，天资聪颖的陈伯华在汉剧艺术上逐渐成熟起来。

在当时的汉口，"只要挂上'荆沙名角'的头衔，观众便会另眼相看"③。1931 年，在刘本玉的帮助下，陈伯华不仅搭上了汉剧名角刘玉楼前往沙市的戏班，而且从万盏灯那里借到了戏服头面。在沙市第一天的打泡戏《打渔杀家》的演出中，陈春芳和陈伯华配合默契，台下喝彩声、掌声不断，演毕，还获得了商会会长代表主办方授予的一块金牌。"近两个月，场场都爆满，陈伯华的名字响彻了沙市城。"④

回到汉口后，陈伯华的母亲意识到，艺术再好，不参拜名师"挂旗"为徒，难以出人头地。于是，她请汉剧权威傅心一出面介绍，拜在名伶牡丹花董瑶阶的门下。后陈伯华受其喜爱并被收为义女，艺名改为"筱牡丹花"。在义父的指点下，陈伯华的汉剧技艺突飞猛进。在第二批坤伶中，原本天赋不高（如嗓音并不出色）的陈伯华，与张美英、万盏灯一同被誉为花旦"三鼎甲"。"随着我扮演人物的增多，筱牡丹花这个名字也越来越响，用当时的话来说，我是红极一时的了。每当我晚上去戏院演戏时，映入眼帘的满是我那巨幅的照片和'筱牡丹花'的耀眼的霓虹灯。"⑤

不过，在当时险恶复杂的社会环境之中，女戏子不过是一些达官贵人和地痞流氓的玩物而已。陈伯华在黑恶势力甚嚣尘上的时代，既没有沉沦堕落，也没有成为他人股掌之间的玩物，实得益于她的母亲和师傅刘本玉

① 陈伯华、邓家琪、黄靖：《陈伯华舞台艺术》，上海文艺出版社 1988 年版，第 20 页。
② 陈伯华、邓家琪、黄靖：《陈伯华舞台艺术》，上海文艺出版社 1988 年版，第 20 页。
③ 陈伯华、黄靖：《陈伯华回忆录（二）》，《武汉文史资料》2010 年第 2 辑，第 13 页。
④ 陈伯华、黄靖：《陈伯华回忆录（二）》，《武汉文史资料》2010 年第 2 辑，第 14 页。
⑤ 陈伯华、邓家琪、黄靖：《陈伯华舞台艺术》，上海文艺出版社 1988 年版，第 30 页。

的精心呵护。"一方面，出于深厚的母爱，使母亲勇气倍增，正像母鸡护雏鸡一样，一旦遭到老鹰的攻击，它会奋不顾身地抵御，以致使凶残的老鹰也不敢恣意妄为；一方面，不幸和艰辛的生活已经改变了母亲原有的性格，使她成为一个敢于抗争，甚至相当泼辣的女人，她结交三教九流，周旋于下层社会中，谁要是与我实在过不去，她也会使出一些狡猾的手腕攻击对方，使之不敢过于放肆。"① 而师傅刘本玉，不仅在汉剧艺术方面给予她无私的指导并帮助她抓住机遇，而且能够及时洞察并规避潜在的阴谋和危险。正是在其无私无畏的庇护下，陈伯华才得以在险恶复杂的社会环境中艰难地生存奋进并成名走红。② 从这一角度而言，较之其他坤伶，陈伯华是相当幸运的。

　　虽然陈伯华在当时已小有名气，但是与名家相比还是有相当的差距。她的母亲作为汉剧艺术的鉴赏者对此心知肚明。虽然李彩云、董瑶阶等名伶不时给陈伯华传授技艺，但是他们毕竟演出繁忙，不可能经常而系统地予以指导。于是，在 1934 年冬季，陈母东拼西凑多方筹措，在新市场组建了实力雄厚的汉剧泰斗大王班，"这个戏班实力雄厚、阵容强大，末角有余洪元、王长顺，生角有尹春保、陈二红，青衣有李彩云、新牡丹，丑角有'大和尚'李春森、留一笑，花旦有'牡丹花'、'筱牡丹花'。可谓名家云集，极一时之盛"③。当然，在此过程中，并不是一帆风顺的，"汉剧名伶合组之新舞台，因开支浩大月有所亏，查上月底报告单竟亏至一千七百余元，余洪元以旺月中尚须亏蚀如许巨数，则将来将如何维持，且本人精力不济，不能如期登台，既无包银可得，又乏余资贴本，大有无意经营之慨，惟陈氏（小牡丹花之母）颇愿大家维持残局。董瑶阶亦愿接唱到底，不愿中途分伙，宁愿大家不拿包银，不愿大家无形解散。结果如何，尚须待股东会之议决也"④。

　　面对这弥足珍贵的机会，陈伯华认真学习和揣摩了董瑶阶的《挑帘裁衣》《活捉三郎》等最为擅长的剧目，并逐渐领略到其中的高超和精深之处。此外，与余洪元、李彩云、大和尚等名伶同台演出，也使陈伯华在耳濡目染中受益匪浅。著名青衣泰斗李彩云精湛的表演，使得陈伯华眼界大开。在刘本玉的支持下，陈伯华决定跨行学青衣。当时，汉剧行当泾渭

---

① 陈伯华、邓家琪、黄靖：《陈伯华舞台艺术》，上海文艺出版社 1988 年版，第 33 页。
② 陈伯华、邓家琪、黄靖：《陈伯华舞台艺术》，上海文艺出版社 1988 年版，第 33 页。
③ 孟保安：《汉剧大师陈伯华评传》，武汉出版社 2012 年版，第 100 页。
④ 凡：《汉剧名伶所组之新舞台有风潮，余洪元无意经营，董瑶阶有心帮忙》，《戏世界》1935 年 3 月 31 日第 3 版。

分明，跨行不慎可能会招致身败名裂。陈伯华大胆地突破了这一陈规，毅然跨行学演了《三娘教子》《宇宙锋》以及《贵妃醉酒》等青衣戏，最终获得了成功。后又与吴天保、答恕之等创办了"时代汉剧社"，与余洪元、大和尚、周天栋等名伶同台演出，因此小牡丹花的声誉日隆。为了追求艺术革新，陈伯华还邀请著名编剧刘艺舟创作了《风尘三侠》《霸王别姬》等剧本。作为新剧运动的倡导者，刘艺舟给她带来了深刻地剖析剧本、角色的知识和方法，使她耳目一新深受启发。"从此，我不再只是和那几出老戏打交道了，在行当上我也第一次比较明显地跳出了四旦、八贴的藩篱，并为我在中华人民共和国成立后创作《宇宙锋》《二度梅》等新戏打下了基础。"① 以上活动和经历，提升了陈伯华在汉剧方面的文化资本和象征资本，使得她在汉剧场域中处于较为有利的地位。

此外，在陈伯华成名的历程中，报刊媒体也发挥了较为积极的作用。《罗宾汉报》等媒体不厌其烦地对她进行追捧，对她的容貌和道艺赞不绝口。剧评人"惠民"先介绍其身世，出于名门家道中落，接着称赞她明眸皓齿容貌秀丽、天性聪慧聪明过人。② 对其多方拜师的具体情况也娓娓道来，"近年以来，更得其义父董瑶阶传授，艺事愈为精进，名乃大噪焉"③。作者认为，小牡丹化的名声和道艺，位列时下汉剧坤伶之首。作者预言，如果再加以精进深造，她的前途和声望则不可估量，花衫执牛耳非她莫属。"然兹者花伶与余洪元、董瑶阶、李彩云等诸汉剧宗师，同出演新市场新舞台，实牡丹绿叶，相得益彰。"④ 剧评人"神"赞扬她为坤伶中的翘楚，"年华二九，玉貌丰姿，习汉剧，为今日坤旦之杰出人才。性诚笃，不善交际，现出演长乐戏院，倚之为台柱，而拜倒花姨旗袍下者大有人在。……扮相美观，姿势极佳，誉为坤旦之翘楚洵不虚也"⑤。剧评人"千里草"则认为，她专心追求艺术，堪称杰才，"汉剧花衫陈佩珍（小牡丹花），初出演荆沙，知其善才可造，果占今日大名鼎鼎，乃求艺用心而得，实非过誉。余日前聆歌长乐，值该伶与朱洪寿合演《霸王别姬》，唱来珠圆玉润，壮烈哀艳，舞剑尤为活泼，口吐悲词，恰似英雄气短，儿女情长，电光相映，如在楚营。朱洪寿之霸王更能尽职，观众均赞

---

① 陈伯华、邓家琪、黄靖：《陈伯华舞台艺术》，上海文艺出版社1988年版，第39页。
② 惠民：《小牡丹花小传》，《罗宾汉报》1935年2月4日第2版。
③ 惠民：《小牡丹花小传》，《罗宾汉报》1935年2月4日第2版。
④ 惠民：《小牡丹花小传》，《罗宾汉报》1935年2月4日第2版。
⑤ 神：《志小牡丹花》，《罗宾汉报》1935年10月20日第3版。

不绝口，可为汉戏之新纪录，实添色不少，该伶允称杰才，名果不虚也"①。由上可知，一些媒体对褒扬小牡丹花的确可谓不遗余力。毋庸置疑，这些自然离不开其母陈大娘的运作。

更难能可贵的是，当有人在报刊上批评小牡丹花时，一些媒体挺身而出及时予以回击。署名"游神"的剧评人在某报上发表《谈目空一切的筱牡丹花》，批评小牡丹花"唱""做""说"以及"身段"等一概不行。剧评人"齐天大圣"指责他"妄加批评，淆乱听闻"，"按余前于凌霄时，观其戏，不下数十次，确属一上等材料，今春接办新市场新舞台，其艺术已较前孟晋，为时下诸伶所不及矣，唯身段稍觉板滞（然亦瑕不掩瑜），本来唱花衫的，要体态婀娜，忸忸怩怩方为观众欢迎，但过于妖冶淫荡，亦有违背高台教化的本旨。筱伶对于表情，不火不瘟，为其长处，且唱工说白，俱臻上乘"②。在他看来，小牡丹花与万盏灯各有特点各有短长，不宜以后者来否定前者。"游神君又谓筱伶艺术，不及万盏灯。虽仁者见仁，智者见智，实则彼二伶均各有所短长也。唯万伶则以玲珑见长，如《花田错》之春兰，《打樱桃》之平儿等是也。筱伶则以富丽幽静戏见长，如《少华山》之尹女，《连环计》之貂蝉等，入木三分，其余泼辣戏如《赶春桃》之韩大娘，《断桥会》之青青俱佳。"③

两天后，剧评人晴川阁主又在《罗宾汉报》发文为小牡丹花鸣不平，从"做工""唱工""说白"以及"身段"等方面一一加以驳斥，有理有据："关于花伶'做工'，如演《百花亭》，醉酒之神情，春意荡浪，俨如真境。……关于'唱工'，如演《玉堂春》之《大审》，几段唱词，倒板、慢板、快板，莫不字正腔圆，清脆入耳（齐天大圣君先我而言之）。又如《杀舟官》之媒婆，在'舟中劝嫁'一段，唱有韵味，抑扬有致，所谓'嗓音如蚊，分不出抑扬'，恐怕长沙电台，播音力弱吧？关于'说白'，如《梅龙镇》、《凤仪亭》、《南北思》等剧，其中妙舍莲花，流丽动听，岂说白无功夫者能至于此。关于'身段'，如《庆顶珠》之桂英，掌舵身法，随船逐波，高低起落，惟肖惟妙，再加《打花鼓》之凤阳婆，活泼灵敏，体态轻盈。"④

从上述"游神"与齐天大圣、晴川阁主的争论中，我们不难注意到：

---

① 千里草：《陈佩珍本是杰才》，《罗宾汉报》1935年10月26日第3版。
② 齐天大圣：《替筱牡丹花鸣不平》，《罗宾汉报》1935年6月21日第3版。
③ 齐天大圣：《替筱牡丹花鸣不平》，《罗宾汉报》1935年6月21日第3版。
④ 晴川阁主：《为筱牡丹花鸣致游神先生》，《罗宾汉报》1935年6月23日至25日第3版。

游神认为小牡丹花的艺术不及万盏灯。齐天大圣认为，万盏灯以玲珑见长，小牡丹花则以富丽幽静戏见长。晴川阁主也认为，在当下坤伶花衫中，能与小牡丹花相媲美的只有万盏灯一人，两者实则各有所长。他还指出，在汉剧人才凋零之际，对于伶人不应不顾利害专事摧残，而应提携勉励以期振兴。① 也就是说，争辩的双方都认可万盏灯的道艺。

其实，在这场笔墨官司之前，已有人对小牡丹花和万盏灯的艺术有较为中肯的评价："工花衫者，除男角董瑶阶（老牡丹花），已适人之黄大毛外，当推万盏灯为首席，做能状喜忧哀乐，惟妙惟肖；唱则字正腔圆，如珠走盘，惜稍缺媚荡，如动情等戏，不及张美英之味长。陈佩珍（小牡丹花）人称上选，唱工与嗓音均不及万伶熟练，惟悲戏则胜任有余。"②

万盏灯，原名汪凤英，是第二批汉剧坤伶中"三鼎甲"的榜眼花旦。1914 年生于洪湖县贫苦渔民家庭。幼时随母逃避水灾流落至武汉，在纱厂做童工。12 岁经人介绍拜名师张月红学艺。张月红是民国初年汉剧"八贴"行当的著名伶人，曾与牡丹花（董瑶阶）、小翠喜被誉为当时花旦的"三鼎甲"。万盏灯与张月红签订了契约：两年满师，一年帮师。即学戏的前两年，如有演出或其他收入皆归师父所有；学戏的第三年，演出或其他收入也要拿出一部分"帮助"师父，分配的比例是师父得 70%、徒弟得 30%。③ 一天，名伶牡丹花、小翠喜前来拜访，看到汪凤英练戏，当即对其师张月红称赞道："这女伢品类不凡，将来有出息，你给她一点，她就醒了。"④

汪凤英天资聪颖，进步迅速。学戏半年后，张月红给汪凤英取艺名为"万盏灯"。年仅 12 岁的万盏灯在新新游艺场首次演出，三天打泡戏《打花鼓》等大受欢迎。一些剧院见有利可图，纷纷邀请她前往演出。"我每月的包银是 30 银元，半年后增为 60 银元。……这时我经常演出的剧院，除新新游艺场外，还有新市场大舞台（今民众乐园内江夏剧院原址）、新汉舞台（今新华电影院对面）等处。"⑤

三年后，万盏灯熟练掌握了张月红所会的花旦戏。16 岁的万盏灯开始独立谋生，先后在武昌共和舞台、汉口天声舞台、长乐戏园以及新市场

① 晴川阁主：《为筱牡丹花鸣致游神先生》，《罗宾汉报》1935 年 6 月 23 日至 25 日第 3 版。
② 敏皆：《论汉班花衫》，《罗宾汉报》1935 年 6 月 7 日第 3 版。
③ 万盏灯：《汉剧生涯六十年》，《武汉文史资料》1999 年第 4 辑，第 379 页。
④ 洪湖市政协文史资料研究委员会：《洪湖文史》（内部资料）1988 年第 3 辑，第 187 页。
⑤ 万盏灯：《汉剧生涯六十年》，《武汉文史资料》1999 年第 4 辑，第 380 页。

大舞台等处演出。21 岁，"这时，有好几个剧场都拉我去演出，所以我每天至少演出两场（日场和夜场），有时还要演出三场。后来我实在感到太累，时间又赶不及，最多只演两场。为此，还引起几个剧场发生矛盾，打起官司来了"①。"我出师后在共和舞台演出时，每天晚上散戏后，总有一些不三不四的人跑到我家去纠缠，闹得我简直不得安身，只好四处躲藏。"②

后来，万盏灯又得益于与余洪元、牡丹花、吴天保等名伶同台表演，深受他们的艺术熏陶。她的拿手戏有《翠屏山》《活捉三郎》以及《未央宫》等。《活捉三郎》《翠屏山》原本是老牡丹花的看家绝活。万盏灯历经数年的观察、揣摩，居然全部心领神会并继承下来。剧评人游神曾在报刊上对万盏灯作了较高评价，认为她是汉剧坤伶中不可多得的人才，"当黄大毛出演天声时，万伶尚未成名，流为二等角色。万伶天性聪敏，对大毛之各剧颇有心得，后与吴天保出演武昌共和戏院艺术猛进当刮目相看，天赋独厚，唱做极佳，台步大方"③。

1936 年 6 月，万盏灯为进一步提升艺术水平，扩大她在汉剧场域中的文化资本和社会资本，经人牵线搭桥，拜著名编剧刘艺舟为师。从当时的报道来看，万盏灯深受观众和戏迷的喜爱，甚至有人专门组社捧场。"汉剧名坤伶万盏灯，艺工八贴，为汉剧中之翘楚也。色艺俱臻上乘，深得一般人士之爱戴。乃者，伊为求艺术深造计……欲拜平汉剧先进刘艺舟先生为师。经数度说项，始蒙允许。双方于昨日特设宴于本市聚春阁，行拜师大礼。是日到者除师徒外，参加有介绍人答恕翁及捧场健将全体，极一时之盛。近且有好事者组社捧场，其目的在宣扬万娘之艺术，并提倡吾鄂固有之艺术——汉剧"④。

1937 年"七七事变"后，万盏灯与其他汉剧艺人一起投身于抗日宣传活动。1938 年 7 月 8 日，万盏灯"和张美英、云仙子、刘金凤、盖鑫培、新牡丹、刘玉楼、戴一鸣等汉剧女演员一起，作了专场抗日献金演出，同时，我们也捐献出了一些首饰、银元、衣物，被当时的报纸誉为'爱国艺人十姊妹'"⑤。

---

① 万盏灯：《汉剧生涯六十年》，《武汉文史资料》1999 年第 4 辑，第 381 页。
② 万盏灯：《汉剧生涯六十年》，《武汉文史资料》1999 年第 4 辑，第 382 页。
③ 游神：《汉剧坤伶比较观》，《戏世界》1935 年 11 月 8 日第 2 版。
④ 华镇：《汉剧坤伶翘楚 汉人大捧万盏灯 刘艺舟喜获桃李》，《戏世界》1936 年 6 月 30 日第 3 版。
⑤ 万盏灯：《汉剧生涯六十年》，《武汉文史资料》1999 年第 4 辑，第 381 页。

1938 年 10 月，武汉的剧院纷纷关门。大约一年后，万盏灯与李罗克、尹春保、李慧卿等二三十人，经常在其家乡新堤及附近乡村演出，后又受邀到天门城乡演出了 3 年左右。抗战胜利后，内战又起，货币贬值，在武汉生活实在不易。万盏灯依然在乡村演出。1947 年 7 月，因吸毒被捕入狱。①

剧评人"英杰"认为，万盏灯的汉剧艺术水平高超，缺点也很明显，就是较为消瘦，扮相不够秀丽。她不仅在汉剧花旦行当颇有影响力，而且反串老生也不弱，对于新戏更是擅长。"在幼年的时候，独霸汉剧坛，与张美英、小牡丹花、李绍云这几个人，分庭抗礼，与吴天保、徐继声也合作多年，做戏传神，是高人一等，有时反串老生，唱《兴汉图》、《哭祖庙》，也有几分相像；演新戏更擅长。"② 对她吸毒，导致"嗓音既坏，身体更瘦"大为惋惜。③

从坤伶小牡丹花和万盏灯的演艺生涯，我们不难看出，坤伶要想成为真正意义上的名伶，需要内外条件的有力配合。小牡丹花受到熟谙汉剧艺术的戏迷母亲的影响，经常出入茶园、戏院，耳濡目染之下对汉剧产生了浓厚的兴趣。此后，她进入新化科班，得到了老师刘本玉的喜爱并得其真传，从而获得了制度化的文化资本和一定的身体化的文化资本。应当说，母亲和刘本玉老师是小牡丹花踏上名伶之路的关键性人物。在科班解散后，刘本玉老师又想方设法让她搭班到沙市镀金。于是，挂上"荆沙名角"的小牡丹花又获得了象征资本（符号资本）。母亲又让她拜名师牡丹花（董瑶阶）为徒并取艺名"筱牡丹花"，这样进一步增强了她的象征资本，有助于她迅速走红。为了提高她的艺术水平，母亲又煞费苦心地组织了汉剧泰斗大王班，让她有机会仔细观摩学习余洪元、李春森、李彩云等名伶的表演艺术，从而在汉剧艺术上突飞猛进。她的母亲在社会下层中结交了各路人物，能够调动具有相当能量的社会关系资本，使小牡丹花在遭遇社会黑恶势力时一次又一次地化险为夷转危为安。刘本玉老师不仅帮助小牡丹花化解来自社会的危险，而且利用其在汉剧场域中积累的资本为她出谋划策指点方向。当"游神"在报纸上发文批评小牡丹花时，齐天大圣、晴川阁主等著名剧评人迅速进行反击，竭力维护她的声誉和形象。从这件事情中，我们不难看出，小牡丹花的母亲等所能调动的社会资本的确

---

① 《一代红坤伶万盏灯 身染黑籍被捕入狱》，《罗宾汉报》1947 年 8 月 13 日第 2 版。
② 英杰：《汉剧坤伶别纪·万盏灯》，《罗宾汉报》1948 年 5 月 3 日第 2 版。
③ 英杰：《汉剧坤伶别纪·万盏灯》，《罗宾汉报》1948 年 5 月 3 日第 2 版。

不可小觑。这一点也可从新牡丹成名的经历中得到印证。新牡丹最初寂寂无名，后被"陈大娘"（小牡丹花之母）收为义女，改姓为陈。陈大娘善于调教，精通化妆术，应酬接物经验丰富，很快就将新牡丹培养成"举座惊赏"的名伶。

相较而言，万盏灯的扮相要逊于小牡丹花，在嗓音、身段以及悟性等方面略高于小牡丹花。她深得名师张月红的喜爱，学戏半年即登台，而且一炮打响并长期在八贴行当中占据重要地位。她的干爹较多，至少有三打。这些干爹在她成名之路上曾经发挥过积极作用。她的母亲寒碜，交际能力较弱，与小牡丹花的母亲相比实力较为悬殊，"而小牡丹花的母亲一切都比她妈漂亮，能干会说话，会拉场，会要面子，自吹自擂，于是不管内行，外行，捧角的，玩班的，当老板的，做冤大头的都在各个角度赞美亲近抬举小牡丹花"①。正因如此，万盏灯及其家人所能调动的社会资本相对而言较为有限，在利用汉剧场域中的游戏规则及采取有利策略等方面也是远远不及小牡丹花的。此外，万盏灯未能洁身自好，后又误入歧途染上毒瘾，以致被逮捕羁押。以上种种，显然对其象征资本造成了不可挽回的损害。

综上所述，汉剧坤伶的舞台表现因人而异，主要有以艺立身和以色媚俗两种。以艺立身往往注重遵循行当的艺术规范，故可长期站稳舞台。以色媚俗虽得逞于一时，但也损害了自身的象征资本，故往往不能持久。一般而言，坤伶要想成名，需要自身的"媚"、干爹或义母义父等的运作，如万盏灯有数量众多的干爹。坤伶的技艺、容貌以及身段等自身条件也是不可或缺的基础性条件。同时，汉剧场域内外的规则和资源的利用也是不容忽视的。在汉剧场域之外，与权贵官绅、媒体报人、捧角者以及流氓帮会等黑恶势力之间的关系也要处理得当，否则会带来意想不到的后果甚至是灭顶之灾。小牡丹花的母亲擅长交际，能够利用积累的社会关系资本为她保驾护航。在汉剧场域之内，与戏院老板、名伶以及坤伶之间的关系也需要精心打理，同时还需要熟悉其中游戏规则的人予以指点。小牡丹花又十分幸运地得到刘本玉的精心指导和董瑶阶的喜爱呵护，这些不仅使她在汉剧技艺的提升上有效避免了迷失方向等问题，而且获得了弥足珍贵的象征资本和社会资本。简而言之，1923—1949年，汉剧坤伶的成名，既需要技艺、容貌等较好的基本条件和主观努力，还需要充分调动汉剧场域内外的各种资本并采取行之有效的策略。

---

① 《吴天保已渐与我接近》，《汉口导报》1948年5月18日第2版。

需要指出的是，小牡丹花和万盏灯之所以能够在众多坤伶中脱颖而出，还与她们强烈而持续的学戏动机有关。所谓动机，就是引发并使人们长期坚持从事某种活动，以力图实现一定目标的内在驱动力。① 当年贫苦无依的小牡丹花，有着学习汉剧的强烈愿望。1928 年新化科班招生时，年仅 9 岁的她瞒着母亲大胆报名，即使遭到母亲的责打，依然不肯放弃。换言之，这种愿望在现实的正诱因——新化科班招生的作用下转化为动机。因此，即使是在跑龙套时，小牡丹花也静观默察主动学戏以待时机。万盏灯幼时在纱厂做童工，她学戏的愿望在遇到正诱因汉剧名师张月红时转化为动机。这种动机使得她学戏进步很快，仅仅半年就能登台演出并迅速走红。

① 姚本先：《心理学》，高等教育出版社 2005 年版，第 113 页。

第五章　汉剧坤伶与 1950 年后女艺人之比较

1949 年 5 月，武汉三镇解放。11 月，湖北全境解放。20 世纪 50—60 年代，汉剧又迎来了一个繁盛期。中国共产党和人民政府高度重视汉剧的恢复和发展，不断提高汉剧艺人思想觉悟和社会地位，设置各种专业机构进行艺术指导和业务管理，有计划、有步骤地开展了"三改"（改人、改制、改戏）工作。于是，汉剧又焕发了蓬勃的生机和活力。随着政治地位的提高和生活条件的改善，汉剧艺人们又意气风发地活跃在舞台上。在组织机构上，成立了以吴天保为会长的汉剧改进会，1950 年登记注册的汉剧艺人约 800 人，1959 年汉剧演职员工有 3000 多人；湖北省先后创建了 22 个汉剧团。在人才培养上，陆续成立的湖北省、武汉市、黄石市、沙市市四所戏剧学校汉剧科和各汉剧团的学员训练班，培养了大量的汉剧人才。同时，启动旧剧改革和现代戏创作工作，并取得了较好的成绩。在这一期间，中国共产党制定了《中国人民政治协商会议共同纲领》（1949）、《中华人民共和国婚姻法》（1950）、《中华人民共和国土地改革法》（1950）、《中华人民共和国选举法》（1953）、《中华人民共和国宪法》（1954）等一系列法律、法规等，使女性在政治、经济、文化以及社会保障等诸领域享有与男性平等的权利，女性的社会地位发生了前所未有的根本性转变，进一步唤醒了女性的主体意识。[1] 需要说明的是，考虑种种因素和可比性，这里主要是将 1923—1949 年间的汉剧坤伶与新中国成立后 50—60 年代（1950—1965）的汉剧女艺人进行比较。

第一节　主要汉剧院团的创建

1949 年解放前夕，湖北省仅有六七个行当不全的汉剧戏班，总人数

---

[1]　刘燕：《新中国成立初期妇女政策的研究》，新疆师范大学 2019 年硕士学位论文，第 33～34 页。

不过 300 余人，主要有宜昌汉剧班、美成戏院汉剧班、新长乐汉剧班、业
余剧场汉剧班、新市场汉剧班、共和舞台汉剧班等。其中，宜昌汉剧班有
刘玉楼、陈素秋等坤伶；美成戏院汉剧班有刘金屏、胡玉凤、刘金凤、童
金钟等坤伶；新长乐汉剧班有云宝艳、小玲珑等坤伶；业余剧场汉剧班有
花中侠、罗惠兰等坤伶；新市场汉剧班有周菊林、刘金娥等坤伶；共和舞
台汉剧班有七岁红、万仙侠、王燕燕等坤伶。

新中国成立后，在中国共产党和人民政府的领导、扶持下，湖北省先
后成立了 22 个剧团（院）。至 1965 年末，汉剧院团有 20 个。与新中国成
立之初相较，减少了 4 个汉剧团（罗田县汉剧团、广济县汉剧团、蒲圻
汉剧团和荆门汉剧团），新增了 2 个汉剧团（监利县汉剧团、公安县汉剧
团）。1966 年"文化大革命"时，除武汉汉剧院、黄石汉剧团未改体制，
其他汉剧团有的改为毛泽东思想宣传队，有的被迫解散（表 5-1）。

表 5-1　　　　　　湖北省汉剧院团一览表（1965 年）①

单　位	成　立　年　代	所有制	人数	备　　注
湖北省汉剧团	1951 年建团，1953 年定今名	全民	107	
武汉汉剧院	1953 年组成武汉市汉剧团，1962 年改建为武汉汉剧院	全民	296	
黄石市汉剧团	1951 年在四川组成五一汉剧团，1952 年回湖北，1956 年定今名	集体	78	
荆州专区汉剧团	1952 年建立江陵县文艺汉剧团，1953 年定今名	集体	51	
沙市市汉剧团	1951 年成立沙市市文艺汉剧团，1953 年定今名	集体	69	由鄂西大舞台戏班和沙市大戏院戏班合并而成。②1953 年江丽萍任副团长，1957 年起任团长③
监利县汉剧团	1952 年成立	集体	70	

① 《中国戏曲志》编辑委员会：《中国戏曲志·湖北卷》，文化艺术出版社 1993 年版，第
430~435 页。
② 中国人民政治协商会议湖北省荆州市委员会学习文史委员会：《荆州文史资料》（第 3
辑），荆州市政协学习文史委员会 2000 年版，第 170 页。
③ 沙市市文化局《文化志》编纂办公室：《沙市文化史料》1982 年版，第 37 页。

续表

单 位	成 立 年 代	所有制	人数	备　　注
公安县汉剧团	原为湘剧团，1954 年到公安县定点改为今名	集体	86	
沔阳县汉剧团	1953 年成立	集体	不详	与沔阳县天沔花鼓戏剧团共计 133 人
天门县汉剧团	1950 年组建群劳汉剧团，1952 年迁天门县，1956 年定今名	集体	不详	与天门县天沔花鼓戏剧团共计 131 人
黄冈专区汉剧团	1952 年组建黄冈专区汉剧队，1955 年定今名	集体	77	
浠水县汉剧团	1951 年成立人民剧团，1953 年改为今名	集体	78	
麻城县汉剧团	1955 年建立	集体	不详	与麻城县东路花鼓戏剧团共计 63 人
新洲县汉剧团	1952 年组建剧团，1958 年定今名	集体	不详	与新洲县楚剧团共计 111 人
嘉鱼县汉剧团	1952 成立	集体	47	
崇阳县汉剧团	1958 年定今名	集体	56	
通山县汉剧团	1954 年成立	集体	36	
汉川县汉剧团	1952 年成立	集体	70	
应城县汉剧团	1951 年组建应城人民剧团，1956 年定今名	集体	67	
宜昌市汉剧团	1951 年组建宜昌市和平汉剧团，1957 年定今名	集体	50	
恩施县汉剧团	1960 年成立	集体	43	

　　湖北省汉剧团。前身为 1948 年由武昌共和舞台的刘继鸣、魏学廉等 14 人组成的共和班。1950 年 3 月由湖北省文教厅接管，后改名群众汉剧组。1951 年 6 月建立湖北省汉剧工作团（国营）。1953 年 8 月正式改名为湖北省汉剧团。① 该团行当齐全，人才荟萃，不仅拥有现代戏《血债血还》以及新编古装戏《屈原》《窦娥冤》等一批有影响的剧目，而且拥有

---

① 《中国戏曲志》编辑委员会：《中国戏曲志·湖北卷》，文化艺术出版社 1993 年版，第 407 页。

刘继鸣、赵克非、万仙霞、玲牡丹、王燕燕、七岁红等一批汉剧人才。经过长期的实践与艰辛的探索，中年演员的演技日趋成熟，青年演员也先后在汉剧场域中崭露头角，在各种戏曲会演、比赛中获奖。

武汉汉剧院。创立于 1962 年元旦，为当时国家八大剧院之一。该院前身为武汉市汉剧团。1951 年 1 月，武汉市原汉剧抗敌流动宣传队第一队改为武汉市汉剧工作第一团。1953 年 6 月，由武汉市汉剧工作第一团、新生汉剧团、民众乐园汉剧队组建成武汉市汉剧团。1956 年，武汉市汉剧团建立了党支部。在党的文艺方针指导下，该剧团大力挖掘、整理、创作了大量汉剧优秀剧目。

为了团结汉剧艺人，扩大汉剧在群众中的影响，推动汉剧事业的继续发展，武汉市汉剧团于 1961 年 4 月 1 日开始在内部建院，1962 年元旦正式公开建院。建院的主要活动如下：①举行汇报公演。②举行庆祝大会。③搜集、整理汉剧艺术资料或部分经验总结，涉及重点剧目选集、部分行当表演艺术总结以及内部研究参考资料等。④广泛开展建院宣传活动。⑤更改剧场名称为"清芬剧场"，并拟请武汉市文化局批拨筹备建院活动经费 1500 元（包括宣传费 500 元，会议及招待费 1000 元）。①

武汉汉剧院的首任院长为陈伯华；副院长为吴天保、胡桂林、李罗克、吴杰等。建院期间，文化部及省、市委、中共中南局宣传部领导，以及广东、陕西等外省汉剧团代表均到会祝贺。② 国家副主席董必武为建院题诗，"尊重吴陈派，宏宣江汉声。根深入群众，生命力蕃荣"③，表达了对武汉汉剧院的殷切希望。该院艺术力量雄厚，陈伯华、吴天保等艺术家逐渐形成了自己的流派和特色并后继有人。此外，还拥有刘金凤、刘金屏、童金钟、花碧兰等一批知名女艺人。

自 1953 年剧团建成之日，武汉汉剧院就始终坚持为广大人民群众服务的宗旨，先后组建工矿、农村两个服务队，不辞辛劳深入基层送戏上门。1953 年 11 月，武汉市汉剧团参与赴朝慰问中国人民志愿军。④ 其后，武汉市汉剧团又先后参加了全国和省内各种重大演出活动，并多次到北

---

① 《关于"武汉汉剧院"建院筹备工作的方案》，武汉市档案馆编号：XX000069-WS01-0113-0036，1961 年 11 月 23 日。
② 刘小中：《湖北文史资料·汉剧史料专辑》，湖北省政协文史资料委员会 1998 年版，第 246 页。
③ 武汉地方志编纂委员会：《武汉市志·文化志》，武汉大学出版社 1998 年版，第 104 页。
④ 邓家琪等：《汉剧志》，中国戏剧出版社 1993 年版，第 24 页。

京、天津、上海、广州等地作巡回演出。①

在传统剧目方面，当时武汉市汉剧团掌握的剧本有 400 多种，经常上演的有 100 种左右（1960 年的统计数据为 107 出）；剧目资料总计有 668 种，宋代最多，达 121 出，其次为三国（83 出）和汉代（82 出），元代最少，仅有 3 出。这些剧目，多取自一般历史故事。②

在现代剧剧目方面，剧院大力开展现代剧创作，对群众进行社会主义、共产主义思想教育起到了一定的积极作用。1958—1960 年，创作大型现代剧 72 个，上演了 30 个，此后还创作了大批中小型现代剧。不过，在创作和表演上大多较为粗糙。其原因在于没有深入生活，对生活中的各种现象缺乏认真细致的调查、研究和观察，思想水平、政策水平以及理论水平都有待提高。因此，有必要让一些较年轻的演员尽量多从事一些现代剧的演出、研究工作，一些名老艺人（因文化程度低不能进行剧本创作等）则将主要精力放在提高传统剧目、历史剧目的表演水平上来。③

现以沙市市汉剧团为例，说明当时传统剧、新编历史剧以及现代剧演出的大致情况：1951 开始演出现代戏《王贵与李香香》，1953 年演出第一个新编历史剧《洞庭英雄》，1960 年演出创作剧目《方烈英》。在此期间，配合抗美援朝、民主改革、"三反"、"五反"、"土改"、"反右"等运动以及新婚姻法宣传演出了大量的现代戏。1964 年掀起了演出现代戏的高潮。自 1951 年至 1964 年，沙市市汉剧团在现代戏演出方面取得了不俗的成绩，共计演出现代戏 180 出，上座率达到 80%（表5-2）。④

表 5-2　　　沙市市汉剧团演出情况一览表（1951—1964 年）⑤

时间	剧　　目	备　　注
1951	《薛丁山征西》《孟丽君》《红娘子》《王贵与李香香》	演出 380 多场，观众达 20 多万人次

---

① 刘小中：《湖北文史资料·汉剧史料专辑》，湖北省政协文史资料委员会 1998 年版，第 246 页。

② 《汉剧团传统剧目工作调查》，武汉市档案馆编号：XX000069-WS01-0726-0004，1961 年 4 月 13 日。

③ 《汉剧团现代剧剧目工作情况》，武汉市档案馆编号：XX000069-WS01-0726-0005，1961 年 4 月 18 日。

④ 沙市市文化局《文化志》编纂办公室：《沙市文化史料》1982 年版，第 53 页。

⑤ 沙市市文化局《文化志》编纂办公室：《沙市文化史料》1982 年版，第 52~53 页。

续表

时间	剧　　目	备　　注
1952	《血债血还》《模范夫妻》《千年冰河解了冻》《小女婿》《月亮湾》《青年先锋李光珍》	
1953	《洞庭英雄》	
1955	《春香传》《屈原》	
1957	《封神榜》《狸猫换太子》	
1959	《朵朵红云飞向东》《秋瑾》等	
1960	《方烈英》	创作剧目
1963	《金山战鼓》《青浦之战》《卧薪尝胆》《洪湖赤卫队》《海上渔歌》《画皮》等	
1964	《红岩》《一家人》《南方来信》《霓虹灯下的哨兵》《双教子》《拦花轿》《送肥记》	其中《红岩》演出 100 多场，观众达 10 万人次

在这一时期，除正式院团外，业余汉剧社也再度兴起。成立于 1929 年的楚风票社，在 1949 年后重新登记备案，改名为"武汉怡怡业余汉剧社"。"由扬铎任社长，张沐阶、刘汉臣任副社长。1955 年登记在册人数有 55 人，在武汉市江汉俱乐部正式售票对外演出。其中，女艺人高素珍以饰演陈派《宇宙锋》《丛台别》中的赵艳蓉和陈杏元而著名。"①

第二节　汉剧女艺人的培养及其代表

关于汉剧艺人的培养，1951 年 4 月，梅兰芳第五次来到汉口，吴天保向他介绍道，第一个途径是"科班"，其中包括私家延师创办的科班，如黄家班、胡家班等；第二个途径是"玩菊"，即"票友下海"，如余洪元等；第三个途径是"私房徒弟"，由个人收徒授艺；第四个途径是"龙变"，汉剧的龙套大半是由本界的子弟或者他们的亲戚充当。他们跑龙套的时间长了，观摩各种角色的演出久了，也就慢慢变成汉剧演员了。② 总体而言，汉剧艺人的主要来源是"科班"，其次是"私房徒弟"与"票

---

① 杨德萱：《汉剧图文志》，湖北美术出版社 2019 年版，第 114 页。
② 梅兰芳述，许姬传、许源来、朱家溍记：《舞台生活 40 年：梅兰芳回忆录（下）》，第 390~391 页。

友"，"龙变"这种来源相对较少。

新中国成立后，湖北汉剧艺人的来源与其他剧种一样，即由艺术学校专科培养（表5-3）。此前的"私房徒弟""玩菊"以及"龙变"等已不复存在。

表5-3　　　　培养汉剧女艺人的学校与训练班①

名称	创办时间	专业教师	演出剧目	备注
武汉市戏曲学校	1953	李长芬、黄爱楼、刘金凤、刘金屏、夏中侠（新化仙）、陈文良、张天笑、李惠卿、杨小楼	《宇宙锋》《重台别》《四郎探母》《窦娥冤》《辕门斩子》《哭祖庙》《凤仪亭》《屏翠山》《兴汉图》《打花鼓》《二进宫》《演火棍》《奇袭奶头山》	1959年更名为武汉市艺术学校
湖北省戏曲学校	1958	魏平原、吴楚臣、徐继声，刘顺娥、冯小红、高海山、陈剑侠、万盏灯、徐正奎	《贵妃醉酒》《宇宙锋》《取成都》《打花鼓》《辕门斩子》《荣阳城》《甘露寺》《断桥》《江姐》《黛诺》《沙家浜》	
沙市戏曲学校	1958	孙月樵、沈天全、何芙蓉	《打花鼓》《辕门斩子》《打渔杀家》《秋江》《打金枝》	学制五年，1958年汉剧科招收学员37名，1960年15名。传授汉剧传统戏66出，现代戏4出
黄石市戏曲学校	1959	刘少华、钟寿、李长仙、杨秉卿（杨小红）、杨惠兰、樊笑天、曹汉刚、邱芝林、周迎春（凤凰旦）、宋寿山	《辕门斩子》《宇宙锋》《白水滩》《双玉蝉》《刀劈三关》《讨州战荡》《打花鼓》《兴汉图》《木匠招亲》《窦娥冤》《李双双》	汉剧科招收学员35名

---

① 参考邓家琪等的《汉剧志》（中国戏剧出版社1993年版）第194~195页相关内容绘制。

续表

名称	创办时间	专业教师	演出剧目	备注
湖北省汉剧团训练班	1956	钱华、玲牡丹、魏平原、杨秉卿、金克奇、杨伯龙、胡长连、魏超、冯少南、祝玉成	《广平府》《夜梦冠带》《沙家浜》《红灯记》《奇袭白虎团》《战海浪》《东海小哨兵》《红色娘子军》	共办 6 期，前四期（1956 年、1957 年、1959 年、1960 年）相继招收学员 60 余名；第 5 期（1970），培训学员 58 名；第 6 期（1977），培训学员 26 名①
沙市文艺汉剧团训练班	1951	王长顺、熊春山、孙月樵、沈天全、刘长文、费奎英（艳秋）、陈可韵、尹金鹏、胡少廷、黄宝飞、何芙蓉、汪汉卿、彭志奎	《二进宫》《三哭殿》《三娘教子》《打金枝》《打渔杀家》《闹金阶》《射花荣》《荆襄巴州》《向秀丽》《方烈英》《女工》《洪湖赤卫队》《杜鹃山》	1951 年招收学员 23 名，俱以"文"字取名。1953 年改为民营公助性质，定名为沙市汉剧团

　　武汉市戏曲学校，1953 年 7 月 1 日成立，9 月 15 日正式开学。设有汉剧、楚剧两科，吴天保任校长。1956 年，增设两科音乐班。同时，将两科表演专业学制改定为七年，音乐专业学制定为四年（初中毕业插班生）。全校学生 139 人。1958 年，学校实行勤工俭学，争取经费自给，两科学生分别成立武汉市戏曲学校实验汉剧团和楚剧团，在武汉、大冶、黄石以及九江等地巡回演出，深受观众欢迎。同年，陈伯华带领部分汉剧科学生向毛泽东主席汇报演出《状元媒》。1959 年 6 月，两科学生提前毕业，分配到武汉市汉、楚两个剧团（院）工作。

　　当时的教学安排如下：前三学年以基本功训练和学习本剧种的基本唱腔为主。第四、五学年，在巩固原有学习的基础上，有重点排演短小精悍的文戏和武戏。第六、七学年以实习演出为主。音乐专业：前两年着重基本训练，配合剧种曲牌，加强学生腕力、指法的练习，并学好基本乐理。后两年，在原有基础上巩固提高，配合本科排演剧目，着重对学生戏曲伴

---

①　《中国戏曲志》编辑委员会：《中国戏曲志·湖北卷》，中国 ISBN 中心 2000 年版，第 390页。

奏能力的训练。

在教学中，该校不断进行教学改革，贯彻了系统的课堂教学与舞台实践相结合的教学原则。在政治方面，学生学习了政治理论的一些基本课程，参加了各项政治运动，都具有一定的社会主义与共产主义的政治觉悟和新的道德品质；在文化方面，他们学习了初中的基本课程和高中的文、史课程，并学习了戏曲常识、中国戏剧史、编导常识以及党的文艺方针政策等相关课程。汉剧科学生学习和排演了《宇宙锋》《辕门斩子》《打鼓骂曹》《哭祖庙》《打渔杀家》《状元媒》《翠屏山》等近 200 出传统戏和《红色的种子》《智取威虎山》等 13 出现代戏。

表 5-4　　　　武汉市戏曲学校概况（1953—1959）①

年份类别	实际毕业人数	入校一年级新生数	在校学生数	专业教师	职员	工勤人员	兼任教师
1953		117	117	18	8	6	
1954			115	18	5	5	6
1955			111	23	9	6	
1956	23		139	24	12	7	18
1957			141	30	13	5	
1958			130	27	10	5	
1959	127						

1959 年 4 月 21 日，武汉市戏曲学校改名为"武汉市艺术学校"。6 月 1 日，汉剧科首届学生 62 人毕业，占全校毕业生总数（127 人）的 48.82%，分配在武汉市汉剧团工作。9 月 15 日，武汉市艺术学校正式开学，设有京剧、汉剧、楚剧三科，每科均设有表演和音乐两个专业，共招收 220 名学生。此后又开设了一个 13 名学生的舞美班。② 1960 年 6 月，学校参加湖北省第四届戏曲（教学）会演，被评为湖北省戏曲教学红旗单

---

① 湖北省高等教育厅：《湖北省高等中等专业教育统计资料汇编》，内部资料，1964 年，第 230 页。

② 武汉市文化局史志办公室：《武汉文化史料》（第 5 辑），内部发行，1985 年，第 39~41 页。

位。① 1961年12月撤销建制。1979年恢复建制，设京剧、汉剧、楚剧三科和舞美班，学生214人。

据女艺人袁忠玉回忆，当年，招考老师一般让考生唱《东方红》等歌曲考察嗓音。汉剧科师资力量最为雄厚，除上表中列出的专业教师外，武汉汉剧院主要演员兼任学校教师的有陈伯华、吴天保、李四立、周天栋、胡桂林、李罗克等。当时"天"字科班的肖天飞，"春"字科班的王春翠，"长"字科班的李长芬、周长砚，"桂"字科班金桂琴、程桂丛、夏桂斌等是各行当的主教老师。袁忠玉多方拜师，先后师从刘金凤、刘金屏、罗惠兰、花碧兰、万盏灯、玲牡丹、胡春艳等。学生进校后，实行全包干制，不仅不用交学费，而且餐饮免费，牙膏牙刷等日用品也都是由学校发放的，这就减轻了学生们的经济压力。

此外，当时武汉市汉剧团训练班招生也极为火爆。1957年，原招生名额仅有20名，但报名者高达410名。无奈之下，只好申请增加名额。"……考试结果，认为合乎演员条件者较多，根据具体情况，我们想多收8名，并经口头请示巴局长同意。增添8名，连前批准共28名。特呈请批准是幸。附：训练班学生名额分配表。演员组：生外末角7名，二净花脸2名，小生武生3名，青衣花旦8名，合20名。音乐组：文场面4名，武场面4名，合8名。"② 先后创办的五七届、五九届训练班中，女学员主要有四旦何自馨、李金凤、宁湘珍、胡和颜、吴绍毓，八贴熊美英、王光兰、袁忠玉、王秋萍、喻启凤，九夫刘引珍。1956年成立的湖北省汉剧团训练班成立，共办了6期，培养了徐倩玲、张荣君、张波、姚冬梅等后起之秀，她们嗓音圆润、表演细腻，深受观众的好评。③

湖北省戏曲学校，是在"汉剧青年演员进修班"的基础上创建的。1958年9月23日在武昌阅马场举行开学典礼，设立京剧、汉剧和楚剧三科。汉剧科学制6年，教师有魏平原、吴楚臣、徐继声、刘顺娥以及万盏灯等。因师资不足，邀请一些汉剧剧团优秀演员临时任教，如华云飞、曾天福等。1958—1960年，汉剧科招收学生共计67名。来自湖北省各地区

① 《中国戏曲志》编辑委员会：《中国戏曲志·湖北卷》，文化艺术出版社1993年版，第388页。

② 《为汉剧团训练班招生名额增添呈请核准电》，武汉市档案馆编号：XX000069-WS01-0355-0006，1957年5月17日。

③ 湖北省地方志编纂委员会：《湖北省志·文艺（上）》，湖北人民出版社1997年版，第215页。

的学生有 56 名，其中武汉地区 21 名，占 31.34%，湖北其他地区 35 名（黄冈、孝感、荆州、沙市、汉川等地），占 52.24%；省外学生 11 名（浙江、黑龙江、北京、四川等地），占 16.42%。在这些学生中，初中文化程度 5 人，所占比例为 7.46%；其他皆为小学文化程度，所占比例为 92.54%。1963 年，三科在校学生共计 231 名。[①] 汉剧科的学生除学习文化课（包括政治、语文、历史、生物、自然、数学、地理等）、基本乐科课（乐理、视唱、练耳）外，演员班学生还有身训课、学戏课（包含剧本分析课和表演艺术课）。学戏课的内容为汉剧十大行当相关剧目 141 出，其中传统戏 119 出占 84.4%，现代戏 22 出占 15.6%，体现了以传统戏为主，以新编历史剧及现代戏为辅的的方针。[②]

由表 5-5 可知，湖北省戏曲学校汉剧科学生入学年龄基本控制在 11 岁至 16 岁之间，60 级学生入学年龄普遍低于 58 级、59 级。可见，学校对学生的年龄作了更为严格的限制，不再招收 15 周岁及以上的学生。

表 5-5　　　湖北省戏曲学校汉剧科女学生名单（1958—1960）[③]

姓名	出生日期	籍贯	入学日期	备注
刘敏	1944.02.19	湖北	1958.9.10	58 级共 23 人，女生占 5 人，占比 21.74%。
闵洁	1942.12.30	南昌	1958.9.10	
陈枚英	1942.12.17	黄陂	1958.9.10	
李德珍	1942.01.13	汉阳	1958.9.14	
罗桂贞	1946.08.17	长沙	1958.9.17	
胡三香	1948	湖北	1959.02	59 级共 28 人，女生占 5 人，占比 17.86%。
程彩萍	1944.10.28	孝感	1959.03	
胡翠英	1945.6.22	无	1959.3.18	
祝秋艳	1947.08.21	黄陂	1959.03.28	
陶珍珍	1946.12.19	黄冈	1959.09.02	

① 湖北省高等教育厅：《湖北省高等中等专业教育统计资料汇编》，内部资料，1964 年，第 230 页。

② 余本琪：《20 世纪五六十年代湖北省戏曲学校汉剧教学研究》，武汉音乐学院 2019 年硕士学位论文，第 41 页。

③ 余本琪：《20 世纪五六十年代湖北省戏曲学校汉剧教学研究》，武汉音乐学院 2019 年硕士学位论文，第 92~93 页。

续表

姓名	出生日期	籍贯	入学日期	备注
林蓉	1947.03.24	四川	1960.07.07	
黄佩玲	1947.10.06	四川	1960.07.07	
黄晓芬	1946.03.09	黄陂	1960.07.14	
洪福娣	1948.04.03	浙江	1960.07.14	60 级共 16 人，女生 10 人，占比 62.50%。
万佑恒	1947.04.08	武汉	1960.07.14	
何玉珊	1948.09.17	武昌	1960.07.16	
王章秀	1947.01.31	汉阳	1960.07.17	
谢子芳	1949.02.23	河南	1960.07.17	
姚永✕	1946.10.29	武汉	1960.07.21	
李凤美	不详	江苏	1960.07.21	

　　新中国成立后，早已息演的女艺人如陈伯华、陈素秋、张美英等重返汉剧舞台，万盏灯、刘玉楼等则一如既往地活跃在舞台上。1950 年 12 月 10 日，为了给抗美援朝运动捐献物资，陈伯华重返汉剧舞台并演出了《玉堂春》。此后，她多次参加各种层次会演：携《宇宙锋》先后参加中南区第一届戏曲观摩会演和全国第一届戏曲观摩会演，荣获表演一等奖（1952）；携《秦香莲》参加武汉市第三届戏曲观摩会演，荣获演员一等奖（1955）；携《柜中缘》参加湖北省第一届戏曲观摩会演，荣获湖北省人民委员会奖状（1956）；携现代戏《太阳出山》参加中南区戏剧（现代戏）观摩会演（1965）。1959 年，中华人民共和国成立 10 周年，在北京长安戏院献演《穆桂英智破天门阵》《二度梅》。同时，还多次参加巡回演出：参加中南局剧团在北京、天津等地的巡回演出（1952—1953）；率团赴上海、南京、济南、天津、北京等地巡回演出（1957）；率团至广州和长沙公演（1962）。此外，还参加了一些义演和慰问演出，如参加了武汉为抗美援朝举行的义演（1951）；率团赴朝演出慰问志愿军，荣获一等功（1953）；率团在武汉慰问抗洪抢险战士，被授予"抗洪一等功臣"称号（1954）；赴福建前线慰问解放军（1959）。在政治上，受到党和国家领导人的尊重与关怀。自 20 世纪 50 年代至"文化大革命"前，毛泽东主席先后 17 次接见了陈伯华，鼓励她再接再厉。[1] 1958 年，毛泽东主席

---

① 陈伯华、黄靖：《陈伯华回忆录（十八）》，《武汉文史资料》2011 年第 8 辑，第 13 页。

在武昌先后观看了陈伯华主演的《二度梅》《贵妃醉酒》《状元媒》等。1958 年，陈伯华当选为全国人民代表大会代表。1960 年，陈伯华与袁雪芬、常香玉、红线女受邀到周恩来总理家中做客。周总理指示陈伯华创建武汉汉剧院。1962 年 1 月 1 日，武汉汉剧院建院，国家副主席董必武题诗祝贺，①陈伯华出任武汉汉剧院第一届院长。在对外交流上，1954 年，作为中苏友好协会访苏代表团团员，她赴苏联参加了五一节观礼活动以及苏联人民庆祝俄罗斯与乌克兰合并三百周年纪念大会，即兴清唱《断桥》，获得"中国式的花腔女高音"之美誉。她还深入基层体验生活，如1964 年在湖北应城肖畈喻家大队生活了 100 天。

　　陈伯华对汉剧艺术的精益求精向来为人所称道。在上台表演之前，她一般会提前四个小时左右进入剧场后台，开始心无旁骛地温习唱腔、道白和精心化妆等，经年累月从不懈怠。同时，她大胆地进行汉剧艺术革新，活用程式，实现了唱与做、旦与贴的有机结合，对人物形象、剧种风格的锤炼臻于炉火纯青的地步，从而创立独具特色的"陈派"艺术。1952 年，陈伯华在崔嵬等新文艺工作者的支持下，对《宇宙锋》进行了全方位的创新，使"《宇宙锋》成了汉剧史上的经典、汉剧改革乃至新中国戏曲改革的标志性成果"②。"五十年代后期至六十年代前期，是陈伯华艺术创作的井喷时期，她身体条件和嗓音条件都处在最佳状态"③，迎来了艺术生涯的巅峰时期，先后整理演出了《二度梅》《柜中缘》《穆桂英智破天门阵》《三请樊梨花》《状元媒》等一大批传统剧目。④后又参演了《太阳出山》《山乡风云》《借牛》等现代戏。与此同时，她精心培养了一大批汉剧艺术的传承者，如雷金玉、胡和颜、陈新云、邱玲、李青、蔡燕、卢玉华、王荔等。⑤

　　万仙霞，出身于名伶世家，1951 年进入湖北省汉剧团。1953 年，在共和舞台上演新编历史剧《黄巢起义》，她反串黄巢颇受好评。1956 年，加入中国共产党，并开始担任湖北省汉剧团训练班主任。她无门户之见，对学员一视同仁，因材施教，为培养汉剧人才做出了较大的贡献。1957

①　武汉地方志编纂委员会：《武汉市志·文化志》，武汉大学出版社 1998 年版，第 104 页。
②　李松、冯紫璇：《1950 年代陈伯华与汉剧〈宇宙锋〉的艺术革新》，《湖北社会科学》2021 年第 2 期，第 106 页。
③　孟保安：《汉剧大师陈伯华评传》，武汉出版社 2012 年版，第 227 页。
④　邓家琪、刘庆林：《汉剧牡丹陈伯华》，中国戏剧出版社 1985 年版，第 199 页。
⑤　马素芬：《汉剧艺术大师陈伯华研究》，湖北大学 2013 年硕士学位论文，第 34 页。

年被评为全国"三八"红旗手。1959 年，她赴福建前线进行慰问演出。①
同年，被评为红旗教师，并出席了全国文教群英会。② 在表演艺术上，她
朴实自然，深沉稳重，善于表现人物的内心世界，同时"大胆突破汉剧
原有艺术程式，设计许多新唱腔并取得了较好的艺术效果"③。

万盏灯，1952 年后进入嘉鱼县汉剧团。后被同团演员吴天良刺伤，
在县里有关领导、省文化局领导的关怀下得到了及时的救治。在 1956 年
的湖北省第一届戏曲观摩演出中，万盏灯饰演《翠屏山》中的潘巧云，
荣获一等奖。1958 年，调到湖北省汉剧团从事教学工作。1961 年，在汉
口清芬剧场举行汉剧名老艺人展艺演出，与李罗克合演《活捉三郎》，受
到观众的高度赞扬。④

刘玉楼，曾与黄大毛、黄小毛等一起活跃在汉剧舞台上的坤伶名角，
抗战胜利后，在宜昌民乐剧院与徐万春、况且组成"复兴汉剧社"。1949
年 7 月，宜昌获得了解放，危机四伏的汉剧在宜昌人民政府的帮助和扶持
下，又焕发了勃勃生机。"李东波副市长，还派人给我们送来了新编历史
剧《豆汁记》《东平府》《九件衣》等剧本。1950 年市文联建立后，又派
干部来帮助我们排演新戏，进行戏剧改革，使我们的演出能够跟上时
代。"⑤ 汉剧社的演员们也结束了四处漂泊的生活，逐渐稳定了下来。
1951 年，"复兴汉剧社"正式定名为"宜昌市和平汉剧团"（1957 年改为
宜昌市汉剧团），刘玉楼担任行政第一副团长。她除了在传统和现代汉剧
中扮演各种角色外，还"积极参加唱腔设计与导排等业务工作"⑥。在
1956 年的湖北省第一届戏曲观摩演出中，刘玉楼饰演《文公走雪》中的
韩愈，获得二等奖。1958 年，宜昌市汉剧团成立党支部。在党的"双百"
方针指引下，宜昌市汉剧团不断发展壮大，为党的文艺事业做出了一定的
贡献。

七龄童，1953 年加入嘉鱼县汉剧团。她性格刚直，为人严谨，生活
俭朴，嗓音洪亮，行腔婉转，唱念清晰，表演细腻，造诣深厚。1954 年，

①　政协咸宁市文史资料委员会：《咸宁文史资料》（第 14 辑），政协咸宁市文史资料委员
　　会 1998 年版，第 335 页。
②　邓家琪等：《汉剧志》，中国戏剧出版社 1993 年版，第 258 页。
③　政协咸宁市文史资料委员会：《咸宁文史资料》（第 14 辑），政协咸宁市文史资料委员
　　会 1998 年版，第 335 页。
④　武汉市政协文史资料研究委员会：《武汉文史资料》1989 年第 1 辑，第 108~109 页。
⑤　中国人民政治协商会议宜昌市文史资料研究委员会：《宜昌市文史资料》（第 2 辑）
　　1984 年第 4 期，第 109 页。
⑥　陶然：《汉剧坤伶刘玉楼》，《武汉文史资料》2003 年第 2 辑，第 52 页。

湖北省文化局向全省汉剧界推荐她主演的《清河桥》。① 在 1956 年的湖北省第一届戏曲观摩会演中，她饰演《翠屏山》中的杨雄，获得一等奖。1959 年，成为中国戏剧家协会会员。

童金钟，先唱三生，后工九夫。新中国成立后，她正式转行九夫。首演现代戏《千年冰河解了冻》，大获成功。此后，她不断钻研九夫演唱艺术，在《三关排宴》《四郎探母》《二度梅》《宇宙锋》《借牛》《沙家浜》等剧目中充当主演或配角，成为九夫行当的翘楚。她嗓音宽厚敦实，行腔流畅，韵味浓郁。她不仅将刚健有力的生行唱腔与柔美宽厚的老旦行当唱腔有机结合起来，而且能够调动多种表演手段准确传神地刻画人物，对拓宽传统九夫戏路以及革新其唱法均做出了贡献。1950 年代后，童金钟与陈伯华长期合作，成功地塑造了《宇宙锋》中的哑乳娘、《四郎探母》中的佘太君、现代戏《红灯记》中的李奶奶等一系列艺术形象。她们台上珠联璧合，台下情同姐妹。1952 年，她饰演《宇宙锋》中的哑乳娘，在全国第一届戏曲观摩会演中获得二等奖。"1964 年，她饰演《借牛》中的刘大妈，获得中南五省现代戏会演表演奖。其演唱的《钓金龟》《四郎探母》《三关排宴》唱段曾灌制唱片发行。"②

为了汉剧艺术的传承与发展，陈伯华、刘金凤、刘金屏等老艺人对青年演员"一帮一"倾囊相授，取得了显著的成效，雷金玉、陈新云、李金凤、胡和颜、袁忠玉等女艺人迅速成长起来。在实习的时候，这些老师与学生们同台演出。袁忠玉等表示，同台演出对提高艺术水平的作用非常大，有时老师的一个眼神就可以将学生带动起来。③ 1958 年，陈伯华在黄石演出期间，不仅将陶汉笙、刘汉婵收为徒弟，而且在极为繁忙的情况下，对登门求教的王汉琼精心指导，毫无保留地为她传授《柜中缘》表演技艺。④ 此外，"她常到黄石艺校汉剧科，给孩子们教戏，看孩子们演出，关心下一代成长"⑤。

这些老师们不仅在汉剧艺术上对年轻学生精心指导悉心传授，而且真诚地关心她们的成长及其生活。如陶菊蓉家境贫寒，她的老师刘金凤就每月拿出 5~10 元塞到她的枕头下。她就靠这些钱购买一些生活用品。年轻

① 邓家琪等：《汉剧志》，中国戏剧出版社 1993 年版，第 258 页。
② 《中国戏曲音乐集成》全国编辑委员会：《中国戏曲音乐集成·湖北卷》，中国 ISBN 中心 1998 年版，第 1699 页。
③ 杨德萱：《汉剧图文志》，湖北美术出版社 2019 年版，第 104 页。
④ 黄石市文化局办公室文艺志办公室：《黄石文化史料（一）》，内部资料，1987 年，第 186 页。
⑤ 范国强等：《悠悠黄石港》（第 5 辑），政协黄石港区委员会 2011 年版，第 122 页。

的女艺人学习勤奋刻苦，踊跃争先不甘人后。

陶汉笙（1935—　），原名况仲兰，四川涪陵人，幼年父母双亡。12 岁登台演出。1950 年师从重庆"五一"汉剧团艺人黄兰田习八贴，1952 年出科成为正式演员。1952 年，该团落户黄石，之后改称"黄石市汉剧团"。她是主要演员之一。在 1956 年的湖北省第一届戏曲观摩演出中，她饰演《刀劈三关》中的公主，获得三等奖。1958 年，拜陈伯华为师。陈伯华还特地将她安排在武汉汉剧院实习一段时间，一边学戏一边演出。① "她的成名剧目《穆桂英智破天门阵》就是陈伯华一字一句亲口传授的。"②。虽然亲炙于名师，但她敢于推陈出新，主演了许多传统戏和现代戏，如《樊梨花》《白蛇传》《穆桂英智破天门阵》《蝶恋花》《园丁之歌》等。③

雷金玉（1937—　），湖北孝感人，自幼随父雷顺兰在戏班里长大。父母相继离世。6 岁时，随夏国斌学旦角、贴角，同年登台并在《玉堂春》中饰演苏三，被誉为"六岁红"。先习武旦，后改工青衣。1946 年，随汉剧宣传第一队离开四川返回武汉。1953 年加入武汉市汉剧团，师从汉剧表演艺术大师陈伯华。她嗓音秀美圆润，文武兼备，善用小花腔，深得其师的教益和赏识，是汉剧"陈派"艺术的第一代传人。1955 年饰演《打金枝》中的升平公主，获得武汉市第三届戏曲观摩会演二等奖；1956 年饰演《雷神洞》中的京娘，在湖北省第一届戏曲观摩演出中获得二等奖；1960 年在湖北省青年戏曲演员观摩会演中获得一等奖；1964 年在湖北省戏曲青年观摩会演中获得一等奖。除《雷神洞》外，她擅长的剧目还有《打金枝》《穆桂英智破天门阵》《状元媒》《二度梅》等。

陈新云（1938—　），湖北鄂州人，1953 年考入武汉市戏曲学校汉剧科，师从王立君习青衣，师从周长砚工八贴。1956 年，以《昭君出塞》崭露头角。1959 年，拜师陈伯华，深入地学习了"陈派"唱腔的发声、吐字以及行腔等技巧并得其精髓。后又从河北梆子、京剧以及现代歌曲等艺术形式中吸取营养。同时，她注重对汉剧唱腔进行革新使其具有时代感。她扮相端庄，演唱华美流畅，刻画人物传神真切，善用特有的装饰音来润腔，被"时任中南局领导的王任重称为文艺战线的

---

①　黄石市文化局文艺志办公室：《黄石文化史料（一）》，内部资料，1987 年，第 186 页。

②　徐兴燕等：《今日黄石——黄石市对外传播作品选编》，内部资料，1999 年，第 232 页。

③　汪道胜、陶慧芬：《黄石文化名人》，中国广播电视出版社 2005 年版，第 256 页。

'五朵金花'之一"①，代表剧目有《断桥》《二度梅》《红灯记》以及《沙家浜》等。

徐倩玲（1941—　），湖北武汉人，1956年进入湖北省汉剧团训练班。她学艺刻苦，悟性较高，深受教师钱华的青睐。她嗓音甜美，行腔委婉，吐字清晰，擅长刻画人物。1959年，她主演的《窦娥冤》在湖北省第三届戏曲观摩会演中受到好评，②成为中华人民共和国成立十周年的献礼剧目。1960年，参加了湖北省第四届戏曲教学会演展览演出。此外，"她还主演过《红嫂》《沙家浜》《龙江颂》等现代戏。其演唱的《窦娥冤》《红嫂》主要唱段已灌制成唱片发行"。③

程彩萍（1944—　），湖北孝感人，1959年考入湖北省戏曲学校汉剧科，习四旦，兼习八贴，师从汉剧青衣泰斗刘顺娥。毕业后，又拜在陈伯华、万仙霞名下。她嗓音甜美圆润，吐字清晰，讲究喷口。她刻苦钻研，吸收了刘顺娥声腔的婉转有度、陈伯华的雍容华丽以及万仙霞的朴实深沉。④她主演的《贵妃醉酒》，"在1960年获湖北省全省教学会演教学奖；其所演唱之《黛诺》选段，曾由中国唱片社灌制成唱片发行"⑤。她擅长的传统剧目有《贵妃醉酒》《宇宙锋》《祭江》《丛台别》等，主演的现代戏剧目有《李双双》《江姐》《黛诺》《山乡风云》《洪湖赤卫队》等。

袁忠玉（1946—　），师承刘金凤，后转入武汉市戏曲学校，师从夏中侠、李桂英、周长砚、杨伯林、刘金凤等，并转拜前辈名家玲牡丹、万盏灯等。她的表演以做功见长，善于揣摩角色，追求性格化和生活化，演唱时吐字真切，行腔流畅，巧于以情制腔。代表剧目有《坐楼杀惜》《杀州官》等。她擅长在表演中把握人物性格、心理活动等，运用戏曲的程式将人物刻画得细致入微又恰如其分，塑造了一系列性格鲜明的妇女形象，擅长泼辣旦以及舞蹈技巧较多的人物。

胡和颜（1947—　），湖北黄陂人，第八届"中国戏剧梅花奖"获得者。师从夏中侠学习花旦兼青衣，后师从陈伯华。1957年，进入武汉市汉剧团训练班学习。1958年，考入武汉市戏曲学校。这一届女生

---

① 熊润生：《汉剧大师陈伯华璀璨五代人》，《中国演员》2015年第1期，第31页。
② 扬铎：《汉剧在武汉六十年》，中国档案出版社2001年版，第125页。
③ 《中国戏曲音乐集成》编辑委员会：《中国戏曲音乐集成·湖北卷》，中国ISBN中心1998年版，第1727页。
④ 吴崇恕：《孝感文化研究》，社会科学文献出版社1999年版，第280页。
⑤ 《中国戏曲音乐集成》编辑委员会：《中国戏曲音乐集成·湖北卷》，中国ISBN中心1998年版，第1729页。

仅有 5 名。1963 年 3 月在武汉汉剧院参加工作。毕业后，很快崭露头角。她主演的《宇宙锋》《秦香莲》等深受观众的赞许。她不断拓宽戏路，不但能演好传统戏，而且能利用传统表演程式为塑造现代人物服务，成功地扮演了《春江渡》《江姐》《骄杨》《红色娘子军》等现代戏中的重要角色。胡和颜还学习民族唱法，并将它用到现代戏的演出之中。为了迎合时代的需要，1962 年全国都在演革命现代戏，戏剧单位组织编写剧本、排演并做宣传。① 她的代表性剧目有《闯王旗》《二度梅》《状元媒》等。

陶菊蓉（1947—　　），湖北新洲人，1960 年考入武汉市戏曲学校汉剧科，工习八贴，师从刘金凤、刘金屏、夏中侠等。"在我当学生的时候，刘老师（注：刘金凤）在学习和生活上给了我很大的帮助。师傅的妹妹刘金屏老师是唱青衣的，我后来很多戏基本上是跟她在学。"② 1963 年，她开始演出现代戏，如《三世仇》《南方烈火》《江姐》《红色少年》《南海长城》等。1966 年毕业，分配到武汉汉剧院工作，先后演出《红灯记》《智取威虎山》《红色娘子军》等剧目。

王秋萍（1947—　　），湖北汉川人，1958 年考入武汉市汉剧团训练班，工习八贴。当时仅有的 6 个女学员都跟着夏中侠学习，一年后分为青衣、花旦两组，王秋萍被分到花旦组。1959 年转入武汉市艺术学校汉剧科。她善于揣摩角色，追求性格化和生活化。唱腔吐字真切，行腔流畅。她在学习花旦表演技艺的同时，也常常涉足青衣行当。因此，戏曲学校的老师为她排练了如《抢伞》等的青衣戏。从学校毕业后进入武汉汉剧院，她成为陈伯华的正式弟子，并得到后者悉心传授。即使是《红灯记》《审椅子》等现代戏，陈伯华也一一加以指点，从而形成了她在汉剧舞台上亦"旦"亦"贴"的艺术形象。其代表剧目有《写状三拉》《柜中缘》等。

1956 年，为了丰富上演剧目、提高演出质量以及促进戏曲事业的繁荣与发展，湖北省决定举行第一届戏曲观摩演出大会。在这次演出大会上，33 名女艺人获得表演奖，在汉剧获奖总人数（91 人）中所占比重为36.26%，其中武汉市代表团 9 人，省直 5 人，黄冈 6 人，孝感 5 人，荆州 5 人，宜昌 3 人。此外，武汉市代表团的陈伯华还获得了湖北省人民委员会奖状（表 5-6）。

表 5-6 　　湖北省第一届戏曲观摩演出大会汉剧女演员获奖名单①

（1956 年）

等级	姓名	单位	剧目	剧中角色	备注
一等奖	七龄童	孝感专区代表团	翠屏山	杨雄	各发给奖章和人民币 60 元
	万仙侠	省直代表团	丛台别	陈杏元	
	万盏灯	孝感专区代表团	翠屏山	潘巧云	
	陈伯华	武汉市代表团	四郎探母	铁镜公主	
	陈素秋	宜昌专区代表团	闹金阶	瑞莲	
二等奖	王汉琼	黄冈专区代表团	赶春桃	大娘	各发给奖章和人民币 40 元
	王燕燕	省直代表团	屈原	婵娟	
	王剑培	荆州专区代表团	越椒逼印	苏贾	
	刘玉楼	宜昌专区代表团	文公走雪	韩愈	
	刘金屏	武汉市代表团	大合银牌	春桃	
	刘金凤	武汉市代表团	大合银牌	大娘	
	花碧兰	武汉市代表团	断桥会	青儿	
	吴惠英	黄冈专区代表团	刀劈三关	雷振海	
	玲牡丹	省直代表团	屈原	南后	
	周惠艳	孝感专区代表团	赶妻	王氏	
	陈雏凤	孝感专区代表团	急子回国	急子	
	雪艳霞	黄冈专区代表团	打灶神	田三春	
	雷金玉	武汉市代表团	雷神洞	京娘	
	童金钟	武汉市代表团	四郎探母	佘太君	
	廖淑芳	黄冈专区代表团	翠屏山	潘巧云	
	龚惠琴	宜昌专区代表团	赵五娘吃糠	赵五娘	
	魏莲芳	省直代表团	赶子雷打	周氏	
三等奖	卜雨芳	孝感专区代表团	祭棒	朗氏	各发给奖章和人民币 20 元
	七岁红	省直代表团	屈原	宋玉	
	张少英	荆州专区代表团	双卖武	肖桂英	
	李艳琴	荆州专区代表团	打芦花	李氏	

① 根据《中国戏曲志·湖北卷》第 578~591 页的相关资料绘制。

续表

等级	姓名	单位	剧目	剧中角色	备注
三等奖	陈可韵	荆州专区代表团	打芦花	李老妈	各发给奖章和人民币20元
	黄振芳	武汉市代表团	白罗衫	苏母	
	胡玉凤	武汉市代表团	四郎探母	四娘子	
	彭白艳	荆州专区代表团	推墙	马昭仪	
	陶汉笙	黄冈专区代表团	刀劈三关	公主	
	傅汉芳	黄冈专区代表团	赶春桃	春桃	
	新艳云	武汉市代表团	四郎探母	萧太后	

第三节　新中国成立前后汉剧女艺人之比较

包括汉剧在内的中国戏剧不仅能在一定程度上为民间社会提供必要的社会历史与道德政治知识，而且能为乡间和市井提供集体认同的象征符号、价值观念与思维模式。不过，在这种民间意识形态中，既包括认同和维护现存秩序的因素，又包括偏离甚至否定现存秩序的因素。① 它与官方的主流意识形态既有颉颃竞争的一面，又有协调融合的一面。

新中国成立前，中国共产党就已明确了对戏曲艺人团结改造的基本方针。周恩来指出，对受到群众喜爱的旧艺人要予以尊重，只有尊重他们才能改造他们。② 也就是说，要在尊重、团结戏曲艺人的前提下进行必要的改造活动。新中国成立前后，在马克思主义文化观的指导下，明确了建设与新民主主义社会政治、经济相适应的新文化的历史任务。不过，由于资本主义成分还在一定范围内存在，因此在当时的新民主主义文化中还存在反映这种政治经济现实的非马克思主义思想。不久，文化领域逐渐实现了由新民主主义文化形态向社会主义文化形态的转变，即从允许"除反动文化以外的非无产阶级思想"在一定范围内合法地存在，逐步走向批评其"错误"进而批判和肃清的转变。③

① 周宁：《想象与权力：戏剧意识形态研究》，厦门大学出版社 2003 年版，第 44 页。
② 《文学运动史料选》（第 5 册），上海教育出版社 1979 年版，第 649 页。
③ 杨俊：《论新中国成立初期中国共产党领导新文化建设的历史实践》，《马克思主义研究》2018 年第 12 期，第 84 页。

　　在此背景下，思想上的"破"与"立"逐步展开，旧观念旧意识被肃清或破除，在马列主义、毛泽东思想的指导下，新的社会价值体系和政治信仰逐渐形成，社会公众也日益增强了对新生政权的认同和支持。在这一过程中，全国范围内深入开展的抗美援朝运动、镇压反革命运动、土地改革运动、"三反"、"五反"等群众性运动，"寓文化改造于政治运动中，以政治运动支持文化改造"①。

　　这一时期，"改造"成为新生的共和国的主流话语。新中国成立伊始，中国共产党就将向广大人民群众宣传马克思主义以提高他们的思想觉悟作为一项最基本的任务。② 然而，当时人民群众的文化素质较低，文盲率高达80%。毋庸讳言，如果用政治学习、文学作品等形式来改造他们的思想，必然事倍功半收效甚微。戏曲以其生动形象通俗易懂的形式、较为深厚的群众基础以及立竿见影的教化效果等受到了新政权的关注，成为当时传播国家主流意识形态和建构政治合法性的理想载体。于是，戏曲被定位为"用民主精神和爱国精神教育广大人民的重要武器"。正因如此，对戏曲加以甄别与选择是十分必要的。对于宣传反抗侵略和压迫、热爱祖国和劳动、彰显人民正义等的戏曲就应当受到鼓励和推广。反之，那些鼓吹封建伦理道德和野蛮猥亵，丑化或贬低劳动人民的戏曲就应当予以反对或禁止。③

　　不过，当时的戏曲艺人大都在不同程度上留有旧时的观念和习气。因此，有必要继续坚持团结改造的方针。1949 年 11 月，戏曲改进局成立，不久就开展"改戏、改人、改制"运动。"三改"的实质在于，通过充分发挥戏曲的教化作用培养出思想觉悟符合国家和时代需要的新公民。④ 但是，要使现有的戏曲和戏曲艺人发挥这样的教化作用，必须先对其进行改造。对于戏曲艺人，要通过政治和道德的双重洗礼使其"脱胎换骨"，才能承担起传播国家主流意识形态的历史使命。对于戏曲内容，也要进行社会主义性质的改造和革新，使民主精神、爱国精神等成为其灵魂。当然，

---

① 杨俊：《论新中国成立初期中国共产党领导新文化建设的历史实践》，《马克思主义研究》2018 年第 12 期，第 89 页。
② 中共中央文献研究室：《建国以来重要文献选编（第二册）》，中央文献出版社 1992 年版，第 123 页。
③ 中共中央文献研究室：《建国以来重要文献选编（第二册）》，中央文献出版社 1992 年版，第 250~251 页。
④ 刘遗伦：《建国初期戏曲界"三改"的社会影响》，《新东方》2007 年第 10 期，第 42 页。

对于戏曲体制的改革，无疑也反映了这种努力和趋向。① 正是通过这一系列的戏曲改革措施，赋予了戏曲艺人"文艺工作者"的新身份，并将其纳入国家社会动员体系之内，从而开启了戏曲艺人新的身份生产的进程。② 通过这一改造，广大艺人的政治地位和政治觉悟都显著提高，汉剧重新焕发了艺术的青春。③

随着社会环境的好转，许多嫁人息演的女艺人如黄小毛、黄三毛、陈素秋、吴惠侠、张美英、陈伯华、戴一鸣、李绍云等数十人重返汉剧舞台。1950 年底，在"抗美援朝，保家卫国"的运动中，汉剧演员以极高爱国热情创作并演出了一批优秀剧目。1951 年 3 月，武汉市举行了"抗美援朝，保家卫国"戏曲观摩会演。汉剧演出了《救赵抗秦》《新花木兰》《血债血还》等。1952 年 9 月 2 日，武汉市举办了中南区第一届戏曲观摩会演，汉剧的《打花鼓》《三才阵》《宇宙锋》《辕门斩子》《打渔杀家》《玉堂春》等参加了会演。1953 年，就全国范围而言，约有 150 多个剧团深入工厂矿区等，演出了 5757 场，观众高达 848 万人，极大地鼓舞了工人阶级从事生产的热情和积极性。④ 这一期间，获得了新身份的汉剧艺人以演新戏为荣，在抗美援朝、土地改革、镇压反革命等运动中发挥了重要的动员作用。

1957 年，因"反右"斗争扩大化，"百花齐放、百家争鸣"的方针严重受挫，一些汉剧工作者或含冤受屈，或被迫离开汉剧战线。此后，在日趋严重的"左"倾错误的影响下，出现了一批粗制滥造的"大跃进戏剧"。1959 年，为贯彻周恩来总理提出的"两条腿走路"（即传统戏和现代戏并重）方针，剧院采取"一出好戏运动"形式，不断提高演出质量，向建国十周年献礼。武汉汉剧团进京演出《智破天门阵》《二度梅》等，受到了广泛的好评。武汉汉剧院也积极编印了《汉剧十大行唱腔选》等汉剧音乐、表演、史论资料。

1961 年，为了继承和抢救老一辈汉剧艺术家的表演艺术，武汉电影制片厂拍摄了《哭祖庙》《柜中缘》以及《打花鼓》等剧目的片断。1962年 1 月，武汉汉剧院正式成立。在此期间，文化部先后发布了"文艺十

① 刘遗伦：《建国初期戏曲界"三改"的社会影响》，《新东方》2007 年第 10 期，第 42 页。

② 陈庚、邱晶钰：《新中国戏曲艺人的身份转换与认同变迁》，《戏曲艺术》2021 年第 1 期，第 98 页。

③ 程砚秋：《让戏曲的百花开得更美丽》，《北京日报》1952 年 10 月 7 日。

④ 田汉：《田汉文集》（第 16 卷），中国戏剧出版社 1986 年版，第 122 页。

条"和"文艺八条"，强调贯彻"百花齐放、百家争鸣"和"三并举"
（即传统戏、新编历史戏和现代戏并举）方针，汉剧的创作和演出因而有
了更大的自由。许多汉剧工作者深入生活，先后移植、创作并演出了
《蔡文姬》《太阳出山》《赵玉霜》《天鹅湖畔》《毕业之后》《王昭君》
《借牛》等剧目，题材选择与人物塑造进一步多样化。其中《太阳出山》
《借牛》作为汉剧的代表剧目参加了1965年在广州举行的中南区现代戏
会演。1966年5月"文化大革命"开始后，湖北的汉剧事业遭受严重挫
折，大部分汉剧团体被迫停演，陈伯华等汉剧女艺人也先后受到不同程度
的迫害。

　　从国家在场角度来看，1949年前后汉剧女艺人所面临的政治环境有
着明显的区别。"国家在场的方式，既表现为国家作为背景，作为活动的
环境（自然的与人文的）、条件（法律的与社会的），也表现为国家作为
参与者、帮手，还突出地表现为国家作为第一责任方。"① 1923—1949
年，地方政府主要通过戏剧审查委员会来实施对包括坤伶在内的汉剧艺
人的规训，如强制登记、组织训练、思想灌输等。一些媒体也介入这种
规训之中。不过，官方的规训在一定程度上遭到汉剧坤伶的抵制，其根
本原因在于，在上述规训体系中，缺少对汉剧坤伶基本利益的考量和维
护，即使是在官方举办的培训中，汉剧坤伶的人身安全也得不到应有的
保护。

　　新中国成立后，各级人民政府提倡并践行男女平等方针，提升文艺
工作者的社会地位，重视汉剧工作，给汉剧女艺人的生命、生活以及财
产等安全提供强有力的保障。同时，国家本着团结改造的方针积极开办
各种形式各种层次的培训班，对她们进行政治教育、文字扫盲以及业务
培训。汉剧女艺人文化素养的提升和对旧观念旧习气的摈弃，为其新身
份的生产和成为动员工具提供了前置条件。登记制度的实施则为汉剧女
艺人获得"文艺工作者"合法身份提供了制度化的途径。新中国成立
初期，国家先后颁布多个政策文件实施登记管理，要求民间私营职业剧
团提供组织章程、演职员信息以及演出节目单等，审核后颁发登记证和
临时演出证。

　　1950年，全国戏曲工作会议在北京召开。会议指出，广大艺人是名
副其实的"新文艺大军"，是社会主义建设所需要的也应当受到尊重的
"文艺工作者"，不能再以"戏子""旧艺人"称呼和看待他们。

---

　　① 高丙中、于惠芳：《国家在场的社会事业》，北京大学出版社2011年版，第9页。

1951 年 5 月 5 日，政务院发布了《关于戏曲改革工作的指示》（简称《五五指示》）。这份戏曲改革的纲领性文件是在深入总结全国各地戏曲改革经验并正视存在的问题的基础上形成的。它强调了戏曲应发扬爱国主义精神，并明确了戏曲艺人的责任和要求。[①] 同时，各地应当扎实推进艺人教育并培养戏曲改革方面的干部。对流动班社也要加强训练和教育，如对在农村中演出不能集中训练的旧戏班社，可派遣干部前往进行切实的教育。[②] 同时，明确规定要对旧徒弟制、养女制以及"经励科"等严重侵害人权与艺人福利的制度在自觉自愿的前提下予以改革。[③]

经过登记管理、剧团体制改革等，绝大多数汉剧女艺人获得了合法性身份及演出资格，她们的合法权利和福利待遇得到了有效的保障，同时被纳入国家动员和管理体系之中，成为社会主义文化事业的建设者。

为了加强对汉剧事业的领导，湖北省大力推行"三改"工作，即"改戏"（肃清剧本和舞台上存在的不合时宜的有害因素）、"改人"（提高艺人的思想觉悟、专业素质以及文化水平）、"改制"（改革旧戏班社中长期存在的不合理制度）。通过自上而下的改革，将旧社会的文化意识改造为社会主义的意识形态。正是在此过程中，汉剧女艺人逐渐实现了从重要的动员对象向重要的动员工具的转变。她们在新身份生产中逐渐增强了对新中国的认同感和归属感。

1949—1956 年，是我国从新民主主义社会向社会主义社会的过渡时期，政府的权威性有力地推动着汉剧艺人新身份的迅速合法化。1952 年，武汉汉剧团在北京演出期间，周恩来总理要求各宣传机关"宣传汉剧的演出"；1960 年，周恩来邀请陈伯华等赴家宴，并做出指示：全国主要剧种都应建立剧院；[④] 1962 年，武汉汉剧院正式建院，国家副主席董必武赠诗，这些对汉剧工作的政治关怀，无疑会极大地提升汉剧的影响和汉剧艺人的积极性。在戏曲改革的过程中，许多民间私营职业剧团（如湖北的荆州、黄石、黄冈等地方剧团）改制为集体所有制；部分剧团则通过公营、公私合营、私营公助方式转变为中央直属或地方国营剧团。这些剧团被置于国家计划管理体制内，成为文化艺术领域的基层单位组织。当然，

[①] 中共中央文献研究室：《建国以来重要文献选编》（第 2 册），中央文献出版社 2011 年版，第 225~227 页。

[②] 中共中央文献研究室：《建国以来重要文献选编》（第 2 册），中央文献出版社 2011 年版，第 225~227 页。

[③] 中共中央文献研究室：《建国以来重要文献选编》（第 2 册），中央文献出版社 2011 年版，第 227 页。

[④] 邓家琪等：《汉剧志》，中国戏剧出版社 1993 年版，第 212 页。

无论是集体所有制戏曲剧团还是国营戏曲剧团，都被牢牢嵌于行政纽带之中。① 由于国家对经营收支的包揽，在湖北省汉剧团等国营剧团工作的女艺人因此获得了"单位人"身份，享有终身固定性就业和稳定优渥的福利待遇。同时，大众传媒如《戏曲报》《新戏曲》等也在积极引导社会公众摈弃对汉剧女艺人的固有偏见。

政府和媒体这些"他者"所给予的认同，使得汉剧女艺人真切地体认到，她们不再是处于社会结构底端易遭凌辱的弱势群体，而是受到尊重和保护的文艺工作者。她们能够清晰地意识到身份和地位的变化，并能够真切地体会到这种变化所蕴涵的价值和意义。正是在对这些情感及价值意义的感知中，汉剧女艺人不断积累起对新社会的情感归属并建构其身份认同和国家认同。在 1956 年湖北省第一届戏曲观摩演出大会中，汉剧女艺人陈伯华、七龄童、万仙霞、万盏灯、王燕燕、刘玉楼、刘金屏、刘金凤、花碧兰、吴惠英、玲牡丹、童金钟、新艳云、胡玉凤等分别获得一、二、三等奖，后起之秀雷金玉等也脱颖而出。这些奖项的获得无疑有利于推动她们摆脱原有观念的束缚，并进一步建构自身的身份认同、国家认同。"随着社会制度的逐渐确立和健全，国家行为逐渐成为隐性因素影响着文化艺术的发展。"② 在此情形下，汉剧发展的自主性和能动性日益增强，"陈派"艺术逐渐形成并成熟起来。③ 1949 年后的国家在场，不仅大大提升了汉剧女艺人的社会地位并激发了她们的工作热情，而且有力地推动了汉剧艺术的发展。

从培养方式来看，1923—1949 年，先后培养了三批汉剧坤伶。汉剧坤伶的出身大体有三类：妓女、没落家庭的小姐和贫家之女。自 20 世纪 20 年代以来，坤伶的培养由私家培养逐渐过渡到私家和科班两种培养方式并存。汉剧第一批坤伶大多有过被收养的经历。在当时的武汉，通过这种方式培养汉剧坤伶主要有黄、李、彭、杨、胡、刘、吴、韩等 8 家（其中 6 家为妓院身份），先后培养出黄大毛、花牡丹、筱鸿宝、杨小琴和红艳琴等几十名坤伶。第二批 400 多名坤伶是由私家和科班两种并存的方式培养出来的。1928 年，在傅心一的倡议下，成立了"汉剧幼女训育

---

① 陈庚、邱晶钰：《新中国戏曲艺人的身份转换与认同变迁》，《戏曲艺术》2021 年第 1 期，第 100 页。

② 王群英、李曦：《汉剧"陈派"表演艺术形成中的国家在场》，《传媒论坛》2019 年第 8 期，第 163 页。

③ 王群英、李曦：《汉剧"陈派"表演艺术形成中的国家在场》，《传媒论坛》2019 年第 8 期，第 163 页。

社"（后改名为"新化"科班），招收女性学员 50 余人，其中有杨叔岩、代一鸣、黄化龙以及后来蜚声剧坛的表演艺术大师陈伯华等。此后，科班培养的坤伶日渐增多。第三批坤伶 100 多名依然是由上述两种方式培养出来的，如其中"汉"字科班培养了曾汉章、熊汉毅、王汉英等坤伶。当然，1949 年前一些坤伶的培养也与其家庭有一定的关系。幼岁红（危鸣）是老伶工危松林之女。她介绍说，父亲危松林是一个小商贩，也是汉剧票友，素有"戏包袱"之称。所有当家贴补戏都是父亲教给她的。他教了很多学生，如九龄童、七龄童以及她的哥哥等。她的哥哥九岁红（危文华）唱三生比陈春芳要好。父亲对她的要求极为严格。她嗓音清亮，高亢有力，八岁在长乐戏院跑龙套并登台演出《文昭关》。"武汉沦陷时（注：1938 年），我们一直都在湖南会馆演出，戏班里原来有尹春保、朱洪寿、牡丹花等。"17 岁时，戏班演出《文素臣》，尹春保因病不能登台，她就救场接下这出戏。这戏的唱腔都是演员自己编的。20 世纪 30—40 年代，幼岁红的《文素臣》在武汉三镇家喻户晓。她的唱腔是革新的，与其多方拜师有关，如她的唱腔、字音有不对之处，父亲等都会一一指正。

　　20 世纪 50—60 年代，汉剧女艺人主要由湖北省戏曲学校、武汉市戏曲学校、沙市戏曲学校、黄石市戏曲学校以及湖北省汉剧团训练班、武汉市汉剧团训练班、沙市文艺汉剧团训练班等培养而成。这些科班在学制上存在一定的差异，如湖北省戏曲学校汉剧科学制 6 年，武汉市戏曲学校汉剧科 7 年，沙市戏曲学校汉剧科 5 年，黄石市戏曲学校汉剧科学制 4 年等。学员多是工人、贫下中农、艺人和革命干部的子弟，也有从中小学生中考核选拔的，如沙市戏曲学校汉剧科。1949 年前的科班是没有文化课程的，1949 年后的科班有文化课、辅导员、团委和生活老师等。十大行当的老师都配备得非常齐全。在汉剧后继人才的培养上，除陈伯华、吴天保、李四立、张天笑等外，刘金屏、刘金凤等刘氏姐妹，以夏国英、夏国斌等为代表的夏家班子以及李长芬和周长砚等出自"长"字科班的艺人亦功不可没。关于具体教学方法，袁忠玉说："老师让我们对着墙练习，练习两个小时后，老师来了就看墙有没有湿。如果是湿的，就说明我们唇、齿、舌没有结合好；如果是干的，那就意味着这一关就通过了"，"老师还教我们不同眼神的表现方法。一般而言，睡觉之前都要练一炷香的时间。没有一双会说话的眼睛，是不能唱好花旦的"。

表 5-7　20 世纪 50—60 年代培养的汉剧各行当女艺人名单（部分）

届次	行当	姓　名	备　注
53 届汉剧科	四旦	陈新云、秦斌颜、杨静梅、马继坤	新中国培养的第一代汉剧艺术人才
	八贴	李小玲、吴惠兰、袁芳、刘小友、蔡珍	
	九夫	杨玲玲、萧必成、史金兰	
57、59 届训练班	四旦	何自馨、李金凤、宁湘珍、胡和颜、吴绍毓	
	八贴	熊美英、王光兰、袁忠玉、王秋萍、喻启凤	
	九夫	刘引珍	
湖北省、武汉市戏曲学校 59、60 届汉剧科	四旦	程彩萍、戴建萍、何金锁、曾梅、吴江荣	周虹亦名周中佑
	八贴	郭小燕、杜大凤、杜小凤、赵恩敏、陶菊蓉、周虹、刘晓玲	
	九夫	张金娥	

从培养目标上看，1923—1949 年，私家培养的汉剧坤伶主要为培养者牟利，科班培养的汉剧坤伶多为养家糊口或为戏班服务。由于经济等方面的原因，培养时间大多较短，多是一年半载且行当不全，演出较多倾向于媚俗。20 世纪 50—60 年代，培养目标是培养有文化、有技艺，在德、智、体各方面得到全面发展的新一代演员。因此，开设课程有政治、文化、专业（表演、音乐）和文化史论等课程。培养时间一般在 5 年及以上。这些科班培养的学生毕业后，大多进入湖北省各地汉剧院（团）工作，有的成为主要演员，有的成为艺术骨干，如雷金玉、袁忠玉以及胡和颜等，其中胡和颜成为"中国戏剧梅花奖"获得者。

从社会环境来看，1923—1949 年，坤伶群体在汉剧场域之外主要有以下际遇：遭到社会黑恶势力的摧残；受到形形色色的捧角者的追捧；遭遇政府、媒体的规训或窥探；卷入狎优和狎妓之风交织下的黑幕。作为社会组织结构底层的汉剧坤伶，为了生计或其他目的，不得不多有迎合观众嗜好之举。抗日战争胜利后，坤伶生活上的艰难依然未得到缓解。"不久国内战火又起，钞票一天天贬值，城市里很不容易生活。在武汉的一些演员，演一个月的戏，只能领到半个月的工资，有的还领不到这多。他们中有些人也被迫去跑乡班。如万仙侠、七龄童、魏平原等人都是如此。"①

---

①　武汉市政协文史资料研究委员会：《武汉文史资料》1989 年第 18 辑，第 108 页。

　　新中国成立后，妇女的全面解放运动声势浩大地开展起来。[1] 20 世纪 50—60 年代，在政府和社会各界的共同努力下，近代以来与中国现代化进程相伴随的妇女解放运动取得了更为显著的成效。毋庸讳言，女性真正获得自由和尊重是在新中国成立之后。如 1949 年前玲牡丹的养父长期将她当摇钱树来压榨剥削，"养女制"的废除使得她获得了自由。童金钟也是如此，在养母的逼迫下，"甚至在她怀孕好几个月的时候，仍然勒紧腰带上台演唱"。这一时期，女性无论是生理还是心理都冲破了重重枷锁。汉剧女艺人在生理性别上遵从自然，较少受到外界约束，在社会性别上也获得新生，不再是任人贱视和摆布的"女戏子"，而是社会主义文艺工作者。她们分布在湖北省汉剧团、武汉汉剧院以及地方各级院团中，有的开宗立派成为受人尊敬的艺术家，如陈伯华等；有的成为戏曲学校或者培训班的老师，如万盏灯、刘金屏、刘金凤、夏中侠、玲牡丹等；有的走上领导岗位，如陈伯华（武汉汉剧院院长）、陶菊蓉（武汉汉剧院副院长）等。

　　从女艺人的生活作风来看，1923—1949 年，虽然在汉剧坤伶中举止端庄私生活严肃者不乏其人，如小牡丹花、代一鸣、罗惠兰、胡玉凤和筱津侠等。但是，许多坤伶在不知不觉中染上了种种恶习："拜干爹""赌博""吸毒"甚至卖淫，还有一些汉剧坤伶卷入打茶围、盘红帽、清倌人等丑恶行为之中。1949 年 11 月"戏曲改进局"成立后，通过"打扫灰尘""去芜存菁""脱胎换骨"等办法，除掉传统戏曲和戏曲艺人的迷信、色情、封建伦理等有害因素，[2] 女艺人吸食鸦片，参与各种骗局以及出卖色相等不良风气不复存在。各级剧团大力贯彻政务院的"三改"精神。在不断的磨合中，政府部门、戏改工作者和戏曲艺人之间开始了前所未有的协作与互动。在政府部门的有力引导下，艺人们普遍遵循国家的主流意识形态。这样，在旧艺人身上长期存在的生活作风问题等得到了有效的纠正。[3] 随着艺人们重返舞台，一些地方如荆沙汉剧渐渐复苏，旧社会遭人蔑视的女艺人也一跃成为受人欢迎的演员。[4]

---

①　陈顺馨、戴锦华：《妇女、民族与女性主义》，中央编译出版社 2004 年版，第 30 页。
②　李响：《从戏子到文艺工作者：悲喜交织的转身》，《国家人文历史》2013 年第 12 期，第 31 页。
③　张炼红：《从"戏子"到"文艺工作者"——艺人改造的国家体制化》，《中国学术》2002 年第 4 期，第 161 页。
④　中国人民政治协商会议湖北省荆州市委员会学习文史委员会：《荆州文史资料》（第 3 辑），荆州市政协学习文史委员会 2000 年版，第 170 页。

从思想觉悟来看，1923—1949 年，汉剧坤伶大多是文化程度较低的文盲半文盲，未曾接受新思想的洗礼，又长期处于社会组织结构的最底端，因此普遍思想觉悟不高。她们大多只想通过舞台表演来谋生牟利，成为名噪一时的红伶是她们梦寐以求的目标。抗战时期，汉剧坤伶在中国共产党的领导和影响下，积极参加劳军公演、捐献募捐以及敌后抗日宣传等活动，但是总体来看，思想觉悟依然有待提高。

1949 年 9 月 24 日，以李尔重为主任的武汉市文化艺术工作委员会成立。[①]　1951 年 1 月，武汉市成立了戏曲改进协会，并在协会内设立了汉剧分会等，进一步加强对戏曲改革工作的领导。新中国成立后的"三改"，首先是改人，关键在于改造其思想。采取的具体措施有举办集中训练、召开座谈会以及听报告等形式。通过这些形式，逐步将对艺人的政治、道德的双重洗礼以及他们主动的"自我教育"结合起来，从而实现"争取和改造"他们的目标。[②]　此外，在艺人中普遍开展的识字扫盲活动，也为她们接受和传播新思想、新观念创造了有利条件。在新中国成立之初，90%以上的女艺人不识字，甚至自己的名字都不会写。汉剧艺人贾振南等提及，1949 年前，汉剧坤伶通过跟着老师学习、自己看书以及在戏校参加文化班等方式提升文化水平。1949 年后，开展扫盲活动，政治、文化辅导员到剧团扫盲。这些举措，切实改变了戏曲艺人的政治面貌，提升了她们的思想文化素质。经由国家的"正名"而获得了新身份与新舞台的汉剧女艺人，思想觉悟有了显著的提高，逐渐意识到此前学戏和唱戏的过程其实就是受毒和传毒的过程。现在她们幡然醒悟，认为应该进行消毒了。[③]

经过"三改"后，作为新中国的文艺工作者，汉剧女艺人明确了自己"为社会主义服务""为工农兵服务"的光荣职责，她们积极响应党的号召，投身到各项社会政治活动中去。著名艺人刘金凤染病住院后，没过几天，她依然不辞辛劳地坚持回校上课。她曾经对学生袁忠玉说："孩子啊，旧社会我们是戏子，是不受人尊重的。但是今天，我是老师，是人类灵魂工程师，新中国把我们当人，我们自己就要做人，我耽误一

---

①　武汉地方志编纂委员会：《武汉市志·文化志》，武汉大学出版社 1998 年版，第 335 页。

②　张炼红：《从"戏子"到"文艺工作者"——艺人改造的国家体制化》，《中国学术》2002 年第 4 期，第 163 页。

③　《中国戏曲志·安徽卷》编辑委员会：《中国戏曲志·安徽卷》，中国 ISBN 中心 1998 年版，第 727～728 页。

天，我就对不起共产党。"老师们毫无保留地将自己的技艺传授给学生。若学生没有掌握好又即将登台演出，老师会忧心如焚甚至与学生一起痛哭。学生学艺的积极性也很高，袁忠玉说："我们当时都是非常自觉的。学校规定我们六点起床，四点五点的时候，就有人起来的。我们会相互比较，看看谁起得更早。"学生们都非常勤奋，如雷金玉无时无刻不在练习腿功，吃饭、睡觉以及开会时都是如此。旧时戏班普遍存在的不平等、不民主的现象也逐渐消失了，如主角和班底之间的收入悬殊问题。一些著名女艺人也意识到了这一问题，因为参加演出在当时是"投身革命事业"的行为而不仅仅是"谋生手段"了，于是她们就主动提出为了"革命"而降低薪金。汉剧女艺人玲牡丹不仅自愿降薪，而且把行头（戏衣）捐给了剧团。

　　这一时期，汉剧女艺人满怀热情不辞辛劳地深入广大的乡野村镇、工矿企业以及其他基层单位，通过群众喜闻乐见的舞台演出及时地宣传党和国家的路线、方针和政策，不断推进社会心理的更新和整合，在社会的整体性动员方面发挥了重要作用。如在义演赈灾、支援抗美援朝、宣传婚姻法和土地改革以及"三反""五反"等运动中都发挥自己的积极作用。①在被动员和动员他人的过程中，汉剧女艺人实现了自身新身份的生产和再生产。

　　从女艺人的婚姻生活来看，1923—1949 年，汉剧坤伶的婚恋主要对象是富商和同行。她们容易受到地痞流氓等社会黑恶势力甚至霸道同行的欺凌、污辱。她们大都急于摆脱"女戏子"的身份和易受凌辱的处境，而婚姻为这一愿望的实现提供了现实可能性，因此她们往往在年纪尚轻之时就选择了出嫁，这样就满足了她们归属和安全的需要。由此可知，在1949 年前那种社会氛围中，坤伶们较为普遍地选择嫁给富商做"小星"（小妾）则不难理解了。与同行结婚，在坤伶中也较为常见，如刘玉楼、红宝莲、筱仙娥、涂巧云以及小小牡丹花等。除奉行独身主义的七龄童、盖鑫培和红艳蝉等外，也有黄美云、黄仲英等守节不嫁的。此外，坤伶的婚恋可能会受其父辈的左右和影响，如王艳芳等。

　　1949 年前，中国共产党就执行了比较彻底的解放女性的政策，规定

---

① 张炼红：《从"戏子"到"文艺工作者"——艺人改造的国家体制化》，《中国学术》2002 年第 4 期，第 186 页。

了实行一夫一妻制，遵循婚姻自由、自主和自愿的原则。① 新中国成立后，女性的地位发生了翻天覆地的变化。1950 年 5 月 1 日，《中华人民共和国婚姻法》颁布施行。这是新中国成立后的第一部法律，也是中国女性全面解放征程中的一座里程碑，它真切地反映出中国共产党对女性解放问题的高度重视以及急于改变女性地位的迫切心理。它一举打破了数千年来强加在中国女性身上的沉重枷锁，极大地改变了男尊女卑的社会性别秩序，女性们从此获得了婚姻自由并享有其他各项与男子同等的权利。② 在人身权方面，这部婚姻法首次赋予中国女性婚姻自由权，废除了男尊女卑的封建主义婚姻制度，实行婚姻自由和一夫一妻制，保护女性的各项合法权益。同时，女性与男性地位平等，享有选择职业、参加工作、参加社会活动的自由，改变了过去"男主外，女主内"的性别分工格局，打破了对中国女性的空间圈限。除人身权外，这部婚姻法还赋予了女性在宗法专制制度下被剥夺的财产权。

新中国成立初期，汉剧女艺人大多进入国营或集体所有制剧团，收入稳定，经济独立，自食其力，受人尊重，这就为她们的婚姻奠定了坚实的基础。在剧团班社中，此前那种混乱的男女关系也有了彻底的改观。这一时期，汉剧女艺人想嫁给达官贵人、富商大贾的并不多。她们的婚姻不再受父辈或其他人的干涉。当然，由于师徒之间情同母女，女艺人在婚恋时往往会征求师傅的意见。师傅一般建议要找一个正派、可靠并支持唱戏的对象。女艺人的婚姻对象大多为同行。如 1953 年左右，严玉声受邀加入了黄冈专区汉剧工作队（1955 年组建为黄冈专区汉剧团），生活有了保障，不久与同行李韵声喜结连理。除同行外，还有嫁给老师、医生、工人等的。由于汉剧女艺人经常辗转各地出差演出，因此她们往往选择工作稳定并可照顾家庭的男性来作为终身伴侣。

从女艺人的收入来看，1923—1949 年，与普通人士相比，汉剧坤伶的收入还是相当可观的。如万仙霞每月包银 80 元，虽然在 1934 年汉剧艺人的收入中只能算中下等，但是比她丈夫要高得多。当然，坤伶之间的收入也较为悬殊。如同年小红宝每月包银高达 180 元，在黄石演出的戴一鸣每月包银则有 290 元。而一些名气不大的汉剧坤伶，劳苦奔波收入微薄。

---

① 杜芳琴、王政：《中国历史中的妇女与性别》，天津人民出版社 2012 年版，第 506 页。
② 贺文洁：《新中国女性婚姻家庭权利规制变迁》，华南理工大学 2010 年硕士学位论文，第 14 页。

在汉剧场域中，伶人之间的竞争也十分激烈，有些坤伶为养家糊口，不得不改走乡班。1949 年后，随着资方的取消、班主的废除等，他们对剧团的控制和对艺人的剥削也宣告终结。师徒制、养女制等的废除也使得徒弟们和养女们摆脱了被剥削的地位。在收入分配上，包银制、分账制等被固定薪金制、分红制或"工分"制所取代，从而有效地解决了剧团内部收入差距悬殊的问题。① 汉剧女艺人的收入较为稳定，且相互之间的差距要比之前小得多，无论是在国营剧团还是集体所有制的剧团。如在 50—60 年代，在武汉汉剧院工作的袁忠玉实习期间大约 40 元，后逐渐上升到 64 元；文武双全的雷金玉建团后的工资是 92.5 元；同一单位的名老艺人刘金凤每月 90 元；刘金屏的收入要高一些，大约是 156 元；在黄冈专区汉剧团工作的严玉声每月收入大约是 54 元。当时对艺人工资的确定也考虑了上座率、票房收入等情况。

此外，从录制唱片方面来看，这两个时期的女艺人也有着显著的区别。1923—1949 年，汉剧艺人仅有余洪元、钱文奎、李彩云、大和尚、牡丹花等 21 名男伶共录制 39 张半（内含 79 段唱段）唱片。② 这些唱片均是在 1937 年以前，分别由百代、高亭、胜利等三家唱片公司所录制。虽然自 1923 年开始汉剧坤伶就活跃在舞台上，但是她们无一人被邀请录制唱片。由此可知，当时汉剧坤伶及其艺术水平依然未被社会普遍认同。③

1949—1965 年，汉剧录制、发行的唱片数量较民国时期多，共有 68 张半（内含 137 段唱段）。这些唱片均由中国唱片公司（其前身是由大中华唱片厂更名而来的人民唱片厂）所录制。这一时期，汉剧唱片共收录了 26 位艺人的唱腔，其中女性 12 人，所占比例为 46.15%。由此可知，这一时期，汉剧女艺人的社会地位得到了提高，其艺术水平也逐渐为大众所认可。1956 年以前，汉剧唱片录制的主要是陈伯华的唱段。总体而言，汉剧女艺人单独录制或与他人共同录制了 43 张唱片，占 62.77%；内含 88 段唱段，占 64.23%。

---

① 苏咏喜：《契合与认同：建国初期戏曲改革与国家意识形态建构》，《深圳大学学报（人文社会科学版）》2017 年第 4 期，第 14 页。
② 马晓澄：《20 世纪汉剧唱片传播与剧种传承发展之关系》，武汉音乐学院 2020 年硕士学位论文，第 10 页。
③ 马晓澄：《20 世纪汉剧唱片传播与剧种传承发展之关系》，武汉音乐学院 2020 年硕士学位论文，第 11 页。

表5-8　新中国成立初期（1949—1956）汉剧女艺人唱片信息表①

演唱者	行当	唱片数量	唱段数量	涉及剧目	备注
陈伯华	四旦八贴	26张，余2段	54段	《宇宙锋》《金锁记》《断桥会》《百花亭》《四郎探母》《秦香莲》《二度梅》《柜中缘》等	《四郎探母》与吴天保合录，《二度梅》与王晓楼合录
花碧兰	八贴	5张	10段	《打花鼓》《双下山》《秋江河》	与李罗克合录
万盏灯	八贴	2张	4段	《翠屏山》	万盏灯、七龄童合录
七龄童	三生	2张	4段	《翠屏山》	
程彩萍	四旦	2张	4段	《黛诺》	现代戏
雷金玉	四旦	2张	4段	《雷神洞》	
周菊林	七小	1张	2段	《讨荆州》	
黄振芳	三生	1张	2段	《四郎探母》《辕门斩子》	与吴天保合录
徐倩玲	四旦	1张	2段	《窦娥冤》	1959年由湖北省汉剧改编的新编历史剧
陈雏凤	三生	1张	2段	《急子回国》	
陈新云	四旦	1张	2段	《赵玉霜》	现代戏
童金钟	九夫	1张	2段	《四郎探母》《钓金龟》	

综述可知，新中国成立后，在中国共产党和人民政府的关怀下，汉剧重新焕发了蓬勃的生机和活力，女艺人的社会地位也发生了前所未有的根本性转变。从国家在场角度来看，1949年前，国家主要通过戏剧审查委员会来实施对汉剧坤伶的规训，但是缺少对她们的基本利益、人身安全的关心和维护。1949年后，新中国提倡并践行男女平等，并为汉剧女艺人的生命、生活以及财产等提供了强有力的保障。从培养目标上看，1949年前培养坤伶主要是为了给私家或戏班牟利，1949年后则是要培养德、智、体等全面发展的文艺工作者。从社会环境来看，1949年前汉剧坤伶处于社会组织结构的最底端，遭到社会黑恶势力的摧残，受到比其他群体

---

① 马晓澄：《20世纪汉剧唱片传播与剧种传承发展之关系》，武汉音乐学院2020年硕士学位论文，第11页。

更多的歧视和规训。1949 年后，随着女性全面解放运动的逐步推进，长期以来由社会性别秩序以及传统伦理纲常等构成的沉重枷锁被一举打破，汉剧女艺人作为文艺工作者受到了社会的普遍尊重。从生活作风来看，1949 年前许多汉剧坤伶在不知不觉中染上了"赌博""吸毒"等种种恶习，卷入到狎优与狎妓之风相交织的种种黑幕之中。1949 年后，经过政治和道德双重洗礼的汉剧女艺人脱胎换骨积极投身国家文化建设，以前长期存在的生活作风等问题得到了有效的纠正。从思想觉悟来看，1949 年前汉剧坤伶大多是文化程度较低的文盲半文盲，未曾接受新思想的洗礼，思想觉悟普遍不高。1949 年后，通过改造和"自我教育"，她们的思想觉悟有了显著的提高，明确了自己"为社会主义服务""为工农兵服务"的光荣职责，在社会的整体性动员方面发挥了重要作用。从婚姻生活来看，1949 年前汉剧坤伶的婚姻大多不尽如人意，有的甚至郁郁而终。1949 年后，她们获得了婚姻自由，她们的婚姻不再受到他人的干涉，因而大多较为美满幸福。从演出收入来看，1949 年前汉剧坤伶之间的收入较为悬殊。1949 年后，包银制、分账制等被固定薪金制、分红制或"工分"制所取代，汉剧女艺人的收入较为稳定，相互之间差距也要小得多。毋庸置疑，正是在参与国家文化建设的过程中，她们的主体意识逐渐确立和发展起来。

结 语

自晚清至民国初期，中国社会在西力东侵、西学东渐之下开始了深层次的转型，思想文化方面也随之出现重大变革。就戏曲而言，辉煌一时的昆曲等无可奈何地走向衰落，而此时地方戏依然保持着强劲的发展势头。随着社会阶层结构的变动和新思想的传播，民众的个体意识逐渐觉醒，他们的审美趣味和情感需求前所未有地对戏曲的发展产生深刻的影响。① 那些贴近社会生活的民间小戏开始活跃在舞台上，并展现出强大的生命力，如楚剧等。当然，历史演义和民间传说题材的戏曲依然受到了人们的青睐。

自 1861 年开埠通商以来，汉口对外贸易日益繁荣。在由传统商业市镇向近代化都市的转变过程中，因工业化浪潮的姗姗来迟，逐渐形成了"商强工弱"的格局。与此同时，大量的农村人口涌入汉口，其中包括为数不少的地方戏曲艺人，不过，这些外来谋生者受"商强工弱"格局的影响主要是进入商业、服务业等领域。② 在此过程中，市民群体日渐壮大。"越来越多的民间戏曲艺人聚集汉口各大戏院、茶馆、街头、游乐场，以提供传统戏曲演出而赢利谋生。"③ 于是，汉口城市的发展和文化娱乐业的繁荣在日渐深入的耦合中互相推引互相促进。这一趋势为 20 世纪初至 30 年代汉剧黄金时期的出现创造了有利条件。

1923—1949 年，汉剧经历了由盛而衰的发展历程。1901 年，天一茶园开业，上演海派京剧和汉剧，"这显然是汉剧演出史上的一个重要里程碑，自此以后汉剧正式迈入了剧场时代"④。20 世纪初年，汉剧班社众

---

① 陈仕国：《角色、身体与空间：晚清民初禁戏与戏剧观演形态》，《深圳大学学报（人文社会科学版）》2017 年第 4 期，第 18 页。

② 何一民：《近代中国城市发展与社会变迁》，科学出版社 2004 年版，第 433 页。

③ 傅才武：《近代化进程中的汉口文化娱乐业（1861—1949）》，华中师范大学 2004 年博士学位论文，第 23~32 页。

④ 朱伟明、陈志勇、孙向峰：《汉剧史论稿》，人民出版社 2016 年版，第 86 页。

多，仅大型班社就达 20 多个，它们分布在汉口规模不一的各种剧场。在
20 世纪初的近 30 年时间里，楚剧因受到歧视和打压，尚未正式登陆汉口
各大剧场。因此，当时的汉口剧场其实是汉剧一统天下。清末民初，武汉
先后建立了 25 个戏院剧场，其中汉剧就占 20 个，所占比例为 80%。① 辛
亥革命前后，汉剧班社几乎占领了汉口所有的茶园戏院。② 这些班社汇聚
了包括余洪元、朱洪寿、钱文奎等"三鼎甲"在内的一大批杰出的汉剧
名伶。与此同时，自"四河归汉"以来一度衰落的科班，受汉剧繁荣的
刺激，又开始风风火火地创办起来。如自 1915 年始相继创办的小"天"
字以及"春""长""顺"字科班，1928 年创办的第一个女子科班（新化
科班）等，源源不断地向各种汉剧班社输送人才。20 世纪 20 年代初，在
汉剧公会登记的汉剧艺人有 7000 余人。③ 20 世纪初的前 30 年，汉剧泰斗
余洪元引领汉剧艺术进入了一个全新的时代。他先后于 1916 年、1921
年、1929 年率领阵容强大的汉剧班社远赴上海、北京演出。这三次重大
的外埠演出，不仅扩大了汉剧的影响和传播，促进了汉剧与京剧的艺术交
流，而且更为重要的是奠定了汉剧作为皮黄大剧种的艺术地位并在相当程
度上确认了汉剧作为"京剧开山鼻祖"的艺术身份。④

　　但是，自 20 世纪 30 年代初以来，在汉口戏剧场域中汉剧和楚剧的力
量对比格局逐渐发生了变化。1931 年，许多汉剧戏院在武汉水灾中被毁
掉，艺人们也流离失所辗转异乡。雪上加霜的是，汉剧名伶或亡故或息
演，人才青黄不接。汉剧内部原本就存在的保守观念较为浓厚、组织机制
不健全、团体缺少凝聚力等问题，在危机逼近之时日益暴露出来并愈演愈
烈。一再遭受贬抑的楚剧因贴近生活、上下一心以及领导有方等原因，在
与汉剧的博弈中逐渐占据了上风，从而抢走了原本属于汉剧的许多剧场和
观众，1937—1938 年，汉剧的地盘仅存有两三处，而楚剧的剧院多至 8
家。虽然在这一时期吴天保等采取了一系列的改革措施，但是汉剧演出依
然江河日下一蹶不振，从而走进发展的低谷时期。"汉剧在汉口曾走过大
运，可是现在就不堪设想，老伶凋谢，后起无人，虽有坤伶，不过昙花一
现；加之伶人意气用事，互相火水，汉剧公会，名有实无，无权利干涉伶
人，一般所谓名伶，又不合作，秘自组班。如现在之时代与复兴二汉剧

---

①　刘小中、郭贤栋：《汉剧史研究》，武汉市艺术研究所 1987 年版，第 203 页。
②　朱伟明、陈志勇、孙向峰：《汉剧史论稿》，人民出版社 2016 年版，第 87 页。
③　邓家琪等：《汉剧志》，中国戏剧出版社 1993 年版，第 8 页。
④　朱伟明、陈志勇、孙向峰：《汉剧史论稿》，人民出版社 2016 年版，第 432 页。

社，成为生死之仇，而十行又不齐全，叫座乏力，明知有害，而不顾及。"[1]

1938—1945 年，汉剧死亡的名伶有 100 多人，一般艺人有 200 多人，[2] 其中大多死于敌后抗日宣传之中，这就造成了抗战胜利后汉剧人才的极度枯竭。虽然战后戏剧市场不景气，汉剧和楚剧都呈现出衰落的趋势，但是元气大伤的汉剧在"楚汉之争"中明显处于劣势并难以重振。在 1946 年的汉口，这一点表现得较为明显。"本市地方戏汉戏、楚剧，为争先获得本年下半年度演出地盘计，连日分途组班，致平静一时之戏剧业，又发生骚动。除汉戏因多数演员出外发展，致影响力量软弱外，本市下半年度之楚剧，则较为活跃。"[3] 在此情形下，汉剧方面也积极行动起来，与天声戏院接洽组班。[4] 值得一提的是，汉剧在向外发展方面也取得了一定的成效。

在汉剧由盛而衰的历史时期，汉剧坤伶也演绎着大体相似的发展轨迹。自晚清以来的妇女解放运动、国民大革命以及社会经济结构的变动等构成了汉剧坤伶崛起的宏大文化背景。不缠足运动、女学的兴办、媒体关于西方生活方式的传播以及政府和社会有识之士的介入，使得女性尤其是城市女性在身心两方面得到程度不一的解放。国民大革命所带来的"男女平权"等思想日渐深入人心，对男尊女卑的社会性别观念造成了较为强劲的冲击。"晚清以降，中国逐渐沦为半殖民地半封建社会，传统以家庭为单位的小农经济开始解体，'男耕女织'兼业传统的解体，意味着一批妇女成为农业家庭消耗者。"[5] 商品经济的日渐活跃，西方商品的大量倾销，也引发了都市女性生活方式和消费方式的变迁。于是，一些女性纷纷走出家门自谋生路或突破空间圈限活跃在公共场所。

需要说明的是，清末民初以来的妇女解放运动，在民族解放与国家独立的宏大时代政治语境中处于较为次要的地位，因而根深蒂固的男权思想以及对女性的性别压迫并没有彻底得到改变，中国女性的主体意识也未能在近代文化发展的历程中得以真正确立和普及。也就是说，固有的社会运作机制、社会性别秩序并未从根本上改观。其根本原因在于，在新中国成

---

① 周游神、侯齐天：《汉湘剧比较观》第一卷第十八期（1938 年 2 月 12 日出版）。
② 邓家琪等：《汉剧志》，中国戏剧出版社 1993 年版，第 12 页。
③ 《楚汉剧坛之下半年动态》，《汉口导报》1946 年 6 月 19 日第 3 版。
④ 《楚汉剧坛之下半年动态》，《汉口导报》1946 年 6 月 19 日第 3 版。
⑤ 柏奕旻：《近年海内外"坤伶登台"研究热的反思——兼论"艺术社会学"视野下深化理解的契机》，《美育学刊》2017 年第 4 期，第 104 页。

立以前，两性之间的对立以及根植其上的社会性别秩序是构成当时社会政治权力的基本因素。一旦对其中某一方面做出改变，必将"牵一发而动全身"，进而对整个权力系统带来现实的不可预料的风险甚至威胁。①

20世纪20年代极为兴盛的汉剧吸引了人们的眼光。一些出身贫寒的女性看到了改善生存状况的希望；一些妓院或私人看到了商机而收养大批贫苦无依的女童。她们或延师请教，或拜从名师，获得了汉剧艺术方面的身体化文化资本。自1923年第一个坤伶叶慧珊登台以来，一部分女性开始进入汉剧场域并以此作为谋生的职业，由此开启了演艺生涯。20世纪20年代中后期，坤伶登台广受追捧，汉剧新化女子科班在这种氛围中应运而生。这样，汉剧坤伶的培养机制发生了变迁，即由此前主要由私家培养演变为私家培养和科班培养并存，后者逐渐占据主要地位，这就造就了此后活跃在荆楚戏剧舞台上数量较为庞大的汉剧坤伶群体。

虽然汉剧坤伶通过各种途径拥有一定的身体化文化资本，但是要想真正进入汉剧场域并占据一席之地却并不容易。在1923年前的汉剧场域中，男伶一统天下，并逐渐形成了包括老郎神崇拜在内的基本信仰和相对稳定的游戏规则。男伶们往往会不自觉地确认和参与这些游戏规则及其"再生产"，从而维系汉剧场域的动态平衡并确立起它有别于其他"社会小世界"的畛域边界。在这个场域中，以余洪元、朱洪寿等为首的男性名伶，因拥有相对丰厚的文化资本、熟稔各种游戏规则而居于支配地位。他们的位置感又因"三鼎甲"（象征资本）、包银（经济资本）等得以强化并铭刻于其身体上和言行中。在与他人保持"阶位上"的差异的同时，他们又借助由上述资本转化而来的权力来获取或维护自己的利益。在他们看来，坤伶登台会打破数百年形成的禁忌，又因早期坤伶多出于娼门，因此她们的加入必然会对汉剧的象征资本和社会资本带来无法弥补的伤害，再者，坤伶不为当时世俗所重视也是显而易见的。在数千年弥漫于社会各个角落的封建伦理纲常的束缚和规训下，包括汉剧坤伶在内的广大中国女性从正常的社会性别体系中被放逐并被牢牢地打上屈辱的"他者"标签。坤伶登台还极有可能打破汉剧场域内固有的生态平衡，引发游戏规则的变动，并在相当程度上挤压男伶的生存空间。因此，余洪元等名伶采取保守策略抵制意欲进入汉剧场域的坤伶也在情理之中。

但是，时势之变迁不以个人意志为转移。在汉剧场域之外，由于妇女解放运动、国民大革命以及媒体的传播，男女平等观念逐渐深入人心，中

---

① 李银河：《妇女：最漫长的革命》，生活·读书·新知三联书店1997年版，第174页。

国妇女地位日益提高，这一切持续而坚韧地冲击着汉剧场域的堤防。1926年10月，在汉剧场域内外拥有较强大的文化资本和社会资本的傅心一成立湖北剧学总会。在他的支持下，汉剧坤伶得以绕开余洪元等的阻挠登记入会。经由这一程序，她们获得了制度化的文化资本，从此可以在汉剧场域内任何剧场与男伶一较高下。当然，余洪元等之所以失利，外在时势的变迁固然是应当关注的因素，但更主要的是在汉剧场域中处于对手位置的傅心一等所拥有的资本、惯习以及基于此二者的策略的运用。

作为汉剧场域中的新成员，坤伶们在技艺上其实并无优势可言。但是，在狎妓、狎优相交织的社会风气和重色轻艺的评价机制之下，坤伶们尤其是那些在年龄和容貌等方面占据优势者比男伶更容易引起关注并迅速走红。在20世纪30年代的汉剧场域中，男伶中年长名角因种种原因相继离开舞台，年少者因关注者较少生存艰难，因此缺少坤伶就无法组班。在内，许多坤伶因具有向干爹干哥们"销红票"等特殊能力而受到重视（如汉剧公会长期受经济问题困扰），在外，她们因受观众的追捧而被一些戏院剧场倚为台柱，于是，她们在汉剧场域中的地位日益提升并在两性博弈中渐占优势，男伶一统天下的格局也逐渐转换为"阴盛阳衰"。显然，坤伶逐渐由汉剧场域的边缘走向中心，固然有社会风气和评价机制的因素，但更重要的是，她们借此契机而日益壮大的社会资本和象征资本（如"三鼎甲""汉剧皇后"等称号）在两性博弈中发挥着强劲的作用。虽然汉剧日益式微使得男伶和坤伶都在衰减，但是这种坤伶占据优势地位的"阴盛阳衰"的局面一直持续到民国后期。

在汉剧场域之内，在与男伶的博弈中，坤伶无疑获得了优势地位。但是，在汉剧场域之外，情况却迥然不同。伶人的职业身份本属于人所贱视的"下九流"，坤伶因社会性别的差异更为流俗所轻；在公共空间展示身体以获取报酬，本已背离了传统儒家观念，更何况早期坤伶多出自娼门。同时，汉剧坤伶自愿或被迫出演风骚戏或应堂差卖淫等行为，更强化了公众对这一群体的"社会刻板印象"。以上种种累积叠加，形成了坤伶在当时社会中难以扭转的负面形象。从社会资本的角度而言，坤伶缺乏社会规范资本（如法律、道德准则等）的保护；在社会关系资本方面，除怀有觊觎和垂涎之心的干爹干哥外（有些坤伶连这种"干"字号资本都很少），她们多身处社会中下层；在社会组织资本方面，虽曾被汉剧公会所接纳，但公会因自身能力的局限也无法为坤伶提供应有的保护和支持。出身卑微，职业"下九流"，社会资本匮乏，安全和利益得不到有效保障，以上种种导致汉剧坤伶成为处于社会组织结构底端的弱势群体，由于职业关系在公共空间演出，她们又不得不与权贵、商贾、戏院管理者、观众甚至流氓地痞等势力曲意周旋。她们受到社会黑恶势力的凌辱、动机不良的捧角者"重色轻艺"式的畸形追捧以及政府、媒体居高临下的规训或窥探。在这种社会境遇中，汉剧坤伶屈辱而卑微地挣扎在男权社会的边缘并对此习以为常。同时，她们也运用习得的男性眼光打量着自己的同类及他人。① 于是，在潜移默化之中，她们往往不知不觉地站在男性的立场上遵循男性的要求来规训自己。在此过程中，汉剧坤伶产生了深重的挥之不去的自卑感。在这种自卑感的侵扰下，有些坤伶自暴自弃，开始"赌博""吸毒"甚至卖淫，以此获得某种优越感来进行心理补偿；有些参与到"盘红帽""清倌人"等种种骗局中，从被侵害者演变为加害者；有些不堪忍受屈辱而早早出嫁，哪怕是做别人的姨太太，以满足自身的安全和归属的需要。需要指出的是，长期处于弱势地位的汉剧坤伶的婚恋对象主要是富商和同行，选择外行做正室是一件比较困难的事情，嫁给富商做"小星"则是较为普遍的选择，这反而强化了社会对她们的蔑视。

不过，重塑自我身份和社会形象的契机很快就来到了。1923—1949年的武汉，自然灾害和战争兵燹频仍，汉剧坤伶积极参与赈灾义演、劳军公演以及敌后抗日宣传等活动。在这些活动中，她们的自我意识觉醒了，意识到自己不再是那被欺凌被贱视而求告无门的"臭戏子"，意识到社会对自己的需要和尊重，意识到自己可以成为一个对民族和国家做出贡献的人，如"爱国艺人十姊妹"就是很好的例证。这种自我身份的演变，使得困扰多年的自卑感逐渐冰消瓦解。于是，她们的心理得到积极性的补偿并实现了内在的平衡，同时在公众心目中的负面形象也得到了一定程度的扭转。需要说明的是，在抗战胜利后，汉剧伶人的社会地位已经有了一定的提高，如"戏子"的称谓逐渐被"演员""先生""艺术家"等所取代，这正是其地位提升的表征。

自 20 世纪 30 年代初以来，坤伶在汉剧场域中的地位日益重要。她们在十个行当中分布并不均匀，主要集中于四旦、八贴等行当。汉剧坤伶的艺术特征主要体现在唱腔华丽婉转、人物塑造形神兼备以及舞台动作新颖细腻等方面。1923—1949 年，活跃在舞台上的汉剧坤伶不仅突破了汉剧场域原有的局限，而且不拘程式大胆创新对汉剧艺术的发展做出了自己的贡献，主要表现在以下几个方面：打破了男伶独霸汉剧舞台的局面，突

---

① 吴颖：《"看"与"被看"的女性——论影视凝视的性别意识及女性主义表达的困境》，《浙江社会科学》2012 年第 5 期，第 147 页。

破了剧种与角色行当的壁垒，开创了汉剧旦行和贴行表演的新局面等。

至于坤伶的成名，需要具备相应的主客观条件。从坤伶自身而言，她们的技艺、容貌、嗓音以及身段等是不可或缺的基础性条件。有些坤伶因容貌出众捧角者众多而一夜成名，但大多如昙花一现不能持久。在汉剧场域之内，她们因是后来者在等级结构中处于被支配的地位。因此，她们需要时间积累自己的文化资本和象征资本等，如小牡丹花通过拜名师"挂旗"、取艺名以及赴沙市镀金等方式获得象征资本；通过入科学习，与余洪元、李彩云等汉剧泰斗同台演出等方式获得身体化的文化资本。名伶万盏灯亦大体如此。同时，她们要处理好与戏院管理者、男伶以及其他坤伶之间的关系。需要说明的是，坤伶之间有互助，也有竞争，这种竞争往往相当激烈。在汉剧场域之外，与权贵官绅、媒体报人、捧角者以及流氓等邪恶势力之间的关系也要处理得当，否则会带来意想不到的后果甚至是灭顶之灾。本不太善于应酬的小牡丹花的成名，在很大程度上得益于她的熟谙汉剧场域游戏规则的母亲。她的母亲在社会上结交了各路人物，既可调动社会资本防范和抵御对小牡丹花的侵害及时化险为夷，又可通过各种渠道和方式帮助她提升文化资本和象征资本，如1934年组织汉剧泰斗大王班等。有些坤伶的社会资本相对有限，在利用游戏规则采取相应的策略等方面也有所不足，因此成名之路异常艰难。总之，面对复杂险恶的社会环境，汉剧坤伶要想成名，既需要技艺、容貌等的基本条件和主观努力，还需要遵循特定的运作程序，充分调动汉剧场域内外的各种资本并采取行之有效的策略。

纵观1923—1949年汉剧和汉剧坤伶的发展，不难发现以下几个特点：一是汉剧和汉剧坤伶的兴衰大体同步。20世纪20年代，坤伶崛起于汉剧兴盛之时。自1931年水灾以来，汉剧的颓势日益明显，数量众多的坤伶登台使汉剧复有欣欣向荣之势。但是，这只是一种畸形的表面繁荣，其中潜藏着深刻的危机。因为被许多戏院剧场倚为台柱的汉剧坤伶大多技艺不甚精湛，"艺事佳者，千百人中不一见"[1]。更可恶的是，有些坤伶以台上的声名作为台下"生意"的筹码，这些也使得一些真正的汉剧鉴赏者和剧评人敬而远之，羞于谈论汉剧和汉剧坤伶，担心被别人嘲笑"别有用心"[2]。抗战胜利后，汉剧和汉剧坤伶皆元气大伤。

二是坤伶在汉剧场域中的地位逐步提升，并在与男伶博弈的过程中逐

---

① 危舟：《汉剧近况》，《十日戏剧》第1卷第5期（1937年3月29日出版）。

② 梦梅：《梦梅闲话·论汉剧坤伶之价值》，《罗宾汉报》1935年5月17日第3版。

渐占据优势地位。这既有她们所获得的社会资本的作用，又得益于当时的社会风气。虽然此二者并不为社会正统观念所认同并有损她们的象征资本，但是也使她们在一定程度上得以摆脱被汉剧场域内男伶压制和排挤的困境。1929 年，曾抵制坤伶尤力的二净大王朱洪寿与坤伶杨小红在汉口联袂出演《二进宫》，开创了汉剧男女伶人合演之先河。这其中既有时代思潮的影响思想观念的转变，又有朱洪寿基于现实功利的考量。作为汉剧艺人的朱洪寿，不能不面对这样无可争辩的事实：无坤伶不能组班，无坤伶不能招揽更多的观众。此后，汉剧场域长期呈现"阴盛阳衰"的局面。

三是坤伶在汉剧场域内外地位的变迁并不同步。1931 年以来，虽然坤伶在汉剧场域内逐渐占据优势地位，但是她们的身份地位和社会形象并未随之发生较大的改观。其中一个明证是：1935—1941 年，《十日戏剧》《罗宾汉报》以及《汉口导报》等媒体几乎都无一例外地将她们斥为汉剧衰落的红颜祸水。坤伶在汉剧场域外地位的提升，大致时间是在抗战胜利后，主要原因有二：在政府和有识之士的努力下，伶人群体的地位有了提高；汉剧坤伶积极参与赈灾义演、劳军公演以及敌后抗日宣传等活动，在一定程度上重塑了她们的自我身份和社会形象。

综上可知，1923—1949 年汉剧坤伶群体的整体性命运，既与她们的出身、主体意识和主观努力等自身因素息息相关，又与汉剧之兴衰、社会环境以及浸染传统观念的社会性别秩序等外在因素密不可分。在这一时期，国民政府虽然制定了妇女保护政策并创建了妇女组织，但是实际上依然保护一夫多妻制，维护男性在婚姻关系、家庭财产关系中的主导地位。① 就女性意识而言，虽然坤伶在汉剧场域中逐渐占据优势地位并造成了"阴盛阳衰"的格局，但是以身体为对象的微观权力通过全景敞视主义模式渗透到坤伶日常生活的方方面面，使得她们不知不觉地接受和内化规训者的价值判断，并在自我规训中竭力迎合浸染着男权色彩的审美趣味。虽然在抗战期间及以后，她们的自我身份认同得到了一定程度的改善，但是由于根深蒂固的男权思想以及对女性的性别压迫并没有彻底的改变，她们的主体意识尚未真正觉醒和确立。因此，中国女性要从社会性别秩序和传统伦常观念中获得解放，首先必须超越男性标准对自己加以重新审视和评价。毋庸讳言，唤醒汉剧坤伶深眠的女性意识，打开束缚她们心灵的深层锁链，使她们真正意识到自身的地位、价值和意义，依然不可不谓任重而道远。与此形成鲜明对比的是，新中国成立后，由社会性别秩序

---

① 杜芳琴、王政：《中国历史中的妇女与性别》，天津人民出版社 2012 年版，第 505 页。

和传统伦理纲常等构成的沉重枷锁被一举打破，汉剧女艺人的社会地位发生了前所未有的根本性转变，成为受到社会尊重的"文艺工作者"，她们的主体意识也在参与国家文化建设的过程中逐渐确立和发展起来。

参 考 资 料

一、报刊文献类

1. 《镜报》（1928. 11. 1—1934. 4. 10）

2. 《申报》（1929. 12. 12—1930. 1. 13）

3. 《武汉日报》（1932. 1—1938. 9，1946. 11—1948. 6）

4. 《太阳灯》（1932. 10. 11—1934. 3. 31）

5. 《戏世界》（1933. 10—1934. 11）

6. 《汉口市民日报》（1934. 7. 1—1934. 9. 20）

7. 《戏剧旬刊》（1936）

8. 《十日戏剧》（1937. 2—1938. 2）

9. 《大楚报》（1939. 3. 6—1945. 8. 27）

10. 《汉口导报》（1946. 5. 5—1948. 10. 31）

二、研究论著

1. ［日］水野幸吉著、刘鸿枢等译：《汉口——中央支那事情》，上海昌明公司 1908 年版。

2. 周贻白：《中国戏剧史略》，商务印书馆 1936 年版。

3. 阎金锷：《汉剧》，重庆商务印书馆 1945 年版。

4. 欧阳予倩：《中国戏曲研究资料初辑》，中国戏剧出版社 1957 年版。

5. 湖北省文化局：《中国地方戏曲集成·湖北卷》，中国戏剧出版社 1958 年版。

6. 王骥德：《中国古典戏曲论著集成》（四），中国戏剧出版社 1959 年版。

7. 武汉市文联戏剧部、武汉汉剧院艺术室：《汉剧表演艺术》，内部印刷，1981 年 12 月。

8. 彩麟:《陈伯华唱腔艺术》,中国戏剧出版社 1982 年版。

9. ［意］克罗齐著、朱光潜等译:《美学原理 美学纲要》,人民文学出版社 1983 年版。

10. 武汉市文化局戏剧工作室编:《戏剧音乐论集》,内部印刷,1983 年 9 月。

11. 湖北汉剧研究室编:《汉剧艺术研究——音乐改革论文集》,内部印刷,1984 年 5 月。

12. 邓家琪、刘庆林:《汉剧牡丹陈伯华》,中国戏剧出版社 1985 年版。

13. 李金钊:《汉剧音乐漫谈》,上海音乐出版社 1987 年版。

14. 刘小中、郭贤栋:《汉剧源流史考》,武汉市艺术研究所 1987 年版。

15. 陈伯华、邓家琪、黄靖:《陈伯华舞台艺术》,上海文艺出版社 1988 年版

16. 黄靖、夏光明:《汉剧小戏考》,上海文艺出版社 1991 年版。

17. 康保成:《中国近代戏剧形式论》,漓江出版社 1991 年版。

18. 张庚、郭汉城:《中国戏曲通史（上、中、下）》,中国戏剧出版社 1992 年版。

19. 张锡勤:《中国近代的文化革命·戏剧改良》,黑龙江教育出版社 1992 年版。

20. 邓家琪等:《汉剧志》,中国戏剧出版社 1993 年版。

21. 周育德、金水:《中国戏曲史略》,人民音乐出版社 1993 年版。

22.《中国戏曲志》编辑委员会:《中国戏曲志·湖北卷》,文化艺术出版社 1993 年版。

23. 王俊:《湖北戏曲声腔剧种研究》,中国戏剧出版社 1996 年版。

24. 丁亚平:《艺术文化学》,文化艺术出版社 1996 年版。

25. ［法］布尔迪厄著、包亚明译:《文化资本与社会炼金术:布尔迪厄访谈录》,上海人民出版社 1997 年版。

26. 李银河:《女性权力的崛起》,中国社会科学出版社 1997 年版。

27. ［英］安东尼·吉登斯:《社会的构成——结构化理论大纲》,李康、李猛译,生活·读书·新知三联书店 1998 年版。

28. 武汉地方志编纂委员会主编:《武汉市志·文化志》,武汉大学出版社 1998 年版。

29. 刘小中:《湖北文史资料·汉剧史料专辑》,湖北省政协文史资料

委员会 1998 年版。

30. 叶长海：《曲学与戏剧学》，学林出版社 1999 年版。

31. 政协武汉市委员会文史学习委员会：《武汉文史资料》（第 4 辑），武汉出版社 1999 年版。

32. 翁思再：《京剧丛谈百年录》，河北教育出版社 1999 年版。

33. 罗福惠：《湖北通史·晚清卷》，华中师范大学出版社 1999 年版。

34. 李慧斌、杨雪冬：《社会资本与社会发展》，社会科学文献出版社 2000 年版。

35. 扬铎：《汉剧在武汉六十年》，中国档案出版社 2001 年版。

36. 余文祥：《楚剧进城一百年》，中国档案出版社 2001 年版。

37. 黄靖：《陈伯华表演艺术文集》，中国戏剧出版社 2001 年版。

38. 刘北城：《福柯思想肖像》，上海人民出版社 2001 年版。

39. 王葆心著、陈志平等点注：《续汉口丛谈》，湖北教育出版社 2002 年版。

40. 汪民安：《福柯的界限》，中国社会科学出版社 2002 年版。

41. 张之沧、龚廷泰：《从马克思到德里达》，人民出版社 2002 年版。

42. 傅谨：《中国戏剧艺术论》，山西教育出版社 2003 年版。

43. 李志高、朱天福、江东：《汉皋三丑》，武汉出版社 2003 年版。

44. ［法］福柯：《规训与惩罚：监狱的诞生》，刘北城、杨远婴译，生活·读书·新知三联书店 2003 年版。

45. 何一民：《近代中国城市发展与社会变迁》，科学出版社 2004 年版。

46. 苏红：《多重视角下的社会性别观》，上海大学出版社 2004 年版。

47. 杜芳琴、王政：《中国历史中的妇女与性别》，天津人民出版社 2004 年版。

48. ［美］约瑟夫·劳斯著，盛晓明、邱慧、孟强译：《知识与权力》，北京大学出版社 2004 年版。

49. 叶长海：《中国戏剧学史稿》，中国戏剧出版社 2005 年版。

50. 沈奕斐：《被建构的女性——当代社会性别理论》，上海人民出版社 2005 年版。

51. 张意：《文化与符号权力——布尔迪厄的文化社会学导论》，中国社会科学出版社 2005 年版。

52. 傅才武：《近代化进程中的汉口文化娱乐业（1861—1949）》，湖北教育出版社 2005 年版。

53. 田根胜：《近代戏剧的传承与开拓》，上海三联书店 2005 年版。

54. 黄霖主编、陈维昭著：《20 世纪中国古代文学研究史（戏曲卷）》，东方出版中心 2006 年版。

55. 赵山林：《中国戏曲传播接受史》，上海人民出版社 2008 年版。

56. ［法］米歇尔·德·塞托：《日常生活实践：实践的艺术》，南京大学出版社 2009 年版。

57. 邵志芳、高旭辰：《社会认知》，上海人民出版社 2009 年版。

58. 刘永谋：《福柯的主体解构之旅——从知识考古学到"人之死"》，江苏人民出版社 2009 年版。

59. 张远：《近代平津沪的城市京剧女演员》，山西教育出版社 2010 年版。

60. 汤黎：《人口、空间与汉口的城市发展（1460—1930）》，中国社会科学出版社 2010 年版。

61. 陈洁：《民国戏曲史年谱》，文化艺术出版社 2010 年版。

62. ［英］克里斯·希林：《身体与社会理论》，北京大学出版社 2010 年版。

63. 方月仿：《汉剧纵横谈》，武汉出版社 2010 年版。

64. ［日］辻听花：《菊谱翻新调：百年前日本人眼中的中国戏曲》，浙江古籍出版社 2011 年版。

65. 胡颖峰：《规训权力与规训社会》，中央编译出版社 2012 年版。

66. 陈世雄：《戏剧思维》，厦门大学出版社 2012 年版。

67. 沙月：《清叶氏汉口竹枝词解读》，崇文书局 2012 年版。

68. 孟保安：《汉剧大师陈伯华评传》，武汉出版社 2012 年版。

69. 徐剑雄：《京剧与上海都市社会（1867—1949）》，上海三联书店 2012 年版。

70. 程芸、胡非玄：《荆楚戏剧》，武汉出版社 2014 年版。

71. 侯杰、秦方：《旧中国三教九流：艺人妓女嫖客》，时代华文书局 2014 年版。

72. 姜进：《诗与政治——20 世纪上海公共文化中的女子越剧》，社会科学文献出版社 2015 年版。

73. 程为坤：《劳作中的女人——20 世纪初北京的城市空间和底层女性的日常生活》，生活·读书·新知三联书店 2015 年版。

74. 厉震林：《中国伶人性别文化研究》，文化艺术出版社 2015 年版。

75. 郑维维：《社会史视角下的汉剧（1912—1949）》，人民出版社

2016 年版。

76. 朱伟明、陈志勇、孙向峰：《汉剧史论稿》，人民出版社 2016 年版。

77. 朱伟明、陈志勇：《汉剧研究资料汇编（1822—1949）》，武汉出版社 2012 年版。

78. 陈志勇：《汉剧与汉派文化》，江苏人民出版社 2020 年版。

79. （明）袁中道：《珂雪斋集》，钱伯城点校，上海古籍出版社 1989 年版。

80. （清）范锴撰、江浦等校释：《汉口丛谈校释》，湖北人民出版社 1999 年版。

三、研究论文

1. 邓天澜：《大革命时期的湖北剧学总会》，《武汉文化史料》1983 年第 2 辑。

2. 扬宗珙：《漫话汉剧行当、流派及人物》，《武汉文史资料》1984 年第 3 辑。

3. 湖北省戏剧工作室：《戏剧研究资料》第 13 期，内部印刷，1984 年 10 月。

4. 湖北省戏剧工作室：《戏剧研究资料》第 14 期，内部印刷，1985 年 5 月。

5. 潘敬萱：《汉剧西皮旦腔变革实例》，《黄钟》1992 年第 3 期。

6. 黄靖：《梅兰芳和陈伯华——兼论陈伯华的美学追求》，《中国戏剧》1995 年第 10 期。

7. 杨莉馨：《父权文化对女性的期待——试论西方文学中的"家庭天使"》，《南京师范大学学报》（社会科学版）1996 年第 2 期。

8. 黄靖：《论陈伯华表演艺术流派的形成》，《戏曲艺术》1998 年第 2 期。

9. 刘正维：《从谭腔看汉调的划时代贡献》，《天津音乐学院学报》1999 年第 1 期。

10. 周慧玲：《女演员、写实主义、"新女性"论述——晚清至五四时期中国现代剧场中的性别表演》，《戏剧艺术》2000 年第 1 期。

11. 陈先祥：《陈伯华的艺术人生》，《戏剧之家》2000 年第 1 期。

12. 陶然：《汉剧坤伶刘玉楼》，《武汉文史资料》2003 年第 2 期。

13. 陆刚健：《汉剧在重庆》，《艺术》2003 年第 3 期。

14. 蒋晓丽：《传者与传媒——中国近代知识分子对大众传媒话语权的争取》，《湘潭大学社会科学学报》2003 年第 5 期。

15. 王锺陵：《20 世纪中国戏剧理论之变迁》，《社会科学战线》2003 年第 2 期。

16. 解玉峰：《20 世纪中国戏剧艺术特征研究之述评》，《文艺理论研究》2004 年第 1 期。

17. 范斌：《关于弱势群体社会资本缺失问题的若干思考》，《华东理工大学学报》2004 年第 4 期。

18. 单长江：《崇阳米应生与京剧》，《艺术百家》2004 年第 5 期。

19. 陶静：《无可奈何花落去——〈十日戏剧〉对于旧剧保存和改良的探索》，《艺术百家》2006 年第 2 期。

20. 姚伟钧、傅才武、李爱国：《近代传统戏剧演进过程的经济学解读——以汉剧、楚剧等为例》，《华中师范大学学报（人文社会科学版）》2006 年第 4 期。

21. 郭贤栋：《湖北汉剧艺人与近代革命运动》，《武汉文史资料》2006 年第 11 期。

22. 陈志勇：《徽班汉伶米应先生平及家世考——兼论米应先对京剧形成的贡献》，《戏曲艺术》2007 年第 2 期。

23. 宫留记：《场域、惯习和资本——布迪厄与马克思在实践观上的不同视域》，《河南大学学报（社会科学版）》2007 年第 3 期。

24. 夏红永：《论晚清戏曲改良》，《中国戏曲学院学报》2007 年第 3 期。

25. 彭超：《京剧、汉剧百年同台合演》，《中国京剧》2007 年第 8 期。

26. 张小莉：《男权社会中的"替罪羊"——"红颜祸水"故事探源》，《北京广播电视大学学报》2008 年第 1 期。

27. 胡克庆：《汉剧名老艺人万盏灯》，《中国演员》2009 年第 3 期。

28. 李祥林：《舞台上的性别反串艺术》，《文史杂志》2009 年第 3 期。

29. 解玉峰：《试论 20 世纪前期国人戏曲观念之转变》，《东南大学学报》2009 年第 4 期。

30. 胡非玄：《近代汉口狎优之风及其对汉剧发展的影响》，《戏曲艺术》2010 年第 2 期。

31. 朱伟明：《汉剧与中国戏剧史的雅俗之变》，《湖北大学学报（哲学社会科学版）》2010 年第 6 期。

32. 陈志勇：《汉剧百年研究史：历史、现状与反思》，《湖北大学学报（哲学社会科学版）》2010 年第 6 期。

33. 方月仿：《陈伯华：与世纪同行的汉剧大师》，《湖北文史》2012 年第 1 期。

34. 吴颖：《"看"与"被看"的女性——论影视凝视的性别意识及女性主义表达的困境》，《浙江社会科学》2012 年第 5 期。

35. 郭莹、郑维维：《汉剧与民国时期汉口社会生活》，《光明日报》2013 年 1 月 24 日。

36. 任晓飞：《民国时期汉口戏曲艺人群体探微》，《武汉文博》2013 年第 2 期。

37. 李智敏：《汉剧舞台表演艺术研究——以旦角台步为对象》，《大众文艺》2013 年第 2 期。

38. 肖红、闫朦：《弱势群体社会资本的缺失与重构》，《领导科学》2013 年第 3 期。

39. 李先勇：《荆州，汉剧的摇篮》，《戏剧之家（上半月）》2013 年第 7 期。

40. 孙培培：《近代汉剧在汉口的兴衰》，《戏剧之家（上半月）》2013 年第 7 期。

41. 杨童舒：《汉剧表演民俗的文化分析》，《戏曲艺术》2014 年第 4 期。

42. ［英］德斯·弗里德曼著、陈后亮译：《媒体权力的四种范式》，《国外理论动态》2015 年第 10 期。

43. 朱伟明、魏一峰：《汉口的都市化与汉剧演出形态之嬗变》，《湖北大学学报（哲学社会科学版）》2016 年第 1 期。

44. 刘作忠：《汉剧觅踪》，《寻根》2016 年第 2 期。

45. 郑维维：《民国时期的汉剧票友与"玩票"》，《湖北大学学报（哲学社会科学版）》2016 年第 2 期。

46. 柯琦：《戏曲改良运动中汉剧公会的运营与困境》，《文化遗产》2016 年第 3 期。

47. 刘玮：《近代汉剧的辐射力——以 1929 年汉剧"福兴班"上海演出为例》，《戏曲艺术》2016 年第 4 期。

48. 曹先辉：《老郎庙里的汉剧人生》，《文史博览》2016 年第 5 期。

49. 董上德：《剧种史研究的核心问题与艺术史意识——〈汉剧史论

稿〉的启示》，《湖北大学学报（哲学社会科学版）》2017 年第 2 期。

50. 苏咏喜：《契合与认同：建国初期戏曲改革与国家意识形态建构》，《深圳大学学报（人文社会科学版）》2017 年第 4 期。

51. 周静爽：《中国传统艺术形式的历史·现实·未来——以湖北汉剧为例》，《武汉职业技术学院学报》2017 年第 3 期。

52. 柏奕旻：《近年海内外"坤伶登台"研究热的反思——兼论"艺术社会学"视野下深化理解的契机》，《美育学刊》2017 年第 4 期。

53. 吴佳文：《民国时期的武汉汉剧活动与文化》，《歌海》2017 年第 6 期。

54. 詹孝玲：《徽汉合流前的汉剧》，《艺术科技》2017 年第 8 期。

55. 梁桂莲：《论民国时期的湖北汉剧》，《社会科学动态》2017 年第 8 期。

56. 张斌：《汉剧名角童友富》，《档案记忆》2017 年第 11 期。

57. 刘威利：《剧目移植需彰显剧种气质及其当下启示——以汉剧〈哭祖庙〉为例》，《东方艺术》2017 年第 17 期。

58. 魏一峰：《民国时期汉剧坤伶登台与舞台新变——以汉口〈罗宾汉报〉〈戏世界〉为中心的考察》，《戏曲研究》2018 年第 106 辑。

59. 王馗：《当前中国戏曲的发展方向与实践途径》，《剧本》2020 年第 8 期。

60. 陈庚、邱晶钰：《新中国戏曲艺人的身份转换与认同变迁》，《戏曲艺术》2021 年第 1 期。

61. 李松、冯紫璇：《1950 年代陈伯华与汉剧〈宇宙锋〉的艺术革新》，《湖北社会科学》2021 年第 2 期。

62. 王红、丹晓飞、邓娅萍、段雨婕：《武汉市汉剧剧场的时空分布特征分析》，《地理信息世界》2021 年第 2 期。

63. 郑传寅：《汉剧的形成、贡献与困境》，《长江文艺评论》2021 年第 3 期。

64. 卢昂：《巨变时代的冲击与碰撞——当代中国戏曲面临的问题与挑战》，《西北师大学报（社会科学版）》2021 年第 5 期。

四、学位论文

1. 田根胜：《近代戏剧的传承与开拓》，华东师范大学 2003 年博士学位论文。

2. 丘慧莹：《清代楚曲剧本及其与京剧关系之研究》，台湾高雄师范大学 2005 年博士学位论文。

3. 张云超：《权力话语的另类表达——福柯权力哲学思想研究》，西南师范大学 2005 年硕士学位论文。

4. 闫西安：《布迪厄文化资本理论及其实践价值研究》，东北师范大学 2006 年硕士学位论文。

5. 李俊：《清末民初汉口音乐生活初探》，武汉音乐学院 2006 年硕士学位论文。

6. 代亚松：《茶馆与近代汉口的文化社会生活》，华中师范大学 2007 年硕士学位论文。

7. 宫留记：《布迪厄的社会实践理论》，南京师范大学 2007 年博士学位论文。

8. 袁华杰：《福柯的权力思想》，中国社科院研究生院 2008 年硕士学位论文。

9. 王圣华：《布迪厄的艺术场理论》，山东师范大学 2008 年硕士学位论文。

10. 赵先政：《汉剧传承发展与保护研究》，上海戏剧学院 2008 年博士学位论文。

11. 康民强：《民国女子日常生活与女性意识研究——以都市女性为主体》，广西师范大学 2008 年硕士学位论文。

12. 谢纳：《空间生产与文化表征》，辽宁大学 2008 年博士学位论文。

13. 张防震：《论女性主义对福柯主体观的批评及其意义》，山东大学 2009 年硕士学位论文。

14. 董虹：《城市、戏曲与性别：近代京津地区女伶群体研究》，南开大学 2012 年博士学位论文。

15. 马跃敏：《近代戏曲改良运动研究》，河南大学 2012 年博士学位论文。

16. 金景芝：《民国时期的戏曲理论研究》，中央民族大学 2012 年博士学位论文。

17. 代虹：《近代上海沪剧女艺人研究》，上海师范大学 2012 年硕士学位论文。

18. 马素芬：《汉剧艺术大师陈伯华研究》，湖北大学 2013 年硕士学位论文。

19. 于琦：《二十世纪前期（1904—1949）戏曲期刊与戏曲理论批评》，中国艺术研究院 2013 年博士学位论文。

20. 范红霞：《基于性别视角的媒体暴力研究》，浙江大学 2013 年博士学位论文。

21. 王涛：《汉剧大师吴天保研究》，湖北大学 2014 年硕士学位论文。

22. 左婕：《汉剧陈派声腔及其演变研究》，华中师范大学 2016 年硕士学位论文。

23. 田孝敏：《福柯〈规训与惩罚〉中的微观权力理论》，中央民族大学 2016 年硕士学位论文。

24. 孙伊娜：《话语与规训：福柯微观权力哲学研究》，云南师范大学 2017 年硕士学位论文。

25. 余本琪：《20 世纪五六十年代湖北省戏曲学校汉剧教学研究》，武汉音乐学院 2019 年硕士学位论文。

26. 马晓澄：《20 世纪汉剧唱片传播与剧种传承发展之关系》，武汉音乐学院 2020 年硕士学位论文。

五、外文文献及著述

1. Karabel J，Halsery A. Power and Ideology in Education ［M］. New York：Oxford University Press：1977.

2. John G Richardson. Handbook of Theory and Research for the Sociology of Education ［M］. New York：Greenwood Press，1986.

3. Michel Foucault. Politics，Philosophy，Culture，Interviews and Other Writings（1977—1984）［M］. New York：Routledge，1988.

4. Bernauer Tames，David Rasmussen. The Final Foucault ［M］. Cambridge：MIT Press，1988.

5. Eribon Didier. Michel Foucault ［M］. Cambridge：Harvard University Press，1991.

6. Hadot Pierre. Philosophy as a Way of Life：Spiritual Exercises from Socrates to Foucault ［M］. Cambridge：Blackwell，1995.

7. Michel Foucault. The Essential Works of Michel Foucault 1954—1984

[M]. New York: The New Press, 1997.

8. Davidson Arnold. Foucault and His Interlocutors [M]. Chicago: University of Chicago Press, 1997.

9. Geras Norman, Robert Wokler. The Enlightenment and Modernity [M]. New York: St. Martin's Press, 2000.

10. Nicolet-Anderson Valerie. Constructing the Self Thinking with Paul and Michel Foucault [M]. Tubingen: Mohr Siebeck, 2012.